新编21世纪职业教育精品教材

适用于学前·托育·早教专业

幼儿运动组织与指导

主　编／王春燕　李建军　田建群

副主编／杨　浩　潘雪峰　吴彩霞　蔡春燕　庄小芳

中国人民大学出版社

·北京·

图书在版编目（CIP）数据

幼儿运动组织与指导 / 王春燕，李建军，田建群主编. -- 北京：中国人民大学出版社，2021.9
新编 21 世纪职业教育精品教材
ISBN 978-7-300-29628-9

Ⅰ. ①幼… Ⅱ. ①王… ②李… ③田… Ⅲ. ①学前儿童－体育课－职业教育－教材 Ⅳ. ① G613.7

中国版本图书馆 CIP 数据核字（2021）第 141539 号

新编 21 世纪职业教育精品教材
幼儿运动组织与指导
主　编　王春燕　李建军　田建群
副主编　杨　浩　潘雪峰　吴彩霞　蔡春燕　庄小芳
You'er Yundong Zuzhi yu Zhidao

出版发行	中国人民大学出版社		
社　　址	北京中关村大街 31 号	**邮政编码**	100080
电　　话	010－62511242（总编室）		010－62511770（质管部）
	010－82501766（邮购部）		010－62514148（门市部）
	010－62515195（发行公司）		010－62515275（盗版举报）
网　　址	http://www.crup.com.cn		
经　　销	新华书店		
印　　刷	固安县铭成印刷有限公司		
规　　格	185 mm × 260 mm　16 开本	**版　　次**	2021 年 9 月第 1 版
印　　张	14.75	**印　　次**	2024 年 7 月第 3 次印刷
字　　数	275 000	**定　　价**	42.00 元

前　言

社会经济的发展相应提高了人们对人的发展和教育的要求，人们关于学前儿童教育对个体发展的价值的认识也不断改变，我国学者对学前教育理论开展了深入探讨。1981年，我国通过《幼儿园管理条例》《托儿所、幼儿园卫生保健制度》等法规条例，以规范学前教育；1990年我国颁布第一个学前教育法规《幼儿园管理条例》；1996年颁布《幼儿园工作规程（试行）》；2001年颁布《幼儿园教育指导纲要（试行）》。一系列法规的颁布与实施进一步推动了我国学前教育的科学化和规范化进程。在各法规和条例中明确了幼儿教育的任务是对幼儿进行体、智、德、美全面发展教育，提出培养“完整儿童”的教育目标，而且要求幼儿在以后的成长过程中有足够的体力和能力、良好的态度和心理素质，以接受社会和生活的挑战。为促进幼儿身心健康和谐地发展，体育在幼儿全面发展教育中的先导地位及重要性得以确立。

国民健康对国家发展、社会进步和个人幸福至关重要，而体育是增进国民健康的重要手段。幼儿体育是改善民族体质的启蒙教育，其本质和核心是把实施“终身体育”的起点设在幼儿阶段，在幼儿时期就逐渐培养对体育运动的兴趣和习惯，为增强民族体质奠定良好基础。

2011年，国务院颁布《中国儿童发展纲要（2011—2020年）》，明确提出儿童与健康的目标：5岁以下儿童生长迟缓率控制在7%以下，低体重率降低到5%以下；降低儿童心理行为问题发生率和儿童精神疾病患病率。同时相应地提出了一系列措施以增进儿童健康，提高儿童身体素质，包括：全面实施学生体质健康标准；合理安排学生学习、休息和娱乐时间，保证学生睡眠时间和每天一小时的校园体育活动；鼓励和支持学校体育场馆设施在课余和节假日向学生开放；完善并落实学生健康体检制度和体质监测制度，并建立学生体质健康档案等。

本教材遵循“健康第一”“终身体育”的指导思想，依据《国家职业教育改革实施方案》、国务院办公厅《关于促进3岁以下婴幼儿照护服务发展的指导意见》、《3～6岁儿童学习与发展指南》，落实2016年中共中央政治局《“健康中国2030”规划纲要》和《全民健身计划（2021—2025年）》文件，为满足新时代家庭、社区、园所、婴幼儿照护服务机构对掌握幼儿身体发育、幼儿基本动作与运动能力指导技能的专业人才的迫切需求而编写。本教材力求理论介绍充分、内容贴近实际、总体结构清晰，旨在帮助学前教育的一线老师“以能力发展为核心”，通过“做中学、做中教”的方式，较为系统地掌握幼儿运动组织与指导的基础知识和基本方法，具备创设不同年龄段幼儿运动方案和对该方案组织实施与指导的能力。

本教材共分为八章，主要内容包括：幼儿运动组织与指导概述、幼儿基本动作发展的组织与指导、幼儿基本体操的组织与指导、幼儿集体体育游戏的组织与指导、幼儿室外区域体育运动的组织与指导、幼儿室内体育运动的组织与指导、幼儿户外运动的组织与指导、幼儿运动会的组织与指导。在编写体例上，每章开头设有学习目标、学习重难点、学习方法和教学建议，力图使任课教师和学生清晰地了解章节的学习内容和知识逻辑，运用合适的教学方法和学习方法有针对性地教授与把握各章节的重点学习内容。在学习内容选择方面，注重实用性、科学性、权威性和前沿性，以满足高职学生的学习需求；在学习内容设计方面，通过“视野拓展”等栏目提供多样化的学习资源，以利于学生将理论与实践充分结合。在每章的结束部分设有简答题、实训题等课后练习。

本教材由王春燕主持开发、确立体例和章节内容，并负责统稿工作。王春燕、李建军和田建群担任主编，杨浩、潘雪峰、吴彩霞、蔡春燕、庄小芳担任副主编。本教材编写分工如下：第一、二章由南通师范高等专科学校的王春燕和李建军共同编写，第三章由南通市教育科学研究院的杨浩编写，第四章由如皋市宋庆龄幼儿园的吴彩霞编写，第五章由如皋市高新区实验幼儿园的蔡春燕编写，第六章由南通师范高等专科学校的田建群编写，第七章由南通体育名师工作室的潘雪峰编写，第八章由南通师范高等专科学校的庄小芳编写。此外，南通师范高等专科学校的杜志章、石勤、张卫平、刘亚林、汪震球对本教材相应内容提供了理论指导。如皋市经济开发区实验幼儿园的赵亚娟，如皋师范学校附属幼儿园的丁芹，如皋市经济开发区黄蒲幼儿园的章美玲，如皋市高新区实验幼儿园的陈洁霞、司培培、杨仁梅、仇晶晶、冒亚梅、徐莲芳、蔡亚丽、朱靓婷、胡小康、胡鑫、马琴琴、张思凡等老师参与了部分章节案例的撰写。

本教材可作为高职院校学前教育专业、早期教育专业、婴幼儿托育服务与管理专业的教材，也可作为托幼机构从业人员的参考用书，同时适合 0 ～ 6 岁婴幼儿家长阅读参考。

本教材在编写过程中，引用了诸多国内外相关专著、教材和论文，在此向相关作者表示感谢。同时，还要向为本教材提供相关资源的托幼机构和婴幼儿家长表示感谢。本教材的编写得到了中国人民大学出版社编辑的大力支持，在此一并表示感谢。由于编写时间紧，加之幼儿体育相关学科发展迅速，本书难免存在不足之处，恳请广大师生、专家和读者批评指正。

编 者

2021 年 5 月

目　录

第一章　幼儿运动组织与指导概述

学习目标

1. 了解幼儿运动的专业内涵及相关概念；
2. 懂得幼儿运动组织与指导的形式、价值与目标，掌握幼儿运动与指导的基本规律与原则；
3. 懂得幼儿身心发展的特点与运动营养膳食、睡眠精力管理的基础知识，掌握幼儿身心健康的运动指导方法、运动营养膳食安排与睡眠精力管理的要求。

学习重难点

1. 幼儿各器官系统特点与运动指导要点；
2. 幼儿心理健康特点与运动指导要点；
3. 幼儿运动营养膳食与睡眠精力的特点及管理安排要求；
4. 幼儿运动指导应遵循的基本规律。

学习方法

1. 建议在理解的基础上进行相关知识的深入学习和思考；
2. 建议充分利用网络资源，收集相关案例和素材，并运用所学知识进行分析；
3. 建议亲自实践，通过观摩、分析个案等形式巩固所学知识。

教学建议

1. 本章内容理论性较强，建议教师综合运用多媒体演示、案例分析等多种教学方法；
2. 教师可通过实际案例、权威网站等扩充章节学习内容；
3. 本章内容较多，教师可采用“线上＋线下”的教学方式。

第一节　幼儿运动组织与指导的内涵、目标与原则

一、幼儿运动的内涵与相关概念

（一）幼儿运动的内涵

幼儿运动是以身体练习为主要手段，遵循幼儿身体生长发育规律及动作发展规律，并利用阳光、空气、水等自然因素和安全、卫生等措施锻炼幼儿身体，愉悦幼儿身心，活跃幼儿生活，培养幼儿良好的个性与习惯的一系列寓教于乐的体育活动。幼儿运动是幼儿生活和教育的重要组成部分，其基本内涵包括三方面：

（1）生理层面是锻炼身体、增强体质，反映为幼儿本身的自然力，是幼儿发展的生物前提，表现为促进正常的生长发育、培养正确姿势、发展基本活动能力、提高身体素质、发展自稳态（对环境的适应能力与对疾病的抵抗能力）。

（2）心理层面是益智提神、培养素养，是外在科学精神与道德规范在幼儿身上的积淀，表现为对幼儿智力因素（包括注意力、观察力、想象力、记忆力、思维力、创造力）与非智力因素（包括培养运动兴趣、培养运动自信心、培养意志力等）的促进。

（3）社会层面是体验成功、渗透责任，反映幼儿素质发展的性质、方向和水平，表现为对培养健康的情感，培养对人、事、物的正确态度，遵守行为规范的等个体社会化的促进。

（二）幼儿运动的相关概念

幼儿运动是基于新陈代谢、兴奋性、应激性、适应性、生长性与生殖性等生命本质特征和神经控制的反射活动本质表征，在体格、神经、心理和智能等方面，由小到大、由简到繁、由低级到高级、由旧物质到新物质的逐步完善过程，是生物个体向社会个体转变的起始阶段。

1. 体质

体质指的是人体的质量，是在先天遗传因素和后天环境因素共同影响下表现出来的人体形态结构、生理功能和心理功能等综合的相对稳定的特征。它包括以下几方面：

（1）身体形态发育水平。包括体型、身体姿态、营养状况等，由身高、体重、胸围、肩宽、骨盆宽度、皮肤状况等评定。

（2）生理生化功能水平。包括机体新陈代谢功能及人体各系统、器官的工作效能。

（3）身体素质和运动能力。包括身体在生活、劳动和运动中所表现出来的力量、速度、耐力、灵敏度、柔韧性等身体素质，以及走、跑、跳跃、投掷、攀登、爬越、悬垂、支撑等运动能力。

（4）心理状态。包括本体感知觉能力、个性、人际关系、意志力、判断力等。

（5）适应能力。指人体各器官系统可以适应外界自然环境和社会环境变化所表现出来的调节机体功能达到内部平衡状态的能力。外界自然环境由阳光、空气、水、土壤等物质构成；社会环境是指与其交往的人群、场所等。

2. 体能

体能又称体适能，是人体在环境适应过程中所表现出来的综合能力。这个概念最早源于美国。从广义上讲，它是指人体适应外界环境的能力。德国将之称为“工作能力”，法国称之为“身体适性”，日本称之为“体力”，中国香港、台湾地区将之翻译为“体适能”。其主要包括以增进健康和提高基本活动能力为目标的健康体能和为提高运动技术水平和创造优异运动成绩所必需的竞技运动技能。体能的核心要素包括以下几方面：

（1）心血管耐力：心、肺、血管运输含氧的血液给正在工作的肌肉以进行能量新陈代谢的能力。

（2）肌肉强力与耐力：前者是全力作阻力运动的能力，后者是长期肌肉重复收缩的能力。

（3）柔韧性：关节和关节系统的活动范围。

（4）敏捷性：大小肌肉群的可操作性与协调性。

（5）力量性：肌肉收缩的力量。

（6）平衡性：运动中保持平衡的能力。

对于健康体能，当前研究主张以适当拓展情境健康体能活动辅助途径以增强幼儿体质；对于竞技运动技能，当前研究主张支持幼儿适当参与趣味运动与幼儿体操或体育舞蹈竞赛活动，坚决反对针对幼儿展开专项竞技运动训练。

3. 体魄

体魄指的是指体格、体力、体品等方面的状况，具体如下：

（1）体格：人体的身材高矮、发育情况、外观或力量。

（2）体力：身体的力量（精力）。

（3）体品：健康、美德、审美。

4. 体智

体智指的是运动与体力、智力的关系。生理力运动主要包括恢复和补偿、改善和加强人体原有的生理性组织、器官和体液等功能特性，是体力运动与脑力运动的基础；体力运动是脑力运动的基础；脑力运动和体力运动都是生理力运动的特殊形式；脑力运动是人类最高、最复杂的运动形式，它为体力运动并通过体力运动为生理力运动确定了基本的发展方向。

在2018年北大国际幼儿体育高层论坛上，美国耶鲁大学脑科学家布鲁斯·韦克斯勒提出“富认知型的体育活动”概念，指出体育活动不仅是身体的运动，也是一种认知的运动。它可以进一步增强大脑的神经可塑性，促进大脑的健康。体育活动还涉及思考策略、遵守规则等，促进了包括注意力、自我控制力、记忆力以及快速处理信息能力、语言能力等在内的认知功能的发展和发育。不同的体育运动和认知活动，与身体运动结合可以对幼儿产生不同的影响。

日本早稻田大学婴幼儿动作发展专家前桥明认为，幼儿体育要让幼儿在身体、人生态度、智力、意志力、情绪和动机五个方面都得到发展。他建议不仅要为孩子提供更多走路和跑步的机会，也需要让孩子做一些倒立、翻滚、转圈、爬行等平时生活中很少做的动作，以培养孩子的综合运动能力。

二、幼儿运动组织与指导的形式、价值与目标

（一）幼儿运动组织与指导的形式

幼儿运动的组织形式多种多样，最常见的包括幼儿基本体操（或早操活动）、幼儿体育游戏教学活动、幼儿室外区域运动、幼儿室内运动、幼儿户外运动、幼儿运动会等。各种组织形式都具有自身的特点和价值（后面章节会分类具体阐述）。幼儿工作者需结合园所实际，选用多种组织形式并对其进行科学合理设计，做到相互补充、相互配合、相互促进以实现幼儿运动的目标，达到促进幼儿身心和谐、健康发展的目的。

（二）幼儿运动组织与指导的价值

1. 促进幼儿身体强健

科学运动可以有效促进幼儿各器官系统的生长发育，提高其身体机能，增强幼儿对气候变化的适应能力、对疾病的抵抗力和应激能力；可以愉悦幼儿心理，带给他们快

乐、兴奋等积极情绪体验，促进其活泼、开朗、积极、自信的个性心理品质的发展；可以增进幼儿智力发展；可以加速脑血流循环和改善脑的营养供应，促进脑神经的发育，从而为幼儿智力发育提供良好的生理基础。

2. 培养幼儿品德、审美与规则的意识

科学、有组织的体育活动组织设计与指导可以培养幼儿品德，如户外活动能培养幼儿热爱自然、勤恳劳动、勇敢探索等品质；运动游戏中的竞赛活动能培养幼儿拼搏、坚强的意志；运动游戏中对规则的遵守能培养幼儿诚实、友爱、自制和守纪律的规则意识；体育团体运动能培养幼儿的友谊感、集体感、互助互谅、尊重他人等优秀品德。科学、有组织的体育活动组织设计与指导还可以培育幼儿的审美。形式多样的体育运动是贯穿音乐、体育美学、艺术美和精神美等丰富美育内容的载体。色彩鲜艳、造型丰富的体育游戏器械，优美的运动环境与音乐，娴熟高超的动作与技巧都给幼儿以美的熏陶，激发幼儿的审美情感，增强其审美与认知能力。

（三）幼儿运动组织与指导的目标

人的认知、情感、行为等方面的发展都要建立在身体健康的基础上。幼儿时期，身体各器官系统的功能尚未发育成熟，同时又是生长发育迅速时期，体育运动是促进幼儿身心健康、和谐发展的重要手段之一。

开展体育与健康教育活动的目的是通过体育运动增强幼儿体质，培养幼儿参加体育活动的兴趣，传授其基本的健康知识、体育知识和运动技能，发展幼儿的基本动作技能，养成其参与体育锻炼的行为习惯和良好的卫生行为习惯，从而增强幼儿体质、增进幼儿智力、培养幼儿的良好品德和社会适应能力。

由此，幼儿体育运动的主要目标是培养健康活泼、乐于参加体育运动的幼儿，使其身体动作协调、灵活；促进其养成好奇探究、文明乐群、勇敢自信的优秀品质，逐步增强其自我保护意识与能力，增进其身心健康。

三、幼儿运动组织与指导的基本原则

为使组织的运动适合于幼儿并取得成效，教师必须遵循一系列原则。基本原则包括日常性原则、多样性原则、适量性原则、全面性原则，还有从实际出发原则、区别对待原则、循序渐进原则、直观性原则、兴趣性原则等。

（一）日常性原则

日常性原则指幼儿运动的实践应该科学合理地安排在幼儿每日的生活之中，具体安

排时需注意幼儿每日运动的经常性，做到每日都有运动，且不得少于一小时。每日的运动安排要做到动静交替，在幼儿比较安静之后，特别是在智力活动之后适量安排一些运动，可以避免幼儿神经细胞过于疲劳，起到积极休息的作用。

（二）多样性原则

多样性原则指的是幼儿运动的开展应该形式多样、丰富多彩。任何一种形式的体育运动都有各自的特点，所要完成的任务和达到的具体目标也是不完全相同的。要完成幼儿体育运动的任务目标，必须依靠相互补充与配合的多样运动形式。集体体育游戏课、远足、室外区域体育活动、室内简单体育活动、运动会等各种运动组织形式无所谓优劣之分，关键在于能够互相补充延伸，促进幼儿身心的全面发展。

（三）适量性原则

适量性原则指的是幼儿每日运动的安排应保证适宜的运动负荷，即是运动时人体所承受的生理负荷量和心理负荷量的综合。生理负荷量即我们常说的运动量，它反映了运动过程中身体生理机能的变化状况。运动量的大小直接影响到幼儿身体的发育与发展，影响幼儿运动的成效。过大或过小的运动量对幼儿的生长发育和身体健康都是无益的，因此，合理科学地安排和调整运动量是开展幼儿运动最为关键、最为重要的因素。

影响幼儿运动量大小的因素很多，主要包括运动的数量、时间、强度、密度和运动项目的特点等。不论开展何种形式的幼儿运动，适合幼儿年龄特点的运动量有以下特征：

（1）运动量由小到较大，然后再由较大到小，运动前心率与运动后心率之差不应超过 50 次 / 分；

（2）心率的恢复时间应在 5 分钟之内，如果是晨间活动，最好是在 3 分钟之内；

（3）运动的强度不宜过大，而运动的密度则应该大一些；

（4）幼儿运动时的心率最好在 130 次 / 分以上，但最高心率不应该超过 180 次 / 分；

（5）注意运动过程中的节奏，要动静交替、急缓交替。

（四）全面性原则

全面性原则是指关注幼儿身心的全面发展，即在幼儿运动中，应该使幼儿身体各部位、各器官系统的机能，身体各项素质和基本活动能力以及幼儿的心理情绪体验得到全面协调的锻炼发展。在制订幼儿运动计划时，应该考虑到幼儿各项运动内容与教材的相互搭配与结合，考虑到多种形式和方法的灵活应用。在具体组织一次体育运动时也应该尽可能使幼儿上肢部位的活动与下肢部位的活动相结合，同时注重速度、耐力、柔韧、灵敏、耐力、平衡等多种身体素质的培养与结合，并兼顾幼儿愉悦情绪和品德教育的结合，促进幼儿身心健康发展。

第二节　幼儿运动组织与指导的基本规律

体育运动需要幼儿的身体直接参与，这就应该考虑到幼儿身体以及动作在运动过程中的变化的一些特点，以及在幼儿体育运动教学指导中应遵循的两个规律：第一，人体生理机能活动变化的规律；第二，动作技能形成的规律。

一、人体生理机能活动变化的规律

人体在运动过程中，生理机能的活动能力在不断变化中，呈现出稳定上升与下降的规律。在生理机能不同阶段，我们需要做好相应安排，以保证幼儿的有效运动。

（一）上升阶段

上升阶段需做好两个过程的准备：

1. 生理与心理上的适应性准备

这是指在进行身体运动前，幼儿已经知道或想到运动即将要开始了，这时幼儿的生理和心理就会产生相应的变化或反应。例如，有的幼儿很兴奋，情绪高涨、跃跃欲试，心跳频率和呼吸频率有所加快，有的幼儿血液中的葡萄糖含量会增加等。这些变化可以说都是积极的适应性反应，它有助于身体器官克服惰性，使机体的活动能力较快地上升，以适应即将开始的身体运动。但也有一些幼儿在生理和心理上的变化是消极的。例如，有的幼儿会变得焦虑、不安，情绪低落，表现出退缩或胆怯，甚至身体变得软弱无力、僵硬或动作迟钝、不协调等。引起幼儿身体与心理产生这种消极变化多半是因为幼儿不爱运动或有惧怕运动的心理，如有的幼儿身体活动的能力比较差，或是过于肥胖，动作比较笨拙，怕被同伴笑话。教师应该充分认识到这个问题，要注意观察每个幼儿的反应，尤其是要关注那些具有消极反应的幼儿。同时要设法运用语言、技巧或环境创设来吸引幼儿，激发幼儿参与活动的愿望和积极性，使幼儿在进行身体运动之前能产生积极的适应性反应，以积极、饱满的情绪和精神投入到活动之中，让幼儿拥有在身体运动过程中获得愉快情绪体验的经历和机会。

2. 身体活动准备

这是指通过一些准备性的身体活动，帮助幼儿逐渐克服身体各器官的惰性，提高机体的活动能力，使之较快地上升到较高的水平。进行身体活动准备的目的主要有两个：一是在适应性运动开始时，身体的机能活动能力尚处于较低状态，故需要激活身体的机能活动能力；二是加速下一个阶段的到来，使身体的机能活动能力较快地上升，以适应活动量较大的身体运动。对幼儿来说，身体器官的惰性相对较小，比较容易克服，机能的活动能力上升较快，因此，准备活动的时间可以短些，活动量可以稍快地增大。

准备活动的内容可以是全身性的活动，如活动上肢、躯干、下肢各部位的肌肉、关节和韧带等；也可以是有针对性的准备活动，如在进行跳跃活动以前，专门活动下肢部位的关节、肌肉和韧带，以防在正式活动时拉伤或受损伤。

（二）平稳阶段

在这一阶段中，幼儿各器官的活动能力已经逐渐达到了较高的水平，处于积极工作的状态。这时身体运动的效率比较高，能适应一些较激烈的运动，而且学习和练习动作的效果也较好。这一阶段所持续的时间长短因人而异，与每个人的年龄、体质状况、心理状态以及活动的具体情况等方面有关。由于幼儿的神经细胞和肌肉组织都较容易疲劳，所以这一阶段所持续的时间比成人的要短，而且保持相对最高水平的阶段也要短。如果幼儿在此阶段情绪很愉快，再加上活动量不是很大，幼儿疲劳的出现也会相应地晚一些。

根据这个规律及幼儿的特点，教师可以将运动强度较大、较激烈或难度较大的活动内容安排在此阶段。同时应注意活动内容与方式的多样性和变化性，以激发和保持幼儿积极高昂的情绪。为了使这一阶段的活动量较适宜且不致过大，注意活动中动与静的交替、激与缓的结合也是十分重要的。

（三）下降阶段

幼儿经过一段时间的身体运动之后，尤其是在进行有较大的活动量的运动之后，幼儿体内的能量消耗较多，体力恢复不足，身体开始出现疲劳的感觉，机体的活动能力便逐渐下降。此时教师应该组织幼儿逐渐地结束活动。结束活动的过程，主要是做一些身体放松的活动，尤其是在较激烈的运动之后更应该重视这一环节。这一缓冲阶段很重要，它有利于消除幼儿身体的疲劳，使幼儿的身体得到放松，促使能量与心率的恢复，并使幼儿的情绪逐渐平稳下来，不过于兴奋，这些均有益于幼儿身心的健康以及随后活动的安排。

总结：遵循人体生理机能活动变化的规律，在组织幼儿开展体育活动时，活动量安排的总趋势是由小到较大，然后再由较大到小。身体的准备活动和身体的放松活动都是不可忽视、不可缺少的环节。

二、动作技能形成的规律

动作技能也称“运动技能”，是指人体在运动中掌握和有效地完成专门动作的能力，也可以理解为按一定的技术要求完成的动作。动作技能的形成是一个复杂的过程，是条件反射的建立和巩固的过程。激发活动者的兴趣，提高其活动的积极性，使大脑皮层处于最适宜的兴奋状态，并且具备掌握该动作所需的基本的身体、机能活动能力是形成动作技能的重要条件。动作技能的形成具有一定的规律性，通常要经历相互联系的三个阶段。

（一）泛化阶段——粗略掌握动作的阶段

在这个阶段中，大脑皮层中的兴奋和抑制过程都呈现出扩散的状态，条件反射的暂时神经联系不稳定、不精确，出现“月龄泛化”现象，故此阶段有时也称为“泛化阶段”。这个阶段的动作通常表现为：动作比较僵硬、紧张、不协调、不准确，缺乏灵活的控制能力，多余的动作较多，动作起来比较费力、不够自然。这一阶段在认识上处于感知和表象阶段，主要依靠视觉表象来控制和调节动作。因此，在学习动作技能的初期，教师要抓住动作的主要环节进行必要的示范与讲解，使幼儿对动作的整体性有一个初步的、全面的知觉和印象；同时提供给幼儿较多的练习机会，让幼儿亲自去体验和实践，初步学会做此动作，而不要过多地强调动作的细节部分或是过多地纠正幼儿的错误动作，只要幼儿做得基本对即可。

（二）分化阶段——改进和提高动作的阶段

在粗略掌握动作的基础上，通过经常、反复地练习，大脑皮层运动中枢的兴奋和抑制在时间和空间上逐渐集中，尤其是抑制过程得到了发展并逐渐加强，使动作由“泛化”进入“分化”，此阶段也称为“分化阶段”。在这一阶段中，幼儿多余的动作或错误的动作明显减少，大部分的错误动作得到纠正，身体的控制能力有所增强，能较顺利、较正确地完成整个动作，逐步形成动作概念。这时我们可以认为幼儿已初步建立起了动力定型，但这种动力定型还不很稳定，动作仍不够熟练且仍需加以巩固，在一些复杂、变化的情况下（如遇到新刺激或活动条件发生了较大的变化等）仍较容易出现动作变形的现象，原有的多余动作或错误动作有可能随之重新出现。因此，教师在这一阶段中应让幼儿多进行实践和练学，注意对幼儿错误或多余动作的纠正，帮助幼儿逐步掌握动作的细节部分，促进分化抑制的进一步发展，提高幼儿动作的节奏感，使幼儿能轻松自如、协调正确地完成动作，促使其动作日渐完善。

（三）自动化阶段——动作的巩固和运用自如阶段

在经常、反复练习的基础上，大脑皮层的兴奋和抑制在时间和空间上变得更加集中和精确，从而形成了较为巩固的动力定型。这一阶段的动作表现是：幼儿能较准确、熟练、协调、省力地完成动作，甚至能出现动作的自动化（即在做动作时，不需要有意识地控制也能顺利、正确地完成）。在这一阶段中，教学活动的主要任务是巩固和发展已形成的动力定型，并经常地对其加以复习和巩固，设置各种变化的环境和条件，使幼儿能在各种变化的条件下自如地运用这些动作技能，提高幼儿动作的适应性。如果幼儿中断或停止对动作的复习和巩固，那么，已经形成的动力定型也有可能会出现消退的现象。

总结：以上对动作技能形成过程的三个阶段的划分可以说是相对的，因为它们是有机联系起来的，各个阶段之间并没有明显的界限，而是逐步过渡、逐步发展的。每个阶段的出现、持续时间的长短与幼儿的发展水平、特点以及教材内容的特点，教师的教学方法等方面有很大的关系，不能一概而论或是统一规定要求。经常不断地练习是形成动作技能的基本途径，教师应为幼儿多提供条件和机会，并通过丰富多样的活动吸引幼儿参与活动的兴趣和愿望，鼓励他们积极、经常地参加身体运动。

第三节　幼儿身体健康与运动组织指导

运动对幼儿身体形态、身体机能、体能和身体适应能力具有促进发展的作用。这种作用的机制是，一定的运动刺激作用于幼儿机体，使幼儿机体承受相应的生理负荷，这种经常化的刺激促使幼儿机体内部不断地进行调整而逐渐产生适应性的变化，从而使得机体在形态、结构、功能上得到一定的提高和完善。运动对幼儿身体的许多器官系统产生重要影响，其中影响较大的是运动系统、呼吸系统、血液循环系统和神经系统。

一、幼儿运动系统的特点与运动指导

（一）幼儿运动系统的特点

骨骼、肌肉和关节共同构成人体的运动系统。

1. 幼儿骨骼的主要特点

幼儿骨骼弹性大、硬度小，容易因不正确的姿势或者其他原因导致骨骼变形或骨折。

2. 幼儿肌肉的主要特点

幼儿肌肉较柔嫩，能量储备差，肌肉收缩力差，易疲劳，但幼儿新陈代谢旺盛，肌肉也易恢复。幼儿大肌肉群发育较早，小肌肉群发育较晚。3～4岁时上下肢活动较为协调，但手部小肌肉群的发育较迟，至5～7岁时才能完成较为精细的动作。

3. 幼儿关节的主要特点

幼儿的关节窝较浅，关节周围肌肉柔嫩，力量小，韧带较松。因此，幼儿关节的活动性及延展性较强，但牢固性较差。在外力作用下，关节易脱臼，韧带易损伤。

（二）幼儿运动系统的运动指导

1. 幼儿骨骼健康的运动指导

（1）幼儿开展体育锻炼要循序渐进，注意负荷量、重复次数和频率以及运动时间等，预防骨疲劳与骨损伤。幼儿不宜进行负重练习，以防止幼儿骺软骨提前骨化，使长骨不能生长，成年后身材矮小。同时，幼儿手臂骨化未完全，幼儿腕部力量不足，也不适合长时间持重物或持重物运动。

（2）避免从高处往硬的地面上跳跃，在跳跃落地时，尤其要注意保持正确的落地姿势，防止髋骨损伤。同时，幼儿不宜穿过于紧身的衣服和过小的鞋，以免影响血液循环和足弓的正常发育。另外，宽松和适合的衣服、鞋等还可以避免意外伤害。

（3）幼儿运动的安排应多样化，具有对称性和全面性，以养成良好的身体姿态。运动时负重不要超过幼儿自身体重的八分之一，更不能长时间单侧负重或运动过度，防止骨骼发育变形，出现不良体态，如O形腿、X形腿、驼背、脊柱侧弯等，影响幼儿正常的生长发育，诱发疾病，引起幼儿的自卑，影响健全人格的形成。

2. 幼儿肌肉健康的运动指导

（1）避免且绝不可以采用不适当的以静力练习为主的臂力练习方法，如拉皮筋、弹簧等，这对幼儿的心肺发育不利。可短时间进行支撑、悬垂等静力性力量活动。

（2）幼儿大肌肉群生长先于小肌肉群，且小肌肉群在活动过程中容易疲劳，因此，幼儿肌肉锻炼的顺序一般应该是大肌肉群训练在先、小肌肉群训练在后，多关节运动在前、单关节运动在后，且活动单一肌群时，大强度练习在前、小强度练习在后。

（3）应充分做好准备活动，防止肌肉拉伤；应注意气候条件的变化，合理安排运动量与运动时间，防止幼儿出现肌肉痉挛和肌肉疲劳的情况。平时防止肌肉拉伤的有效措施是加强屈肌和易伤部位肌肉的力量和柔韧性练习，通常采取反向牵引痉挛肌肉或者按摩的方法缓解肌肉痉挛。

3. 幼儿关节健康的运动指导

（1）幼儿足骨未发育完全，足底的肌肉、韧带力量较柔弱，长时间站立、过度运动或身体过于肥胖会造成足弓塌陷，容易发生扁平足，因此要注意运动的适宜性。幼儿运动时应穿具有中等高度后跟和足弓托高度适中的运动鞋。

（2）幼儿在做体操、投掷、游泳等要求肩关节反复活动的动作时最容易发生肩周损伤，因此幼儿在做这些动作时要掌握正确的动作技术，不宜突然用力或过度后伸。

（3）幼儿不应进行拔河、角力等活动，以防止腕关节、肩关节等损伤或脱臼；不应玩“斗鸡”的游戏，以防止其膝关节受伤；成年人不要用力牵拉幼儿的手臂，以防止脱臼。

二、幼儿呼吸系统的特点与运动指导

（一）幼儿呼吸系统的主要特点

幼儿呼吸道管腔狭窄，呼吸道黏膜柔嫩，血管丰富，易发生感染；幼儿肺通气量和肺活量小，呼吸浅而快；幼儿胸腔较小，胸肌的收缩能力较弱，呼吸由膈式呼吸向胸腹式混合呼吸过渡。

（二）幼儿呼吸系统健康的运动指导

（1）幼儿运动时可以加强呼吸深度，注意以鼻吸口呼为主，避免在尘土飞扬、空气浑浊的环境中运动。注意预防幼儿由于运动准备不足或在运动中不注意呼吸节律与动作协调的配合而导致的呼吸痉挛或功能紊乱的运动中腹痛现象。

（2）幼儿进行周期性运动时要特别注意呼吸的节奏。长跑宜采用 2 ～ 4 个单步一吸气呼气的方法；短跑宜采用“憋气”与断续性急促呼吸相结合的方法，即憋气 2 ～ 12 个单步（或更多）后，做一次 1 秒钟以内完成的急促的深呼吸。

（3）幼儿进行非周期性运动时要特别注意呼吸的时间与动作技术的结合。一般在完成两臂上举及外展、扩胸、提肩、展体、反弓等动作时，采用吸气比较有利；在完成两臂内收及内旋、收胸、塌肩、屈体等动作时，用呼气比较顺当。此外，幼儿应避免含过多憋气和持重物的力量练习，如拔河、掰手腕、举重、拉皮筋或拉力器等。

三、幼儿血液循环系统的特点与运动指导

（一）幼儿血液循环系统的特点

血液循环系统分为心血管系统和淋巴系统两部分。我们主要侧重于讲心血管系统。幼儿心脏瓣膜发育不完善，心率调节机能差，心率较快：新生儿为 120 ～ 140 次 / 分钟；1 岁儿为 110 ～ 130 次 / 分钟；3 岁儿为 100 ～ 120 次 / 分钟；6 岁儿为 80 ～ 100 次 / 分钟。

（二）幼儿血液循环系统健康的运动指导

（1）幼儿每天应保证充足的体育活动，动静结合。不同年龄、不同体质的幼儿应选择适宜时间进行不同强度的运动。运动前做好准备活动，结束时做好整理活动，尤其在比较剧烈的运动后不宜立即停止，否则可能会造成脑暂时缺血而引起恶心、呕吐、面色苍白、心慌甚至晕厥等后果。

（2）心率受神经系统的支配，兴奋和抑制都会影响幼儿的心跳次数，所以要保持幼儿情绪愉快，不能过分激动或压抑。同时注意预防由于准备活动不充分而引发幼儿肝脏淤血造成的运动性腹痛，其疼痛部位在肝脾区，疼痛性质多为钝痛、胀痛或牵扯性疼痛。

四、幼儿神经系统的特点与运动指导

（一）幼儿神经系统的特点

幼儿神经系统发育起始时间早、发育速度快，但较脆弱，大脑神经细胞易疲劳，同时对缺氧十分敏感，耐受力差；幼儿大脑皮质的兴奋和抑制过程的强度不均衡，兴奋过程占优势；幼儿神经系统调节的精准性、灵活性、速度、强度均较低，调节的意识性、自觉性较低。

（二）幼儿神经系统健康的运动指导

（1）幼儿多练习走平衡板、单脚站立、转圈后停下来等身体活动，能有效发展幼儿控制身体的能力；经常参加追逐跑、躲闪跑、躲避他人掷过来的沙包等活动能提高幼儿的灵活性。

（2）依据幼儿神经系统的特点，在具体组织运动时要注意运动量不宜过大，运动时间不宜过长；宜采用动静合理、交替搭配的运动安排，为幼儿提供良好的情绪体验。

（3）应注意在幼儿运动时进行监护，运动前佩戴运动护具，避免幼儿在参与球类运

动、轮滑运动、投掷运动或身体接触性运动时，可能出现的因头部相撞、被球击中头部以及从高处摔下时臀部着地的反用力传递到头部而导致的脑震荡等运动损伤。

第四节 幼儿心理健康与运动指导

一、幼儿心理健康的特点

幼儿心理健康的特点表现为：动作发展正常，即幼儿身体大动作和手指精细动作的发展水平处于正常范围，这是心理健康的基本条件；认知发展正常，包括幼儿感觉、记忆、思维、言语等一切正常；情绪积极向上，这反映了幼儿中枢神经系统功能的协调性，亦表明个体的身心处于良好的平衡状态；性格状态良好，性格是个性中最核心、最本质的表现，它反映在幼儿对客观现实的稳定态度和习惯化的行为方式中；人际关系融洽，这是维持幼儿健康的重要条件，也是获得心理健康的必要途径；没有严重的心理卫生问题，包括幼儿无情绪障碍、行为障碍、平行障碍、发展障碍等心理问题。

二、幼儿心理健康的运动指导

（一）根据幼儿兴趣创设运动内容，培养主动积极性

幼儿年龄小，身体活动能力就是他们一切行动和行为的基础。因此，设计运动内容时，应考虑幼儿所处的年龄阶段的身心发展规律，注重以游戏的形式贯穿于整个运动中。游戏的内容、形式、材料等应丰富多样，组织宜灵活多变，要求规则约束弹性大、目标功能小，注重参与、注重过程、注重交流与合作，注重游戏活动中幼儿积极的情绪体验，使其增强自信，使其主动参与。

（二）依据幼儿运动水平及个性特征，选择运动项目与强度

幼儿的行为、个性与运动发展之间的关系是密切联系的，应因人施教。如对于活泼爱动、较灵敏，但稳定性和控制能力较差，或缺乏意志力的幼儿，可以让他们多参加与平衡能力有关或是需要意志伴随的游戏活动；对于意志力较强，但不够灵活敏捷的幼儿，可以让他们进行跳跃、躲闪跑等活动。在运动中，教师应注意幼儿生理和心理负荷的程度，不应过量，特别在意志、毅力方面，应多鼓励引导，让幼儿可以获得积极的情绪体验。比如在开展活动时，教师提供可选择的、难度不同的活动器材，每种器材至少

有三种以上的不同难度，供不同发展水平的幼儿选择。如练习跨跳，可以通过障碍物距离的远近来实现不同的难度；练习平衡木可以通过平衡木的高低、宽窄等来实现不同的难度。

视野拓展

幼儿常见运动损伤的处理要点

一、扭伤

表现为局部皮下组织、肌肉纤维出血，韧带损伤，重者可伴有关节半脱位或并发骨折。处理方式如下：

（1）抬高患肢。注意事项：膝部损伤应到医院就诊，因为软骨受伤不易愈合。

（2）4小时内冷敷，减轻内出血和肿胀。24小时后热敷，加速血液循环和止痛。

（3）观察。若扭伤部位疼痛、肿胀难消退，应考虑骨折或局部血流受阻，需请医生诊治。

二、皮肤外伤

因器械、物品摩擦而导致表皮损伤。处理方式如下：

（1）清洁。局部清洗后涂碘伏。

（2）止血。轻者用创可贴，出血多者用无菌纱布包扎止血并送至医院。

（3）保持局部干燥并清洁。

三、骨折、脱臼

摔倒时用手撑地会引起骨折或肘关节、肩关节脱位。此时，幼儿会感到疼痛（越来越痛）且肿胀明显或畸形。处理方式如下：

（1）局部保暖、清洁。

（2）固定受伤肢体，避免进一步损伤。

（3）尽快送医院就诊，早期复位。

四、脑震荡

跌倒时幼儿头部着地，如很快停止啼哭且面色正常，表明大脑受损可能性较小；若出现意识短暂丧失（几秒钟或几分钟）、头昏、头痛、嗜睡或恶心、呕吐等症状应引起重视。处理方式如下：

（1）平卧、头部冷敷。

（2）尽快送医院就诊，途中注意轻、慢、稳，避免震动、颠簸。

（3）密切观察 24 ～ 48 小时。

五、鼻出血

常因鼻部受碰引起。处理方式如下：

（1）幼儿取坐位，头微低，以避免血咽入胃里引起呕吐。

（2）冷敷前额、鼻和后颈部。

（3）堵塞止血法最为常用，取消毒棉球或纱布轻填鼻腔出血部位至血止，观察 1 小时左右再取出。

（4）出血量大或难以止血时应及时就医。

资料来源：任绮，高立．学前儿童体育与健康，北京：清华大学出版社，2012：203-204.

第五节　幼儿运动与营养膳食、睡眠精力管理

一、幼儿运动与营养膳食管理

（一）幼儿营养膳食的特点

营养物质是幼儿生长发育的物质基础，营养供给充足，则幼儿生长发育良好；反之，则会导致生长发育迟缓或出现营养缺乏的多种疾病。根据《中国居民膳食指南（2016）》的要求，幼儿膳食制订应注意做到以下几方面：

（1）食物多样，谷类为主。

（2）多吃新鲜蔬菜水果，每日供给量 150 ～ 200 克。

（3）每天饮奶，常吃豆制品。每日饮奶 300 ～ 400 毫升，大豆饮品可同时食用。

（4）常吃适量的鱼、禽蛋、瘦肉，应保证每周至少吃一次海产品。

（5）食物制作专门，卫生清洁。多采用蒸煮炖等方式，注意色香味形的搭配，尽量减少调味品的使用。

（6）科学加餐，正确选择零食。以“三餐加点”为宜，即上午 10 点、下午 3 点和晚 8 点加餐。多选择营养丰富的食品，少选用油炸食品、糖果、甜点及含糖饮料。

（7）平衡食量与体力活动，保证正常体重的增长。应保证幼儿每天要进行充足的户外运动。

（8）培养良好的饮食习惯。养成定时、定点、定量、限时、自己用餐、饭前饭后不做剧烈运动、不挑食、不偏食等良好的饮食习惯。

（二）幼儿运动的营养膳食要求

幼儿如果能保证日常各种营养素的摄入，在一般运动的情况下不需要特别增加营养素的摄入，但如果运动量更大，则需要特别注意额外补充蛋白质、运动饮料（保证水分和无机盐的摄入）。常在室外运动的幼儿，还要注意钙的补充。具体而言，幼儿运动的营养膳食要求包括以下几方面：一是规律运动，食量适当，维持能量出入均衡；二是运动中每次饮水量要小，次数宜多，保持体温适当，预防中暑与胃胀、腹痛；三是科学配备多样运动项目的营养膳食。幼儿参与的常见运动项目的膳食安排如下：

1. 操化运动的膳食要求

舞蹈和体操属于无氧运动，参与此类项目的幼儿应该在膳食中保证充足的碳水化合物摄入，适当地减少脂肪的摄入，必要时服用营养补充剂来补充钙、铁和维生素 B 族。

2. 游泳运动的膳食要求

幼儿游泳的运动量一般不会太大，保持一般平衡膳食就可满足身体的需要，且游泳后往往会激发食欲，食量的增加也可以补充体内耗费的糖原。

3. 球类运动的膳食要求

球类运动属于间歇运动，它是包括上下肢肌肉参与的相对短时间的爆发性活动，属于中等强度的有氧运动。球类运动中，中枢神经往往高度激发，会消耗大量的血糖，因此要避免出现低血糖的情况，要特别强调糖的补充。鉴于幼儿只是进行小运动量的娱乐性运动，所以只要在运动间隙补充含糖分的运动饮料即可。

4. 远足运动的膳食要求

远足项目是消耗幼儿能量和水分较多的运动。研究表明，在耐力运动中消耗的能量有一半来自糖原分解提供的能量，通过运动之前多摄入碳水化合物来增加糖原储备可以有效延长运动时间，推迟疲劳的出现。因此参加远足或每日活动量较大且持续时间较长的幼儿可以增加 1/4 ～ 1/3 的饭量来增加体内能量的储备。另外，在运动过程中，多次少量地补充糖也可提高耐力。在不给胃肠造成负担的前提下，果糖和葡萄糖均可。

幼儿在长时间运动后丢失大量水分，因此，及时补充水分以及随水分丢失的微量元素在耐力运动中尤为重要。在强度较大、持续时间超过 1 小时的运动中，教师可以选择运动饮料，它为幼儿提供水分的同时还补充了少量的糖，以及随汗液挥发的水溶性维生素和矿物质，饮用时遵循多次少量，以免一次性喝太多引发腹痛。运动之后，体内新陈代谢的速率大幅提升，此时应摄入足够多的碳水化合物帮助身体恢复糖原储备。

5. 运动比赛的膳食要求

在运动比赛前两天就应该开始食用富含碳水化合物、脂肪含量低的食物，这样可以提高体内糖原储备。在比赛过程中，如果持续时间很长，每间隔 1 小时就要补充运动饮料；而在比赛后为了快速恢复体力，应该立即食用 50 克左右的碳水化合物。

视野拓展

幼儿运动的营养饮食推荐

很多幼儿早早开始了各种体育活动，体操、舞蹈、轮滑等，在这些大运动量的活动之后，应该怎样补充营养呢？幼儿参加学校或幼教机构组织的运动会，或者偶尔爬山、郊游、进行室内大型游乐园活动，这样突增的运动量之后，幼儿又该怎样维持和恢复体能呢？具有大运动量的活动会促进幼儿的消化吸收功能，使其吸收钙、铁等矿物质的能力更强，骨骼密度更高。运动也会提高幼儿分解脂肪的功能，让他们的胃口大开，摄入高蛋白食物之后不会发胖，身体脂肪比例更低。

一、饮食关键点：荤素搭配，营养平衡

对于那些平日运动量较大的幼儿来说，他们需要结实的骨骼和强壮的肌肉来应付那些难度高、强度大的体育动作。这些幼儿并不需要刻意地补充蛋白质营养品，只需要按照他们的胃口给他们吃荤素搭配、营养均衡的饭菜，每天保证一两杯奶，就可以获得足够的营养元素。总的来说，运动量较大的幼儿需要比普通幼儿增加 1/4 ～ 1/3 的饭量。练习体操或舞蹈的幼儿需要保持身体的轻盈、灵活，因而需要少吃一些油腻的食物和甜食，可以增加豆类、蛋类和奶类来提供蛋白质。

二、推荐营养餐

1. 日常运动的饮食

运动需要消耗大量的能量，包括烟酸，而脂肪和葡萄糖变成能量需要维生素 B 族的帮助。所以，运动后的幼儿最需要补充的营养素是水溶性维生素，特别是维生素 B 族，其对大脑活动非常重要，如果不能及时得到供应，运动之后幼儿的学习和思维能力会下降。补充维生素 B 族的最好方法就是多吃粗粮和豆类，再适当吃点肉补充铁就可以了。

训练会大量出汗，减少了尿量，容易使体内废物堆积，所以在运动前、中、后，幼儿需要少量多次地饮水，而不能等到口渴再喝水。大量喝水不仅会妨碍运动，还可能会因为体内的矿物质元素突然降低而产生身体不适。下面这套食谱可提供大量的钾、钙、碳水化合物、蛋白质、维生素B族和维生素C（见表1）。

表1　幼儿日常运动食谱

项目	食谱
早餐	蜂蜜水、奶黄包、牛奶燕麦粥、猕猴桃
午餐	馒头、玉米粥、煎鳕鱼柳、萝卜青豆炒肉丁、麻酱油麦菜
饮料	1杯由绿豆清汤加蜜水混匀成的蜂蜜豆汤
晚餐	大麦米饭、咖喱鸡（鸡块、胡萝卜、洋葱、马铃薯）、奶酪烤甜玉米（奶、奶酪、甜玉米粒、胡萝卜丁、豌豆丁）、豆腐汤（青菜、紫菜、豆腐）
零食	酸奶2小杯

2. 比赛的饮食

幼儿参加体育比赛，饮食的关键点在于保证糖原的储存丰富。为了获得良好的运动成绩，在比赛前两天就应适当多吃一些淀粉类的主食，这对于提高运动成绩很有帮助。多吃主食才能让体内的糖原储备丰富，比赛时体能才能有所保证。

主食首选是粗粮和豆子，人体供应最快的能量就是血糖。粗粮和豆子中的淀粉消化比较慢，不会引起血糖浓度的大起大落，能一直维持比较高的血糖浓度，其中的维生素B族可促进能量代谢，让幼儿劲头十足。比赛前10～15分钟应补充糖，例如巧克力等，如果在比赛前半小时到1小时吃糖，运动时反而会感觉没力气。下面这份比赛食谱可提供大量的钾、钙、碳水化合物、蛋白质、维生素B族和维生素C（见表2）。

表2　幼儿比赛食谱

项目	食谱
早餐	蜂蜜水、橄榄油烤全麦面包、牛奶、香蕉
午餐	红豆饭、番茄虾仁、香菇炒油菜、凉拌绿菜花
饮料	淡蜂蜜水
晚餐	米饭、青椒萝卜、肉丝、青豆角、凉拌小白菜、虾仁冬瓜汤
零食	杏仁、葡萄干

3. 远足的饮食

郊游是一种长时间的中强度运动，会消耗较多的脂肪和水分。对幼儿远足来说，出汗是一个不容忽视的问题。汗水中含有蛋白质、氨基酸、水溶性维生素和多种矿物质。虽然不会因为一天的损耗而发生蛋白质缺乏现象，但需要维持电解质的平衡。郊游食品应该选择富含矿物质和维生素B的食品，以提供足够的蛋白质、适量的盐分和充足的水分，饮食的关键点在于及时补充随汗液流失的营养物质。

盒装牛奶、低糖豆奶是很好的远足饮料，它们富含蛋白质、能量、维生素B族以及矿物质，既解饿又解渴，能迅速恢复体能。蔬菜、海藻能及时消除疲劳。远足后幼儿肌肉酸胀、血乳酸水平升高，为了及时消除疲劳，晚餐应当优先选择蔬菜、海藻等碱性食品，以维持血液的酸碱平衡，还要吃些粗粮和豆类，补充维生素B族。在远足的时候，要减少营养价值不高的甜品，如饼干、甜饮料等。如果要选择甜饮料，则应选择添加了维生素B族和矿物质的功能性饮料。下面这份远足食谱能提供足够的蛋白质、维生素B和C（见表3）。

表3　幼儿远足食谱

项目	食谱
早餐	蜂蜜水、奶酪片、牛奶、草莓
午餐	豆浆、面包、茶叶蛋、番茄、黄瓜、橘子
饮料	添加了维生素B族和矿物质的功能性饮料（注意不能含咖啡因）
晚餐	八宝粥、玉米馒头、蒜蓉空心菜、海带、蘑菇、胡萝卜炖肉、凉拌莴笋
零食	开心果、牛肉干

资料来源：任绮，高立. 学前儿童体育与健康. 北京：清华大学出版社，2012：178-181.

二、幼儿运动与睡眠精力管理

（一）幼儿睡眠与精力的特点

睡眠时间是影响幼儿生长发育的重要因素，充足的睡眠是保证幼儿能够进行良好的生长发育的前提条件之一。不同年龄段的幼儿的睡眠特点如下：

1. 1岁以下婴儿：每天16小时左右

宝宝从出生到1岁，这个关键时期的生长发育比将来的任何时期都快，如果能保证宝宝充足的睡眠，宝宝每个晚上都能长高0.25毫米左右。那么宝宝每天该睡多久呢？新生儿的睡眠时间每天在18～20小时，2～4个月应该在16～18小时，5～10个月应该在15～16小时，11～18个月应该在14～15小时。睡眠期间是小月龄婴儿生长发育的重要时段，因此，睡眠时间必须要保证。

建议：婴儿的睡眠问题大多是由于缺钙、白天受惊吓、消化功能紊乱造成的；也有婴儿晚上睡不好是因为白天睡觉过多。对此，家长应注意给婴儿补钙，科学喂养；还需尽量保证婴儿夜晚睡眠的完整，不宜夜间频繁喂奶或换尿布，尤其是后半夜，因为小月龄宝宝在后半夜分泌激素最快。此外，婴儿最好采取侧睡，以免趴着睡时因压住口鼻而窒息，或者仰睡时因吐奶而呛奶。此外，最好不要给婴儿太软的枕头，因为他们可能会把脸埋在枕头里而发生窒息。

2. 1～3 岁幼儿：每晚 12 小时左右，白天两三个小时

幼儿每天夜里要保证 12 小时的睡眠时间，白天还需再补两三个小时。具体的睡眠时间，可以根据他们自己的睡眠节律而定，比如有些幼儿习惯在接近中午时和下午晚些时候各睡一觉。

建议：这个年龄段的幼儿容易因玩得太兴奋而影响睡眠。有时候，他们进入了睡眠状态，脑子却还在活动；睡着了，还常磨牙、踢被、尿床等，这些都会影响幼儿的大脑和身体发育。因此，建议家长在幼儿睡前 1 小时先给他们洗个温水澡，放松全身；讲个小故事或放一些轻松、舒缓的音乐等。幼儿睡着后，每隔 2～3 小时会出现轻度哭闹或烦躁不安的表现，这是深浅睡眠交替的结果，家长这时不要立即将幼儿抱起来，可等待 15 分钟左右，观察幼儿进一步反应或轻轻抚摸幼儿，或将幼儿心爱的玩具放在他们的身边，帮助他们入睡。

3. 4～6 岁幼儿：每天睡 10～12 小时

4～6 岁的幼儿每天睡 10～12 个小时是必要的，每晚 8 点左右上床，中午尽可能小睡一会儿。幼儿如果睡眠不足，不仅会精神不振、免疫力低下，还会影响生长发育，但睡觉时间也不能过长，若超过 12 小时，可能会导致肥胖。

建议：幼儿基本没有睡眠障碍，只要营造良好的环境就行。被褥不要太软，透气性要好；室内温度控制在 20℃左右，并保持空气流通；卧室不要有过亮的灯或较刺激的音乐；睡前不要吃东西；最好与幼儿一起定个时间表，督促他们按时睡；在睡前至少 1 小时不宜让幼儿进行有大活动量和兴奋的活动，待幼儿逐渐安静下来后让他们自己在床上入睡；睡前让幼儿做些准备工作，如刷牙、洗脸、整理床铺等，这个过程看似简单，却是在对幼儿暗示“该睡觉了”。

（二）幼儿运动的睡眠与精力要求

相关研究表明：幼儿身体发育与身体活动和睡眠习惯相关。因此，幼教机构及家

长应注意引导幼儿养成良好的生活习惯。如保证充足的每日户外活动时间，可适当增加较大强度运动的时间，尤其注意女童的每日活动量，培养幼儿参与体育活动的热情与积极性。保证充足的睡眠时间和较好的睡眠质量，对促进幼儿身体生长发育有积极作用。

2019 年 4 月 24 日，世界卫生组织（WHO）发布了《5 岁以下儿童的身体活动、久坐行为和睡眠的指南》。根据该指南，5 岁以下的幼儿要想健康成长，必须减少坐下来看屏幕，或被限制在婴儿车和座椅上的时间，应当获得更高质量的睡眠，并有更多的时间积极玩耍。幼儿增加身体活动，减少久坐时间，确保睡眠质量，将促进他们的身心健康，并有助于预防幼儿肥胖症及此后一生的相关疾病。在生命早期养成增加身体活动、减少久坐时间和确保睡眠质量方面的健康习惯，有助于塑造童年、青春期和成年期的习惯。家长和教师在幼儿生命的头 5 年遵从这些指南中的建议，将有助于幼儿的运动和认知发育以及终身健康。具体建议如下：

1. 婴儿（不足 1 岁）

应每天多次以多种方式进行身体活动，特别是通过互动式地板上游戏；多则更好。对于尚不能自主行动的婴儿，在婴儿清醒时每天至少 30 分钟的俯卧位伸展（肚皮）。

婴儿受限时间每次不超过 1 小时（例如坐在手推童车、婴儿车、高脚椅中，或缚在看护者的背上）。不建议看屏幕。坐着时，鼓励与看护者一起阅读和讲故事。

保持 14 ～ 17 小时（0 ～ 3 个月大）或 12 ～ 16 小时（4 ～ 11 个月大）的优质睡眠时间，包括打盹。

2. 1 ～ 2 岁幼儿

1 ～ 2 岁幼儿应每天进行至少 3 个小时各种强度的身体活动，包括中等到高强度的身体活动，全天分布；多则更好。

幼儿受限时间每次不超过 1 小时（例如坐在手推童车、婴儿车、高脚椅上或被缚在看护者的背上），也不可长时间坐着。对于 1 岁幼儿，不建议久坐不动的屏幕时间（如看电视或视频，玩电脑游戏）。2 岁以上幼儿，久坐不动的屏幕时间不应超过 1 小时，少则更好。坐着时，鼓励其与看护者一起阅读和讲故事。

保持 11 ～ 14 小时的优质睡眠，包括打盹、有规律的睡眠和唤醒时间。

3. 3 ～ 4 岁幼儿

3 ～ 4 岁幼儿应每天进行至少 3 个小时各种强度的身体活动，其中至少包括 1 小时的中等到高强度的身体活动，全天分布，多则更好。

幼儿受限时间每次不超过 1 小时（例如坐在手推童车、婴儿车上），也不可长时间坐着。久坐不动的屏幕时间不应超过 1 小时，少则更好。坐着时，鼓励其与看护者一起阅读和讲故事。

保持 10 ～ 13 小时的优质睡眠，包括打盹、有规律的睡眠和唤醒时间。

视野拓展

好动与多动症的区别

有些父母把宝宝好动视为不老实、调皮、不遵守纪律，对好动的宝宝加以种种严厉的限制。这种做法是违背儿童心理特性的。宝宝好动是精力旺盛、身心健康的表现。只有患有营养不良、重症贫血或有其他先天性疾病的宝宝才不好动。好动也是宝宝探索自然和社会的一种表现。他们看什么都要摸一摸、动一动、看一看，还会提出各种各样的问题来，对周围的事物都觉得新鲜、好奇。宝宝的心理特征为好胜、好奇、好动、好模仿和富于想象，以好动更为突出。父母切忌把正常宝宝的好动误认为是“多动症”。

正常的好动与多动症之间的区别主要有以下四点：

（1）正常好动的宝宝虽然也有注意力不集中的表现，但对有兴趣的事情，却能专心致志，很少分散注意力；而多动症的宝宝做不到。

（2）正常宝宝虽然表现散漫，如上课做小动作，甚至吵闹、打架，但当他意识到必须控制自己时，他能控制得住；而多动症的宝宝却不能控制自己。

（3）正常宝宝作快速、反复和轮换动作时表现得灵活自如；而多动症的宝宝却表现得很笨拙。

（4）中枢神经兴奋剂能使正常宝宝兴奋；而患多动症的宝宝服用其后却很快地表现得安静、少动，注意力相对集中，当他们服用镇静剂时反而出现兴奋、多动的状态。如果宝宝没有突出表现时父母就不要随便带宝宝到精神病院去就诊，否则会给宝宝心理上造成不良的刺激，也不要随便对宝宝说“你是多动症”，这样做反而会影响宝宝的智力发展，增加精神负担。

如果到医院确诊宝宝患上了多动症，除进行正确引导、必要的药物治疗外，调理好宝宝的饮食十分必要。可多吃些含蛋白质、维生素及卵磷脂、矿物质的食物，像牛奶、鸡蛋、大豆及豆制品、瘦肉、动物肝脏等。还可多吃些花生仁、核桃仁、黑芝麻等。这些食品不仅能促进宝宝的大脑发育，增强细胞功能，改善神经传递信息，从而减轻“多动症”。日常生活中，请一定注意不要多食某些有刺激性的调料，如辣椒、生姜、生葱，还有苹果、柑橘、西红柿等，因为这些食物营养价值虽高，但含甲基水杨酸类物质多，会影响宝宝神经传递信息，加重病情。

资料来源：http://www.ci123.com/article.php/520.

本章小结

本章主要介绍了幼儿运动组织与指导的相关概念、价值、目标、原则及必须遵守的基本规律，幼儿身体健康、心理健康的特点与运动指导要点，幼儿运动的营养膳食安排与睡眠和精力要求，为学习者掌握幼儿运动的健康知识、全方位发展幼儿基本动作技能、有效组织与指导幼儿运动奠定了理论指导基础。

课后练习

一、简答题

1. 幼儿运动组织与指导的基本规律和原则有哪些？
2. 幼儿不同运动项目的营养膳食如何安排？
3. 幼儿各器官系统的运动指导要点有哪些？
4. 幼儿心理保健的运动指导要点有哪些？
5. 幼儿运动的睡眠与精力管理要求有哪些？

二、实训题

1. 绘制幼儿身体与心理健康的运动指导相关知识的思维导图。
2. 尝试制作不同运动形式的幼儿运动饮食食谱。

第二章　幼儿基本动作发展的组织与指导

学习目标

1. 了解幼儿基本动作发展的规律与基本进程；
2. 掌握幼儿各类基本动作的发展特点与基本要求；
3. 掌握幼儿各类基本动作的内容与游戏组织形式；
4. 掌握幼儿各类基本动作的动作形式、发展能力与动作要点；
5. 了解幼儿各类基本动作组织与指导的注意事项。

学习重难点

1. 幼儿各类基本动作的发展特点与基本要求、内容与游戏组织形式；
2. 幼儿各类基本动作的动作形式、发展能力与动作要点。

学习方法

1. 建议在理解的基础上进行相关知识的深入学习和思考；
2. 建议充分利用网络等资源，收集相关案例和素材，并运用所学知识进行分析；
3. 建议亲自实践，通过观摩、分析个案等形式巩固所学知识。

教学建议

1. 本章内容是学习其他章节的基础，建议教师综合运用多种教学方法，帮助和引导学生掌握知识点；
2. 教师可通过实际案例、权威网站等知识扩充章节学习内容，开阔学生的视野，增进学习积极性。

第一节　幼儿基本动作发展概述

基本动作是人们在日常生活和生产劳动中的实用技能，也是锻炼身体的重要手段之一。幼儿基本动作的发展主要指走、跑、跳、跳跃、投掷、钻、爬、翻滚、攀登及平衡等动作技能的发展，它既受遗传因素的制约，又受环境教育的影响。遗传因素是幼儿基本动作发展的前提和基础，环境教育则对幼儿基本动作的发展有积极作用，尤其在游戏中发展基本动作，效果最佳。

一、幼儿基本动作发展的规律

一般情况下，人生下来要经过 1 ～ 2 年的时间才会自如地走路。在这个过程中，幼儿需要学习抬头、翻身、坐、爬、站等过程，其动作发育遵循以下规律：首尾规律（头部动作—上肢动作—下肢动作）；近远规律（身体中部—双臂和腿部—精细动作）；大小规律（大肌肉—小肌肉）；从整体到局部规律（由全身性的、笼统的、弥散性的到局部的、精确的、专门化的）；无有规律（无意动作—有意动作）。

二、幼儿基本动作发展的进程

幼儿基本动作发展的进程分为大运动动作（包括平衡）发展和精细动作发展两个阶段。大动作指的是涉及胳膊、腿、足部肌肉或全身较大幅度的动作，如抬头、翻身、坐、爬、站、走、跳等。精细动作指的是手指精细运动的发育，也称小肌肉动作，如新生儿的握持反射（紧握拳）、摆弄小物体和捏敲等探索性动作。总的来说，幼儿动作功能发展的顺序为：姿势摆位（主要发展时期 0 ～ 2 岁）、大动作（主要发展时期 2 ～ 4 岁）、精细动作（主要发展时期 4 ～ 8 岁）、技巧技能（主要发展时期 5 岁以后）。具体发展见表 2 - 1 至表 2 - 3。

表 2－1　幼儿大动作的发展

顺序	动作名称	年龄 / 月	顺序	动作名称	年龄 / 月
1	仰卧，举头	1.5	16	弯腰再站起来	12
2	仰卧，头抬 45 度	2.1	17	走得好	13.7
3	坐，头稳定	2.8	18	走，能向后退	15.7
4	仰卧，头抬 90 度	2.9	19	会上台阶	17.5
5	仰卧、抬胸，手臂能支持	2.9	20	举手过肩扔球	18.2
6	拉坐，头不滞后	3.6	21	踢球	18.6
7	腿能支持一点重量	3.7	22	双足并跳	23.9
8	翻身	4.5	23	独脚站 1 秒	28.0
9	不支持能坐	6.4	24	跳远	27.8
10	扶东西站	7.0	25	独脚站 5 秒	33.3
11	拉物能站	8.6	26	独脚站 10 秒	38.1
12	能自己坐下	8.7	27	独脚跳	40.2
13	扶家具能走	9.4	28	抓住蹦跳的球	46.3
14	能站瞬息	9.9	29	脚跟对脚尖地向前走	47.0
15	独站	11.5	30	脚跟对脚尖地退着走	51.9

资料来源：范存仁，周志芳．从出生到六岁儿童智能发展规律的探讨．心理学报，1983（4）．

表 2－2　幼儿精细动作的发展

顺序	动作名称	年龄 / 月	顺序	动作名称	年龄 / 月
1	抓住不放	4.7	11	堆 6 ～ 10 块积木	23
2	能抓住面前玩具	6.1	12	用勺稍外溢	24.1
3	能用拇指、食指拿东西	6.4	13	脱鞋袜	26.2
4	能松手	7.5	14	穿珠	27.8
5	传逆（倒手）	7.6	15	折近似长方形的纸	29.2
6	能拿起面前玩具	7.9	16	独自用好勺	29.3
7	从瓶中倒出小球	10.1	17	画近似横线的线	29.5
8	堆积木 2 ～ 5 块	15.4	18	一手端碗	30.1
9	用勺会外溢	18.6	19	折近似正方形的纸	31.5
10	用双手端碗	21.6	20	画近似圆形的形状	32.1

资料来源：李惠桐，李世棣．3 岁前儿童集体动作发展的调查 // 中国心理学会发展心理教育心理专业委员会．发展心理教育心理论文选．北京：人民教育出版社，1980．

表 2-3　幼儿大动作技能和小动作技能的变化

年龄阶段	大动作技能	小动作技能
2～3岁	走路节奏均匀；后退；侧行；跑；跳跃，单足跳；投掷或抓取时身体生硬；用脚去推玩具；捡起物体而不摔倒	穿或脱简单的衣服；穿鞋、袜子；拉拉链；熟练使用汤匙；转门把；拧开瓶盖；模仿画直线
3～4岁	能够走直线；投掷时上身弯曲；骑脚踏车；单腿站数秒	扣纽扣；倒牛奶；可以自己吃饭；使用剪刀；涂画；画垂直线和圆圈
4～5岁	上下楼梯换脚；跑步平稳协调；单足跳；投掷时身体转动，双手接球	用筷子；沿着线用剪刀剪下东西；粗略地画人、图案；简单地折纸
5～6岁	跑步速度加快，喜欢蹦蹦跳跳；投掷和抓取动作熟练；换脚跳；学习骑自行车、溜冰、游泳	系鞋带；熟练地串珠子；握笔；临摹一些图案和字母；出现用手偏好

幼儿进行各种运动可以为其提供大量的知觉动作经验，促进姿势与动作的发展与成熟，并奠定未来生理成长与功能发展的基础。幼儿体能训练的重点应放在基础姿势和大动作的发展上，保证运动的时间和适量的强度，不必要求过高的技能与技巧，达到提高体能，锻炼体质的目的就行。不论何种方式的运动，一定要遵守幼儿体能发展的顺序，循序渐进地提高幼儿的身体素质。

第二节　幼儿走、跑、跳动作发展的组织与指导

一、幼儿走步动作发展的组织与指导

走步，或称行走，是人体移动位置最基本、最自然、最容易和最省力的一种运动方式。学前时期，正是走步能力发展和身体姿势形成的关键时期，需引起重视。

（一）幼儿走步动作的特点与基本要求

1. 幼儿走步动作的特点

幼儿学习走步时，动作比较笨拙、僵硬，多余动作较多，随着年龄的增长，下肢力量增强，其走步动作能力会有较大的提高和发展。不同年龄段幼儿走步动作的发展特点详见表 2-4。

表 2-4　不同年龄阶段幼儿走步动作的发展特点

年龄阶段	发展特点
学步儿（1～2岁）	最初学习走步动作时，肌肉紧张，腿部力量弱，落地支撑时两腿伸不直，膝关节有些弯曲，但不能有规律地弯曲；两脚落地时的间距较宽，脚掌缺乏弹性，步幅较小，步频相对较快，有时像小碎步跑；上下肢配合能力极不协调，控制身体的能力较差，易跌倒；走步动作比较僵硬、笨拙，多余的动作较多
2～4岁	腿部力量逐渐增强，能控制走步方向，能平稳熟练地走步，但步幅小而不稳定，摆臂幅度小，膝关节灵活性较差，上下肢配合还不够协调，转动不灵活，注意力易分散，调节节奏、步幅的能力较差
4～5岁	步幅较稳定，上下肢配合协调，个人走步特点已初步形成，但调节节奏的能力稍差，注意力易分散
5～6岁	走步自然放松，平稳协调，排队时能较好地保持队形并能掌握多种变化队形的方法，步幅已增至50厘米左右，能掌握多种走步技能

2. 幼儿走步动作的基本要求

走步时上体要保持正直，肩部肌肉要放松；两手臂前后适度地自然摆动，向前摆臂时肘部稍弯曲；两脚落地时要轻，脚尖稍向正前方，避免“内八字步”或“外八字步”；步幅大小要适宜、均匀；有精神、有节奏地走；在集体走步时，学会保持前后适宜的距离等。

（二）幼儿走步动作的内容与游戏组织形式

不同年龄阶段幼儿走步动作的内容与游戏组织形式详见表 2-5。

表 2-5　不同年龄阶段幼儿走步运动的内容与游戏组织形式

年龄阶段	内容	游戏组织形式
1～2岁	手拿着物体自由走动；在走步过程中停下来拿球；抬腿迈步走；推着或拉着物体走等	亲子牵手走、独走、推拉玩具小车走、追球、抱球走
2～4岁	听信号向指定方向走；在指定范围内散开走；一个跟着一个走；跨过小障碍	脚尖走、走平衡木、开火车、跟着小旗走、开飞机、吹泡泡、跟着老师走、找玩具
4～5岁	听信号有节奏地走；听信号变换速度走；持物走；平衡板上走；远足	捡豆豆、各种模仿走、持物竞赛走、听鼓声走、“老猫睡觉醒不了”等
5～6岁	整齐地走；高人走、矮人走；听信号变换方向走；倒退走、上下坡走；脚跟、脚尖走；推小车走	“找朋友”、“穿大鞋”、“学做解放军”、花样走路、两人三足、“熊和木头人”等

（三）幼儿走步动作的动作形式、发展能力与动作要点

幼儿走步动作的动作形式、发展能力与动作要点详见表 2－6。

表 2－6　幼儿走步动作的动作形式、发展能力与动作要点

动作形式	发展能力	动作要点
自然走	促进身体形态，全面锻炼身体	步幅均匀，摆腿方向正，落地轻；两脚跟内侧在一条直线上，脚尖向前；头正，颈直，眼向前看；躯干正直，自然挺胸；肩臂放松，两臂以肩为轴前后自然摆动，与下肢配合协调；注意力集中
螃蟹走（侧身走）	发展动作的协调性、灵敏性以及快速反应能力	侧身走，一只脚跟着另一只脚连续侧向移动
侧向滑步走	发展动作的协调性、灵敏性以及快速反应能力	侧身走，一只脚跟着另一只脚连续侧向移动
前滑步走	发展动作的协调性、灵敏性等	向前进方向滑步，一只脚跟着另一只脚连续地快速移动
前脚掌走（如模仿巨人走）	增强小腿及脚掌力量，发展平衡能力	脚跟尽量提起；直腰，挺胸，步幅小
后脚跟走	发展平衡能力	步幅要小，落地要轻；支撑腿稍屈，两脚跟间距稍宽
高抬腿走	锻炼大腿屈肌力量、髋关节柔韧性和灵活性	抬腿时髋关节放松，快举轻放；上体正直
后踢腿走	发展膝关节灵活性、柔韧性和小腿屈肌的力量	后踢腿时膝放松，动作要快；上体正直
蹲着走（如模仿矮人走）	锻炼膝关节及周围韧带，发展下肢肌肉力量及肌肉耐力	双腿全蹲，步幅要小，重心前移时不要站起，走的距离不要太长
弹簧走	发展下肢肌肉力量以及踝关节灵活性，培养动作的韵律感	脚前摆，绷脚面，支撑脚上提；上体正直；脚尖先着地，然后柔和地过渡到全脚掌着地，膝部随后做弹性屈伸；支撑腿向前摆伸出，上体保持正直；眼向前看，两臂自然摆动
后退走	锻炼腰背及大腿后侧肌肉，发展本体感和控制身体运动方向的能力	步幅小，上体正直，注意依靠肌肉感觉
持物走	发展控制身体的能力和动作的协调性	推、拉、背物走时，上体前倾；单手提物和单肩扛物时，上体应向异侧倾斜

续表

动作形式	发展能力	动作要点
协同走	发展集体走步能力，培养协同习惯，提高注意力集中程度	集中注意力，协同一致，善于调节步幅和步频
模仿动物走	发展走步能力，发展模仿、创新等能力	模仿要在观察和熟悉模仿对象的基础上，做到动作模仿、形象模仿

（四）幼儿走步动作组织与指导的注意事项

（1）为幼儿提供一个安全的环境，在幼儿学习和练习走步动作的过程中加强安全保护。

（2）鼓励幼儿大胆实践，不要怕摔跤；利用各种条件，帮助幼儿学会独立行走。

（3）对3岁以上的幼儿应重视培养走步动作的正确姿势。如可采用用脚内侧踢毽子、两脚内扣站立、沿一条直线走的方式纠正幼儿的内、外八字脚；通过教师和家长的正确示范和反复纠错提醒幼儿走步时不要低头含胸、上体摇晃等。

二、幼儿跑步动作发展的组织与指导

跑步是人体移动位置最快的一种运动方式，属于周期型动作。跑步既是幼儿日常生活中最基本的活动技能，又是有效地增强幼儿腿部的肌肉力量，发展幼儿的速度、灵敏性以及耐力等身体素质的重要手段。幼儿经常参加适当的跑步活动，除有效锻炼身体外，还可以积累有关时间与空间的经验，从而促进其时间知觉和空间知觉的发展。

（一）幼儿跑步动作的特点与基本要求

1. 幼儿跑步动作的特点

幼儿通常于1.5岁左右在初步学会走步动作的基础上开始学习跑步动作，到了两三岁时已基本上会跑。但幼儿早期跑步只有跑的外形而不是真正的跑，因为这时的跑几乎没有两脚同时离开地面的腾空阶段。幼儿主要是以身体重心的前移来带动身体的位移，跑步动作与走步动作有时很难严格区别。不同年龄阶段幼儿跑步动作的发展特点详见表2－7。

表2－7　不同年龄阶段幼儿跑步动作的发展特点

年龄阶段	发展特点
3岁以前	步幅小，蹬地动作不明显，腾空阶段很短且不明显，跑步动作很像是小碎步跑； 脚落地时沉重，缺乏弹性； 两手臂不能作为助跑的工具；控制身体的能力较差，遇到障碍物不能及时躲避或停下来

续表

年龄阶段	发展特点
3～4岁	步幅小而不均匀，控制跑动方向的能力较差，不会直线跑，跑动中改变方向费力而迟缓； 启动和制动较慢，跑的稳定性有了明显提高，但还是易摔倒； 跑的耐力差，速度意识和竞赛意识缺乏，对自己跑速调节的意识也弱
4～5岁	跑步能力发展迅速，在跑的技能、速度和耐力以及心理素质方面都有明显进步； 跑速、步幅都快速发展，开始关注胜负
5～6岁	速度意识和竞赛意识很强，对胜负情绪反应较强； 跑步中能够有意识地克服疲劳，表现出较强的意志力，跑步的目的性比较明确

2. 幼儿跑步动作的基本要求

上体保持正直并稍向前倾；要有蹬地、腾空阶段；快跑时用力蹬地；脚落地时要轻；两手轻握拳，两臂屈肘置于体侧，前后自然地摆动。要求小班幼儿两臂屈肘在体侧自然跑；中班幼儿上下协调轻松地跑；大班幼儿上体稍前倾，用前脚掌着地跑。

（二）幼儿跑步动作的内容及游戏组织形式

不同年龄阶段幼儿跑步动作的内容及游戏组织形式详见表2－8。

表2－8　不同年龄阶段幼儿跑步动作的内容及游戏组织形式

年龄阶段	内容	游戏组织形式
2～3岁	在户外活动场地上自由跑动；围绕圆圈跑等	转圈跑、折返跑、踢球跑、踩影子、“老鹰捉小鸡”等
3～4岁	一个跟着一个地跑；听信号向指定方向跑或沿着规定路线跑；在指定范围内四散跑；圆圈跑；100米慢跑或跑、走交替等	“小孩小孩真爱玩”“找找小动物”“看看谁能追上我”等
4～5岁	绕障碍物跑；在一定范围内四散追逐跑、躲闪跑；20米快跑；接力跑；听信号变速跑或改变方向跑；100～200米慢跑或跑、走交替等	“捉星星”“我是小小运动员”、踩影子、“捕小鱼”等
5～6岁	听信号变速跑或改变方向跑；四散追逐跑、躲闪跑；200～300米慢跑或跑走交替；在较狭窄的小道上跑；高抬腿跑、大步跑、上下坡跑、持物跑等	“狡猾的狐狸在哪里”、往返接力、迎面接力等

（三）幼儿跑步动作的动作形式、发展能力与动作要点

幼儿跑步动作的动作形式、发展能力与动作要点详见表2－9。

表 2-9 幼儿跑步动作的动作形式、发展能力与动作要点

动作形式	发展能力	动作要点
短距离直线跑	发展速度与灵敏性	向后用力蹬地，向前摆腿方向正、幅度大、髋和膝放松；落地轻；两臂屈肘，前后自然摆动，躯干正直稍前倾；抬头，眼向前看；呼吸自然
侧身跑	发展身体控制能力	在跑动时，头部和上体转向侧面，脚尖朝着跑动的方向，既要保持奔跑速度，又要保持身体平衡
跑跳步	发展肌力、瞬间爆发力及动作协调性	一只脚踏跳，另一只脚抬起，双手随着脚的动作做规律的摆动
圆圈跑	发展速度、调节跑动方向的能力、平衡能力	整个身体向内稍倾斜，不要斜着上身跑，脚贴近圆圈里线
往返跑	发展速度与灵敏性	到达转弯处前放慢速度，上体正直或稍后仰，后腿蹬力稍小，然后转体 360 度，重心移至转身的前脚，继续跑动
追逐跑、躲闪跑	发展速度、耐力、灵敏性和快速反应能力	身体需快速启动，快速急停；注意观察周围环境，并做出迅速反应，躲避人或物体
接力跑	发展奔跑能力、提高耐力	传接时两人要错开身体，避免碰撞；传接均用右手
持物跑	能加大运动负荷，掌握持物移动的能力	持物方法要便于用力，全身承受负荷，注意保持平衡；单手提物或单肩扛物时上体应向异侧倾斜，背物时上体应向前倾斜；步幅要小，步频要高，重心起伏要小
后踢腿跑	发展腿后侧屈肌力量和膝关节灵活性	跑时有意后踢小腿，前摆幅度小，膝部放松，步幅小，步频高，前脚掌先着地
后退跑	发展腿后侧屈肌力量和背部肌群以及本体感	腿后摆方向要正，脚尖先着地，上体正直，靠本体感和眼看前方固定目标，控制后退方向
模仿跑	发展奔跑能力，发展模仿、审美、创新等能力	模仿要在观察和熟悉模仿对象的基础上，做到动作模仿到位，如“螃蟹跑”

(四) 学前儿童跑步动作组织与指导的注意事项

（1）在安排和组织幼儿跑步活动时，应根据幼儿的身体状况、年龄特点以及季节气候等因素选择适宜的跑步类型，安排合理的活动量。幼儿在跑步前应做好充分的身体准备，尤其需要活动一下腿部与脚部的关节、韧带和肌肉，以防受伤。

（2）幼儿跑步动作教学的重点是腿的动作，应该要求幼儿跑步时“步子大些，落地轻些”。可通过做原地摆臂或弓步下振练习，纠正跑步时上体过分前倾和后仰的错误动作；采取一个跟着一个跑、窄道跑、踩直线跑等方式纠正路线跑不直问题；采取时刻提

醒幼儿自然、放松、大步走的方式纠正耸肩、摆臂僵硬的问题。

（3）要注意对幼儿快跑活动的时间和强度进行控制，不要让幼儿过于疲劳或进入到无氧代谢的状态；在幼儿快跑活动后，应安排一些活动量较小的游戏活动或做一些放松、整理的动作，以利于幼儿心率的恢复与心脏的健康。

（4）在幼儿进行四散跑、追逐跑、竞赛跑的游戏活动时，要随时提醒并教会幼儿及时躲闪，不要相互碰撞，提醒幼儿眼睛看前方，这样既能保证幼儿运动时的安全，又能有意识地发展幼儿动作的灵敏性。

（5）在幼儿跑步过程中，指导并教会幼儿使用鼻子呼吸或用鼻子吸气、用嘴巴呼气的方法，逐渐使呼吸自然而有节奏。

三、幼儿跳跃动作发展的组织与指导

幼儿通过各种类型的跳跃动作，可以增强腿部的肌肉力量，发展弹跳能力、身体的灵敏性以及协调能力，提高耐力素质，而且对幼儿视觉运动能力的发展也具有重要的促进作用。

（一）幼儿跳跃动作的特点与基本要求

1. 幼儿跳跃动作的特点

幼儿早期跳跃的特点是：蹬地力量小、跳得低；弹跳能力差；动作紧张、摆臂和蹬腿配合不好，协调性较差；落地较重，不会缓冲，缺乏落地意识，容易失去平衡而摔倒。随着幼儿年龄的增长以及经常参加身体运动，幼儿跳跃能力发展很快，不仅能较有力、较协调地向前和向上跳，还能学会其他较复杂的跳跃动作，如单脚行进向前跳、侧跳、立式跳远、助跑跨跳、跳绳等，并且在跳跃的过程中，幼儿基本上学会了落地缓冲的动作，腿部的弹跳能力以及身体动作的协调性也有了一定的发展和提高。不同年龄阶段幼儿跳跃动作的发展特点详见表 2 - 10。

表 2 - 10　不同年龄阶段幼儿跳跃动作的发展特点

年龄阶段	发展特点
3 岁以前	很少能正确地跳，动作的协调性还没得到必要的发展，缺乏平衡力，缺乏支撑运动器官的成熟水平
3 ～ 4 岁	起跳动作的蹬伸意识较差，蹬地力量弱，摆臂与蹬地动作脱节； 落地的缓冲意识差，往往出现落地不稳的情况； 跳跃的距离近，主要进行双脚连续跳跃练习
4 ～ 5 岁	跳跃距离增长较快； 能较熟练地掌握徒手或者持轻器械的单双脚跳，而且跳跃动作基本合理和协调

续表

年龄阶段	发展特点
5～6岁	跳跃动作合理、协调，起跳时摆臂和蹬腿动作配合协调，而且在跳跃时节奏稳定、落地能屈膝缓冲，保持好身体的平衡性； 能掌握多种跳跃的方法，可以进行跳圈、跳皮筋、跳绳、助跑跨跳等复杂的跳跃活动

2. 幼儿跳跃动作的基本要求

跳跃分为跳高和跳远。动作稍有不同，但大体分为预备、起跳、腾空、落地四个阶段。预备：两脚自然开立，屈膝半蹲，上体前倾，两臂后摆；起跳：当两臂由后向前上方做摆动时，两前脚掌用力蹬地，两膝充分蹬直向前跳起，身体尽量前送；腾空：保持平衡，可能伴有腾越过程；落地：脚跟着地，屈膝半蹲，上体前倾，两臂自然放下，保持平衡。跳跃动作的重点是起跳和落地动作。要求起跳时两腿充分蹬直，落地时屈膝缓冲。

（二）幼儿跳跃动作的内容与游戏组织形式

不同年龄阶段幼儿跳跃动作的内容及游戏组织形式详见表 2－11。

表 2－11　不同年龄阶段幼儿跳跃动作的内容及游戏组织形式

年龄阶段	内容	游戏组织形式
2～3岁	双脚原地向上纵跳； 短距离双脚连续向前跳等	“跳彩虹”、“跳房子”、跳台阶、单脚跳等
3～4岁	原地纵跳的同时用头触物； 双脚连续向前跳较长距离； 水平跨跳，从高处（15～25厘米）向下跳等	“大皮球”“小兔送萝卜”“小小跳水运动员”等
4～5岁	原地纵跳的同时用手触物（距指尖15～20厘米）； 立定跳远（不少于75厘米）； 单脚连续向前跳（不少于10米）； 双脚交替跳，单、双脚轮换跳； 助跑跨跳过两条平行线（间距大于40厘米）； 由较高处（25～30厘米）向下跳等	夹包跳、“跳房子”、“小猴摘桃”、“小青蛙捉虫子”等
5～6岁	原地纵跳的同时用手触物（距指尖20～25厘米）； 立定跳远（不少于95厘米）； 单脚连续向前跳（不少于20米）； 行进向前侧跳； 向前、向后、向左、向右变换跳，转身跳； 助跑跨跳两条平行线（间距大于50厘米）； 跳绳、跳皮筋、跳蹦床等	“小青蛙跳荷叶”、跳圈、跨步、跳绳、跳房子、跳皮筋等

（三）幼儿跳跃动作的动作形式、发展能力及动作要点

不同年龄阶段幼儿的跳跃动作的动作形式、发展能力与动作要点详见表 2－12。

表 2－12　幼儿跳跃动作的动作形式、发展能力与动作要点

动作形式	发展能力	动作要点
原地纵跳	增强腿部肌肉力量，发展弹跳能力	预备：腿稍屈，臂后摆，上体稍前倾； 起跳：臂上摆，腿蹬直； 落地：前脚掌先着地，屈腿，上体稍前倾
纵跳触物	发展协调能力、视觉运动能力以及弹跳能力	注意观察物体位置，动作同原地纵跳
双脚连续向前跳	增强腿部肌肉力量，发展肌肉耐力和协调能力	预备：腿稍屈，臂垂于腿前； 起跳：蹬腿，臂向前上方摆，使身体向前跳出； 落地：前脚掌先着地，稍屈腿； 动作轻，臂自然下放，动作不停顿，继续向前跳。注意身体协调和动作节奏
立定跳远	发展弹跳能力、下肢爆发力以及协调能力	预备：腿稍屈，臂后摆，上体稍前倾，可弹动一次； 起跳：腿蹬直，臂向前上方摆，展体，使身体向前上方跳出； 落地：屈腿全蹲
双脚由较高处向下跳	发展平衡素质和力量素质	直接向下跳时，腿要蹬伸或直接下落； 落地时腿弯曲稍大，注意平衡
单双脚轮换跳、双脚交替跳、双脚开合跳	发展灵敏素质和协调能力	开合跳：轻轻跳起来，双脚往外的同时双手往上拍（有动作即可，无须拍手）； 归位时，双脚合并，双手归回两侧
侧跳	发展弹跳能力和灵敏素质	起跳时蹬腿、摆臂、展体均同向下跳，但用力方向则向侧面。例如，原地左右侧跳是在起跳后靠侧摆髋和腿使两脚向两侧连续移动
转身跳	提高身体控制能力，发展平衡素质	双脚跳起向左或右转身 180 度后落地
蹲跳	发展弹跳能力和平衡素质	两脚稍分开成半蹲状，上体稍前倾，两臂屈肘于肩侧；两腿用力蹬伸，同时两臂迅速上举，身体向前上方跳起；用全脚掌着地，屈膝缓冲
助跑跨跳	提高动作的灵敏性，发展协调能力和视觉运动能力，提高调节步幅能力	助跑：距离 4～5 步，中等速度跑，不减速，不倒步； 起跳：蹬腿要快速、有力、充分，摆腿方向正、幅度大； 落地：轻柔并继续向前跑几步，不要有停顿

续表

动作形式	发展能力	动作要点
跳绳	发展协调能力、视觉运动能力以及上肢肌肉力量和耐力，锻炼上肢关节	握绳要松，摇动时手腕要活，摇绳与跳起要协调；跳跃时要多用脚掌和脚腕力量，腰要直，肩要放松，眼要向前看
协同跳	促进跳跃能力、注意力和调节动作节奏、速度和幅度的能力	注意力集中，动作节奏、速度和幅度要一致
夹包跳	发展腿部爆发力、灵敏素质和平衡素质	用脚趾内侧夹包的一角，用蹬腿、摆臂、提腰力量跳起；快速屈腿，甩脚腕将包甩出；落地要屈腿

（四）学前儿童跳跃动作组织与指导的注意事项

1. 选择适宜的活动场地

跳跃的练习应尽可能在较柔软的地面上进行，如泥土地、泥沙地、草坪或地毯等，尽量避免在坚硬的水泥地面上进行，尤其是不要在高低不平的砖地上做跳跃活动。如果必须在水泥地上进行跳跃练习，一定要提醒幼儿落地动作要轻，教会幼儿轻轻落地的动作，以保证幼儿身体的健康发育。

2. 分类指导不同的跳跃动作

跳跃活动的种类很丰富，教师在进行指导时一定要根据不同种类的跳跃动作的需要给予相应的指导。

3. 正确示范，及时纠错

可采用教师示范、语言提醒、纵跳摸高、高跳落地手摸地的方式纠正幼儿起跳时腿蹬伸不充分、不会摆臂助跳、落地不屈膝缓冲的问题；可采用跳沙坑、原地跳一定宽度和高度的两根绳子、原地跳过趴着的同伴的方式纠正起跳后角度不够的问题，等等。教师应多观察，针对幼儿出现的不同问题采取不同策略，以帮助幼儿学会动作技能。

第三节　幼儿攀登、钻爬动作发展的组织与指导

一、幼儿攀登动作发展的组织与指导

攀登一般属于周期型动作，是实用性较强的一种身体运动，也是锻炼幼儿身体、提

高身体素质的重要手段。从参与动作的身体部位来划分，可以将攀登分成以下三种：一是双手的攀登，如消防队员用手攀绳或攀杆的动作，这种攀登动作不常用也不适合于幼儿；二是双脚的攀登，如登台阶、登小山坡等，练习登台阶是幼儿掌握攀登技能的基础；三是双手和双脚共同的攀登，人们通常所说的攀登主要是指这种形式的动作，幼儿非常喜欢这类攀登活动。

（一）幼儿攀登动作的特点与要求

1. 幼儿攀登动作的特点

不同年龄阶段幼儿攀登动作的发展特点见表 2-13。

表 2-13　不同年龄阶段幼儿攀登动作的发展特点

年龄阶段	发展特点
3 岁以前	2 岁左右学习登台阶，多为并步
3～4 岁	并手并脚，动作不够灵敏，协调性较差，手握横木的姿势有的不正确
4～5 岁	并手并脚，动作不够灵敏，协调性有进步，手握横木的姿势有的不正确
5～6 岁	已能表现出手脚交替的动作，动作较灵敏、协调，手握横木的姿势基本正确

2. 幼儿攀登动作的基本要求

常用的攀登方法有两种。以攀登肋木为例，一种是并手并脚地攀登，属于较初级的水平；另一种是交替手、交替脚地攀登，或是手脚交替攀登，这种方法难度较大，水平较高，对动作协调性的要求较高。不论是哪一种攀登的方法，用手握住横木的正确动作应该是大拇指与其他四指分开握住，这种握法较牢固和安全。3 岁左右的幼儿逐渐学会两脚交替登上台阶，但下来时往往使用并步。幼儿攀登动作要求幼儿逐渐学会大拇指与其他四指分开抓握横杆，可由两手握上一格横木，然后两脚登上同一格横木练习开始，逐渐过渡到两手两脚交替向上攀登。

（二）幼儿攀登动作的内容与游戏组织形式

不同年龄阶段幼儿的攀登动作的内容及游戏组织形式详见表 2-14。

表 2-14　不同年龄段幼儿的攀登动作的内容及游戏组织形式

年龄阶段	内容	游戏组织形式
2～3 岁	上下台阶，玩低矮的滑梯等	上下楼梯的“小小送报员”“爬梯摘桃儿”等
3～4 岁	攀登肋木、较低的攀登设备等	“小悟空摘桃儿”“小乌龟障碍运粮”等

续表

年龄阶段	内容	游戏组织形式
4～5岁	在各种类型的攀登设备上自由攀登等；在攀登设备上做钻、爬、移位等动作	“夺宝”“勇夺红旗”等（攀登绳索、木梯、轮胎、攀爬网等的单独或组合游戏）
5～6岁	尽可能用交替手、交替脚的方法在攀登设备上攀上爬下	“我是小小消防员”“我是小小登山员”等（攀登绳索、木梯、轮胎、攀爬网等组合游戏）

（三）幼儿攀登动作的动作形式、发展能力与动作要点

幼儿攀登动作的动作形式、发展能力与动作要点详见表2－15。

表2－15　幼儿攀登动作的动作形式、发展能力与动作要点

攀登的动作形式	发展能力	动作要点
上下台阶	增强腿部的肌肉力量，发展平衡能力、协调能力以及耐力素质	两脚站稳后，再向上迈步或向下迈步；由上台阶时两脚交替、下台阶时一脚在前一脚在后，发展为两脚交替上下台阶
攀登各种攀登设备	增强四肢肌肉的力量，发展动作的协调性和灵敏性	用两手握上一格横木，然后两脚依次登上一格横木；两手两脚（同侧或异侧）交替向上攀登，攀登时先移手、后移脚；下来时先移脚、后移手
在攀登设备上做钻、爬、移位等动作	发展动作的灵敏性、协调性和平衡能力，增强四肢及躯干的肌肉力量和耐力	手脚交替配合动作，动作自然协调
攀登滑梯的斜坡	发展动作的灵敏性和协调性	手脚交替配合动作，动作自然协调

（四）幼儿攀登动作组织与指导的注意事项

（1）必须首先教会幼儿手握横木动作的正确姿势，这是保证攀登安全的基础。

（2）在幼儿攀登的过程中，既要注意保护幼儿，又要让幼儿懂得有秩序攀登、不互相推挤的重要性，并让幼儿学会躲避危险，提高幼儿自我保护的能力。

（3）当幼儿登上攀登设备以后，可以鼓励幼儿在保证安全的情况下恰当地观察周围以及上下的空间环境，体验攀登过程的艰辛与乐趣。从攀登设备上下来后，可以鼓励幼儿进行相互的交流，以丰富幼儿的运动经验和情感体验，增强幼儿的自信心。

（4）尽量不要进行攀登比赛，以免幼儿因求胜心切而忽视活动的安全。

二、幼儿钻爬动作发展的组织与指导

钻和爬是日常生活中一种很实用的动作技能，也是锻炼幼儿身体的重要手段。幼儿的好奇心和探索欲望很强，因此在体育运动中可借助丰富的运动器材及动作形式来满足幼儿钻爬探索的好奇心和运动欲望。

（一）幼儿钻爬的特点与基本要求

1. 幼儿钻爬动作的特点

钻是紧缩身体从较低的障碍物下通过的一种动作。幼儿初始学习时，在钻的过程中有时还不能较好地掌握屈膝、弯腰和紧缩身体的动作，随着年龄增长和经验的积累，以及动作和能力的发展，幼儿钻的能力会发展得较好，能较灵敏、协调、正确地钻过各种障碍物。不同年龄阶段幼儿钻动作的发展特点详见表 2－16。

表 2－16　不同年龄阶段幼儿钻动作的发展特点

年龄阶段	发展特点
3 岁以前	手膝着地钻一般比较灵活、协调，手脚着地钻则笨拙、不协调
3～4 岁	已能基本掌握正面钻的要领，但过程中不能很好地弯腰、紧缩身体
4～5 岁	正面钻的动作掌握得很好，基本学会了侧面钻，但两腿屈伸的交替动作还不够灵活
5～6 岁	基本掌握钻的要领，能有意识地做弯腰、紧缩身体的动作并准确地钻过各种障碍物

爬是幼儿最早掌握的身体移动方式。幼儿七八个月时便开始用腹部着地爬，并逐渐学会了手膝着地爬。幼儿的手膝着地爬一般比较灵活、协调，但手脚着地爬则笨拙、不协调，多次练习后会变得比较灵敏、协调。不同年龄阶段幼儿爬动作的发展特点详见表 2－17。

表 2－17　不同年龄阶段幼儿爬动作的发展特点

年龄阶段	发展特点
3 岁以前	手膝着地爬一般比较灵活、协调，手脚着地爬则笨拙、不协调
3～4 岁	手膝着地爬一般比较灵活、协调，爬越及手脚着地爬则笨拙、不协调
4～5 岁	手膝着地爬一般比较灵活、协调，爬越及手脚着地爬也比较熟练，能够以手脚并用的方式安全爬攀登架、网等
5～6 岁	能以匍匐、膝盖悬空等多种方式钻爬

2. 幼儿钻爬动作的基本要求

钻的方法一般有两种：正面钻和侧面钻。钻的动作要领除低头、弯腰、紧缩身体外，还需要注意两腿屈与伸的交替以及身体重心移动时的连贯。

爬的动作种类很多，有手膝着地爬、手脚着地爬（或称猴子式的爬）、肘膝着地爬，还有身体俯卧在地面上的匍匐爬等，在爬的过程中如果遇到障碍物还可以爬越和钻爬。无论是何种形式的爬，都应该要求幼儿动作灵活，四肢配合协调。

（二）幼儿钻爬动作的内容及游戏组织形式

不同年龄阶段幼儿钻爬动作的内容及游戏组织形式详见表 2－18、表 2－19。

表 2－18　不同年龄阶段幼儿钻动作的内容及游戏组织形式

年龄阶段	内容	游戏组织形式
2～4 岁	正面钻、钻过小山洞等	“小刺猬运果子”“蚂蚁搬豆”等
4～5 岁	钻过不同形状的小山洞、侧面钻等	“捞鱼”、“小猴子钻山洞”、钻过长纸筒等
5～6 岁	用各种钻的动作快速灵活地钻过各种洞	钻圈比赛、倒着钻圈、侧身钻等

表 2－19　不同年龄阶段幼儿爬动作的内容及游戏组织形式

年龄阶段	内容	游戏组织形式
7 个月～1 岁	学习和练习手膝着地爬的动作等	匍匐练习、听声取物、看物取物等
1～3 岁	爬越叠好的被子、手膝着地爬一定距离等	钻爬“隧道”、爬越障碍物等
3～4 岁	钻爬过低矮障碍物、倒退着爬等	爬行取物、“爬山坡”等
4～5 岁	爬过各种障碍物、手脚着地爬、横着爬等	爬下坡、手脚着地横着爬、钻爬各种洞
5～6 岁	爬过各种障碍物、手脚着地爬、肘膝着地爬、转圈爬、匍匐爬等	倒着爬比赛、匍匐爬比赛、双脚夹球爬比赛等

（三）幼儿钻爬动作的动作形式、发展能力及动作要点

幼儿钻爬动作的动作形式、发展能力及动作要点详见表 2－20、表 2－21。

表 2－20　幼儿钻动作的动作形式、发展能力及动作要点

动作形式	发展能力	动作要点
正面钻	发展平衡能力、柔韧性，增强腿部的肌肉力量	身体面对障碍物，屈膝下蹲，低头弯腰，紧缩身体，慢慢移动双脚

续表

动作形式	发展能力	动作要点
侧面钻	发展动作的灵敏性和协调性	侧对障碍，离障碍远的腿蹲，离障碍近的腿向障碍下伸出，低头弯腰，然后蹬后腿、屈前腿、前移重心，同时转体钻过障碍

表 2－21　幼儿爬动作的动作形式、发展能力与动作要点

动作形式	发展能力	动作要点
手膝着地爬	增强四肢及背部的肌肉力量，提高动作的协调性	手膝着地，头稍抬起，眼向前看，左（右）手和右（左）膝协调配合用力向前爬行
手脚着地爬	增强四肢及躯干部位的肌肉力量和肌肉耐力，发展动作的灵敏性和协调性	主要依靠蹬伸腿和异侧臂后推力量推动身体前进，爬时仰头向前看
坐爬	增强四肢及躯干部位的肌肉力量和肌肉耐力，发展动作的灵敏性和协调性	先成坐姿，爬行时双臂撑地，臀部提起，前移至脚跟，然后双脚和双手前移，连续向前爬行；向后爬行时动作方向相反
曲身爬	增强四肢及躯干部位的肌肉力量和肌肉耐力，发展动作的灵敏性和协调性	手脚依次前移使身体屈伸前进，手脚应尽量靠近，腿、臂伸直
匍匐爬	增强全身肌肉力量	预备时俯卧，右手臂弯曲约 90 度放在胸前的垫子上，同时左腿外张并屈膝贴在垫上，右腿伸直，然后右手和左腿同时用力向前爬行，身体贴在垫上前进；接着左手屈肘，右腿屈膝，动作同上

（四）幼儿钻爬动作组织与指导的注意事项

1. 辅助器械的高低适宜

在进行钻的练习时，教师提供的辅助器械的高低一定要适宜。如用于正面钻的器械的空隙高度应在幼儿的胸部以上、耳部以下，宽度要大于幼儿的体宽；而用于侧面钻的器械的空隙高度则应该在幼儿的胸部以下。

2. 充分利用日常材料

应充分利用日常材料开展活动，满足幼儿活动的需要，激发幼儿的好奇心和探索精神。如将包装用的硬纸盒的下部剪掉一个洞，让幼儿钻来钻去；把废旧自行车轮胎竖立起来，让幼儿练习钻的动作等。

3. 创造条件，多练习爬的动作

婴儿在七八个月大的时候，成人就应该有目的、有意识地帮助他们学习手膝着地爬的动作，可以让婴儿在地板或地毯上爬，如果是在床上爬则要注意安全。

4. 正确示范，鼓励纠错

让幼儿练习各种形式的爬的动作并不断提出新的要求，增加动作的难度，正确示范并鼓励纠正错误动作，注意发展幼儿动作的灵敏性和协调性。教师可采用轻扶幼儿头后或背部，帮助幼儿体验动作要领的方式，纠正钻时背弓太高、不会低头、上体过早抬起的问题；可通过正确示范加语言提示的方式帮助幼儿纠正钻爬时出现的顾头不顾身、弯腰不弯腿、手脚配合不协调等现象。

视野拓展

体弱儿的运动卫生保健

体弱儿主要包括肥胖儿、体质病弱儿，他们的体育活动应区别于正常的幼儿。

一、肥胖儿的运动卫生保健

肥胖儿的界定参照《中国儿童代谢健康性肥胖定义及筛查的专家共识》。对这些幼儿可选择有氧运动，在消耗身体脂肪的同时，有效改善其身体素质。在制定具体运动强度时应根据其自身情况制定，一般略高于正常体重幼儿的运动量，但在运动过程中需要密切监控，及时调整运动量，引导其动静交替地坚持运动。制定具体运动强度通常以柔韧性运动和体位移动的活动内容为主，如散步、慢跑、跳绳等。气温、水温过低时不宜采用游泳锻炼，因为游泳时冷水会刺激皮肤产生脂肪组织，使皮下脂肪增厚以保护体内温度。

运动中多采用正面语言来鼓励和评价肥胖儿，以培养肥胖儿的运动兴趣，鼓励帮助其克服困难与惰性，逐步养成经常锻炼的健康生活习惯，尤其注意运动与饮食的合理搭配，防止摄入高糖、高脂肪的食物。

二、体质病弱儿的运动卫生保健

体质病弱儿包括多种情况，如早产儿、低体重儿、生长发育迟缓的幼儿、营养不良的幼儿、具先天性缺陷的幼儿、有器质性疾病的幼儿等。应根据幼儿的具体身体情况采用以低强度运动为主的运动，比较适宜的运动形式是有氧运动，运动量要低于正常幼儿，并因人而异地进行差异化与个性化指导帮助。

运动过程中，动静交替的次数可以比正常体质幼儿的多，以便降低运动强度，提高其身体素质，改善其健康状况，促进其正常发育。运动环境的选择对于这些幼儿特别重要，户外运动与集体活动时要特别关注身体异常的幼儿，如有呼吸道疾病的幼儿在恶劣天气一般不组织其参与运动。

第四节　幼儿投掷动作发展的组织与指导

投掷是将物体投向一定距离的动作，是典型的非周期型动作。幼儿通过多种形式的投掷活动，可以增强上肢、腰、背等部位的肌肉力量，锻炼上肢部位的各个关节，提高其柔韧性，促进动作的准确性、协调性以及视觉运动能力的发展。

一、幼儿投掷动作的特点与基本要求

（一）幼儿投掷动作的特点

幼儿投掷动作通常包括掷远和掷准两类。具体动作可采用双手抛投、单手抛投；可以正面投，也可以侧面投。幼儿在3岁以前，一般已学会简单的投掷动作，如正面胸前抛、肩上投掷等，但投掷能力较差，投掷力量小，不太会挥臂，投掷物出手角度过小，往往是将投掷物向下扣或扔。投掷的方向也掌握不好，忽左忽右、忽上忽下。通过教师的指导与自己的练习，幼儿四五岁以后，能逐渐学会投掷时挥臂、甩腕等动作，动作较有力、较协调，投掷的距离也较远，投掷的方向掌握较好。通常男幼儿比女幼儿的掷远能力要强一些。在掷准方面，由于幼儿目测能力和动作的准确性较差，因而掷准的方向把握得不够准确、不够稳定。相比之下，幼儿掷准能力的发展相对较差。不同年龄阶段幼儿投掷动作的发展特点详见表2－22。

表2－22　不同年龄阶段幼儿投掷动作的发展特点

年龄阶段	发展特点
3岁以前	投掷能力较差，投掷力量小，不太会挥臂，投掷物出手角度过小，往往是将投掷物向下扣或扔；投掷的方向掌握不好，忽左忽右、忽上忽下
3～4岁	投掷动作不协调，投掷时主要采用上肢力量，下肢和躯干动作配合不协调，多余动作较多；能掌握双手头上、双手腹前、原地肩上投掷动作；投掷的距离近且出手角度和方向不好
4～5岁	投掷能力发展较快，全身能够比较协调地用力，可以掌握单手肩上正面投掷，双手头上、胸前、腹前投掷等动作；投掷的出手角度和方向有明显进步，但还表现出不稳定的现象
5～6岁	投掷动作协调有力，投掷的远度和准确度明显提高，部分能力强的幼儿可以掌握侧向肩上投掷动作；男女幼儿在投掷能力上出现差异

（二）幼儿投掷动作的基本要求

1. 掷远

掷远，也称投远，其目的是要将投掷物尽可能地投得远一些。这一动作属于速度型力量动作，过程中挥臂、甩腕的动作十分关键，要善于合理地利用上肢及腰背等部位肌肉的力量，在挥臂、甩腕时动作要快。同时，掌握合适的出手角度与出手时机也很重要，这直接关系到投掷物行进的方向与远度。投掷物出手早，角度就大些；相反，出手晚，角度就小些，出手早晚和角度大小都会关系到投掷距离的远近。幼儿掷远的动作有多种，如正面投、背后过肩投、半侧面投、半侧面转体肩上投等，较理想的投掷动作是半侧面转体肩上投。

2. 掷准

掷准，也称投准，要求尽可能将投掷物击中指定的目标，它不仅需要一定的肌肉力量，更需要良好的目测能力以及动作的准确性。幼儿掷准的动作有很多，如肩上投、胸前上抛、胸前下抛、地上抛滚球等。投掷的目标称为靶，有静止的靶和活动的靶之分。

二、幼儿投掷动作的内容与游戏组织形式

不同年龄段幼儿投掷动作的内容与游戏组织形式详见表 2－23。

表 2－23　不同年龄段幼儿投掷动作的内容与游戏组织形式

年龄段	内容	游戏组织形式
3 岁以前	自然地往前上方或远处挥臂掷物	掷小沙包、抛小球、投小纸镖等
3～4 岁	互相滚接皮球；自然地往前上方或远处挥臂掷物；拍球	“赶小猪”、抛接球、自抛自接、滚球过门、掷沙包、抛纸镖等
4～5 岁	互相滚接皮球；自抛自接高地球；肩上挥臂掷远；左右手拍球；打雪仗；滚球击物投准等	“打鸭子”、“滚西瓜”、接力拍球、打前方投掷架上的“大灰狼”等
5～6 岁	两人相距 2～4 米抛接大皮球；原地变换形式拍球、边走边跑拍球；半侧面转体肩上掷远、掷准；套圈；投篮等	掷远比赛、投篮比赛、传球比赛、套圈比赛、拍球比赛、行进间拍球比赛等

三、幼儿投掷动作的动作形式、发展能力与动作要点

幼儿投掷动作的动作形式、发展能力与动作要点详见表 2－24。

表 2-24 幼儿投掷动作的动作形式、发展能力与动作要点

动作形式	发展能力	动作要点
单手肩上投掷	锻炼上肢关节； 增强上肢、肩、背等部位的肌肉力量； 提高上肢动作的爆发力； 发展动作的协调性； 提高身体躲闪的灵敏性以及判断能力	侧面投要点：两腿前后站立，上体侧转，投掷臂后引，眼看前方；蹬腿、转体，从肩上快速挥臂，在头前上方把物投出；投掷时注意力集中在做好动作上
单手低手投掷	锻炼上肢肌肉力量； 发展目测能力以及动作的准确性	两脚前后站立，后腿稍屈，投掷臂后引；快速向前挥臂，在膝前将物投出
双手腹前投掷	发展蹬腿和挥臂的力量与协调性； 发展目测能力	双手持物于腹前，两腿稍屈；蹬腿展体，快速挥臂，将物向前上方投出
双手头上投掷	发展蹬腿和挥臂的力量与协调性； 发展目测能力	双手持物在头上，两腿稍屈；蹬腿，收腹挥臂，将物向前上方投出
双手胸前投掷	发展蹬腿和挥臂的力量与协调性； 发展目测能力	双手持物于胸前，两肘下垂，五指自然分开、稍屈，手腕后仰；蹬腿、展体，快速伸臂，将物向前（或前上）方推出，注意手腕和手指用力；注意力应集中在全身协调用力上

四、幼儿投掷动作组织与指导的注意事项

（一）双手参与，协调发展

在投掷的活动中，应尽可能让幼儿左手和右手都有机会参与练习，这样有利于促进幼儿身体两侧肌肉的协调发展。

（二）多种形式，安全第一

经常变化投掷物和投掷目标（即“靶”），丰富多种形式活动。投掷物的选择要适合于幼儿，注意其重量大小以及安全性。在掷准的练习中，幼儿掷准的距离应由近到远，掷准的目标应由大到小、由静到动，逐渐发展幼儿的掷准能力。

（三）正确示范，练习纠正

幼儿在进行投掷游戏时常会出现肘关节下拖，投掷角度过小；投掷时上体向左倾斜或倾斜过早，腿弯曲过大；投球时两手用力不均匀；传球不到位；投球不准等问题。教师应引导幼儿观察正确的示范动作，通过幼儿练习时的动作纠错、反复练习来帮助幼儿

逐渐掌握动作技能。

本章小结

本章主要介绍了幼儿基本动作发展的概念、规律与基本进程，幼儿各类基本动作的特点与基本要求、内容与游戏组织形式，幼儿各类基本动作的动作形式、发展能力与动作要点，指导掌握幼儿各类基本动作组织与指导的注意事项，为学习者学习后续章节奠定了基本理论与实践学习的基础。

课后练习

一、简答题

1. 幼儿基本动作的概念及发展规律是什么？
2. 幼儿各类基本动作的特点与基本要求分别是什么？
3. 幼儿各类基本动作的动作形式与动作要点分别是什么？
4. 幼儿各类基本动作组织与指导的注意事项分别是什么？

二、实训题

1. 为发展幼儿的上肢力量，设计一个 5 ～ 6 岁幼儿的体育游戏，写出组织过程与动作指导要点，并尝试以小组形式进行说课。

2. 为发展幼儿的下肢力量，设计一个 4 ～ 5 岁幼儿的体育游戏，写出组织过程与动作指导要点，并尝试以小组形式进行说课。

3. 为发展幼儿的平衡能力，设计一个 3 ～ 4 岁幼儿的体育游戏，写出组织过程与动作指导要点，并尝试以小组形式进行说课。

第三章　幼儿基本体操的组织与指导

学习目标

1. 理解正确的身体姿态对幼儿成长的重要性；
2. 掌握不同类型幼儿基本体操的相关理论、组织实施流程、组织与指导要点及注意事项；
3. 掌握不同类型幼儿基本体操动作创编的基本方法。

学习重难点

1. 幼儿队列队形的组织与指导；
2. 幼儿体操的创编与组织指导；
3. 幼儿队列队形的变化组织；
4. 不同年龄段幼儿体操的教法指导。

学习方法

理论与实践相结合，边学习理论边尝试组织与指导幼儿集体体操活动。

教学建议

1. 创设适合幼儿的游戏或主题式情境，在轻松、愉悦的氛围中学习；
2. 采用案例教学，引导学生多学习优秀案例，由“仿”到“熟”，逐步掌握不同年龄阶段幼儿基本体操的组织与指导方法。

第一节　幼儿基本体操概述

一、幼儿基本体操的概念与价值

（一）幼儿基本体操的概念

幼儿基本体操是学龄前儿童通过徒手或借助器械，辅以简单的技巧动作、舞蹈动作，加上多次的队形变换和造型，配上节奏欢快的音乐，有节奏地进行各种举、摆、绕、踢、屈、伸、绕环、跳跃等一系列单一或组合动作的身体练习活动。

幼儿基本体操就其运动部位可分为头颈动作、上肢动作、躯干动作、下肢动作等；就动作特点可分为模仿操、拍手操、手指操、广播操、矫正操等；就其练习目的而言，可分为普及性幼儿基本体操、表演性幼儿基本体操、比赛性幼儿基本体操；就其练习形式可分为单人操、双人操、集体操。

（二）幼儿基本体操的价值

通过体操的练习和表演，能使幼儿萌发集体主义思想和荣誉感；通过单个动作的多次重复练习，可以培养幼儿的吃苦精神以及不畏艰难的意志品质；在幼儿最初期的发育阶段，通过幼儿基本体操的这种形式，可以促进幼儿身体的均衡发展，塑造幼儿良好的体型和体态，促进身心健康发展。

二、幼儿基本体操的类型与特点

（一）幼儿基本体操的类型

依据幼儿基本体操的年龄特点，可分为婴儿体操和幼儿体操两种类型。婴儿体操大致可分为婴儿被动操和婴儿主、被动操两类。幼儿体操包括队列队形练习和幼儿操，幼儿操又分为徒手操和轻器械操。

幼儿徒手操包含一般徒手操、拍手操、韵律操、武术操、游戏操等；幼儿轻器械操包含击响类、棍棒类、圈环类、绳操类、球类等。

（二）幼儿基本体操的内容与特点

幼儿基本体操的内容与特点详见表 3－1。

表 3－1　幼儿基本体操的内容与特点

类型		内容	特点
婴儿体操		婴儿被动操，婴儿主、被动操	6 个月以内的婴儿处于被动状态，以手臂、腿、脚等部位的屈伸、扩展、抬举为主； 6 个月以上的婴儿，有适当的主动性，可以增加手膝爬动、脚的蹬伸弹跳、迈步等
幼儿体操	队列队形练习	队列内容：原地队列和行进间队列。原地队列：立正、稍息、看齐、报数、向前看、向前看齐等；行进间队列：原地踏步、立定、齐步走、跑步走、向左向右转、左右转弯走等 队形内容：一个跟着一个走圆形，一路纵队变成两路纵队，两队走成四路纵队，一圆圈走成两圆圈，切断分队走，左右分队走，并步走等	队列练习，队形变化简单，节奏明快，有趣味性
	徒手操	一般徒手操、拍手操、韵律操、武术操等	动作简单、规范、整齐；节奏明快，身体姿势端正，易于幼儿学习掌握
	轻器械操	击响类：手铃操、哑铃操、筷子操等 棍棒类：纸棒操、花棍操、竹竿操等 圈环类：花环操、藤圈操、健身圈操等 绳操类：橡皮筋操、彩带操、跳绳操等 球类：小球操、足球操等	器械特点突出，色彩鲜明多变，声响及动作多变；轻快、活泼、有趣；动作难度和运动量加大，有利于提高幼儿运动的兴趣与积极性

视野拓展

幼儿基本体操的发展概况

幼儿基本体操是 20 世纪 70 年代后期发展起来的一项运动，它随着我国学前教育事业的步伐不断向前发展。由于我国竞技体操发展的迫切需要，在20世纪70年代后期，陕西、四川、湖南等省区的体操工作者先后办起了不同范围和规模的幼儿基本体操教师学习班、幼儿体操班等，北京也曾连续若干年举办过幼儿基本体操的表演和比赛。但是，由于动作难度的增加和过分追求竞技体操的趋势，这类活动已不适合幼儿的身心发展，因而逐渐失去了群众性而终止。到1990年之后，北京的一批老体操工作者在总结各地经验和教训的基础上，办起了幼儿基本体操教师学习班，深入幼儿园开展这项活动，从中摸索经验，并于1990年“六一”儿童节成功举办了北京市幼儿基本体操比赛。

此后，主办方及时总结经验，并提出了举办全国幼儿基本体操表演的设想，这一想法得到了全国体操界的热烈响应。“走向2000年全国幼儿基本体操表演”于1991年“六一”儿童节期间在北京隆重开幕，国家副主席王震出席了闭幕式，发表了讲话并为获得一等奖的幼儿颁奖。1995年的大会被列为迎接第四次世界妇女大会的宣传动员内容，陈慕华副总理亲自担任大会的名誉主席。1991年后，在中国体操协会和中国关心下一代工作委员会基本体操促进会的组织下，先后有黑龙江（哈尔滨）、吉林、辽宁、内蒙古、山东、河南、浙江、湖南、云南、广西等15个省、区、市参加全国幼儿基本体操表演，每年参加的队和人数不断增加。到目前为止，全国性的幼儿基本体操大会已经举办了29届，共计两万多名小朋友参加大会表演。

第二节　婴儿操的组织与指导

一、婴儿操的概念与特点

（一）婴儿操的概念

婴儿操专门针对2个月到1周岁的婴儿，是开发婴儿智力的一种行之有效的方法。婴儿在出生1个月后长期坚持每天做婴儿操，不但可以增强婴儿的生理功能，提高婴儿对外界自然环境的适应能力，促进婴儿动作发展，使婴儿的动作变得更加灵敏、肌肉更加发达，还可促进婴儿神经、心理的发展。长期坚持做婴儿操可使婴儿初步的、无意的、无秩序的动作，逐步形成、发展和分化为有目的的协调动作，为婴儿的思维能力打下基础。做操时伴着音乐，同时让婴儿接触多维空间，可以促进左右脑的平衡发展，从而促进婴儿的智力发育。

(二) 婴儿操的特点

出生后6个月以内的婴儿在做操的过程中，其动作完全是由成人来操纵和控制的，婴儿处于被动状态。成人帮助婴儿的手臂、腿、脚等部位做屈伸、扩展、抬举等动作，同时，还可以增加一些适度的按摩动作。

6个月以上的婴儿，其动作已有了一定的发展，成人可以在婴儿被动操练习的基础上，通过对婴儿动作的操纵和引导，使婴儿配合动作，进行主、被动操的练习。婴儿主、被动操的动作范围也有所扩大，可以增加躯干部位的弯曲、手的抓握与挥臂、手膝着地的爬行、脚的蹬伸与弹跳、迈步等动作。

二、婴儿操的组织与指导要点

(一) 前期准备

（1）物质准备：适宜的温度环境、垫子、玩具、服饰、音乐、辅助器材等。

（2）经验准备：相关婴儿护理保健知识、运动健康知识。

(二) 实施过程

1. 开始部分

提供婴儿一个开始做操的预备姿势，根据婴儿的不同月份给予不同动作的身体预备姿势。6个月内的婴儿一般采用仰卧；6个月以上的婴儿可根据不同月份，采用仰卧、俯卧、坐姿和站姿。

2. 练习部分

在音乐的伴奏下，开始操化动作的练习。6个月以内的婴儿一般采用被动操的形式，过程安排包括准备活动、扩胸运动、屈伸运动、举腿运动、膝关节运动等；6个月以上的婴儿根据不同月份安排被动操和有成人协助的主动操，过程安排包括：准备活动、扩胸运动、拉坐运动、踢腿运动、起立运动、弯腰运动、转体或翻身运动、跳跃运动等。能独立行走、做下蹲等动作的婴幼儿，还可以做一些有器材辅助的运动，如竹竿操等。

3. 结束部分

在舒缓的音乐伴奏下，帮助婴儿按摩放松，使其安静休息20～30分钟。

(三) 注意事项

（1）室温保持在20℃。天气炎热时要注意开窗通风，保持室内空气新鲜。

（2）成人在帮助婴儿做被动操以前，应用肥皂将两手洗干净，不留指甲，摘掉手表、戒指等首饰。冬天还应搓手，使之温暖。在做操的过程中，成人的动作要轻柔、缓慢，有节奏，避免过度的牵拉和负重动作，以免损伤婴儿的骨骼、肌肉和韧带，并注意与婴儿之间的情感交流，最好配合轻柔音乐和语言抚慰。

（3）婴儿做操时所穿的服装要稍微少一些、宽松些，以活动起来舒适、自如、不过多出汗为宜。当婴儿情绪低落时，最好不要勉强婴儿做被动操，以免引起婴儿的反感。

（4）做操时间要避开婴儿呈疲劳、饥饿、饱腹状态的时候。婴儿锻炼要因人而异，体弱和疾病初愈的婴儿要少做操，生病期间的婴儿应停止做操。婴儿情绪反应激烈或有不适时，应暂停运动。

（5）做操时，要充分发挥婴儿的主观能动作用。运动量要逐渐增加，每节动作由 2 ～ 4 次慢慢增加到 4 ～ 8 次，婴儿适应以后，再增加次数。根据婴儿的月龄和具体发育情况，可以打乱顺序，或节选其中的几节重点训练。

（6）在婴儿做主动操时，成人必须按照规定的动作，结合婴儿的实际水平和活动状况，有节奏地配合。在有辅助器材做操时，成人应对自己所要配合的动作有较明确的认识，这样，才能使成人与婴儿的动作相配合、协调。使用的器材要安全适宜。

（7）做完操后，要让婴儿安静休息 20 ～ 30 分钟，并适当按摩放松，如婴儿有出汗，要用软毛巾擦干。

案例

案例 1：婴儿被动操

适合年龄段：0 ～ 6 个月

第一节：准备活动

准备活动可以消除肌肉、关节的僵硬状态，适应机体活动的需要，避免外伤。

【预备姿势】先让婴儿自然放松仰卧，成人握住婴儿两手腕，做好预备动作。

【做操动作】动作分四步：从手腕向上按摩四下至肩；从足踝按摩四下至大腿部；从胸部按摩四下至腹部（重复两次）。成人手呈环形，由里向外、由上向下。

第二节：扩胸运动

扩胸运动可以活动肩、肘关节及上肢、胸部肌肉。

【预备姿势】同第一节。

【做操动作】动作分四步：两臂左右分开；两臂胸前交叉；两臂左右分开；还原。

第三节：屈伸运动

做屈伸运动的目的是活动膝、髋关节及下肢肌肉。

【预备姿势】婴儿仰卧，两腿伸直，成人两手轻握婴儿脚腕。

【做操动作】动作分四步：双脚抬起与桌面成45度；左腿屈曲至腹部；同第一步；还原。两腿轮换做。

第四节：举腿运动

举腿运动是为了活动髋关节及韧带。

【预备姿势】同第三节。

【做操动作】动作分两步：将双腿伸直上举与桌面成90度；还原。

第五节：股关节运动

【预备姿势】同第三节。

【做操动作】动作分四步：把左侧的大腿与小腿屈缩成直角；把左腿屈缩至腰部；让左腿向身体侧转动；还原。两腿轮换做。

案例 2：婴儿操

适合年龄段：7 ～ 12 个月

第一节：拉坐运动

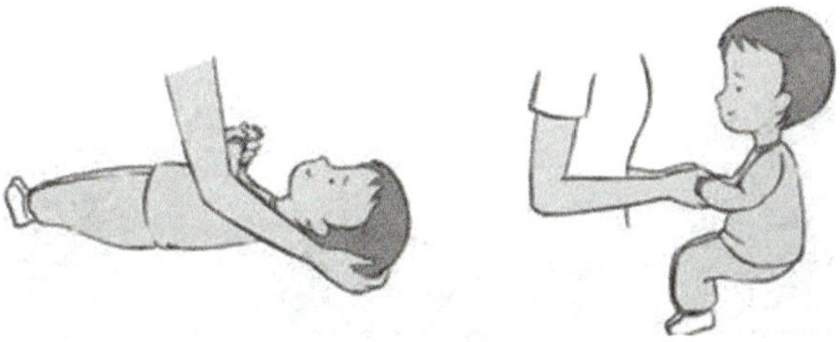

【预备姿势】婴儿仰卧，成人双手握住婴儿双手，或用右手握住婴儿的左手、左手按住婴儿双膝。

【做操动作】第一拍和第二拍牵拉婴儿从仰卧位坐起，第三拍和第四拍还原。第五拍至第八拍换手做。拉婴儿坐起时，如果婴儿不配合，不要过于用力。

第二节：起立运动

【预备姿势】婴儿俯卧，两臂支撑抬头抬胸，成人在婴儿身后，用手托住婴儿的双臂。

【做操动作】第一拍和第二拍牵引婴儿俯卧跪直、起立。扶婴儿起立时，让他自己用力。第三拍和第四拍还原。

第三节：提腿运动

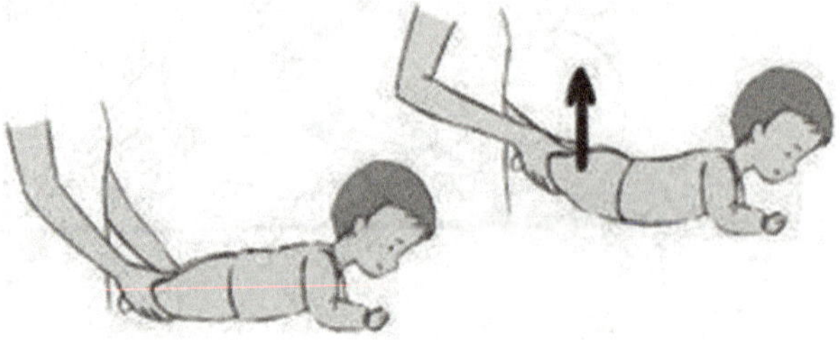

【预备姿势】婴儿俯卧，两臂支撑抬头抬胸，成人双手握住婴儿的两足踝。

【做操动作】第一拍和第二拍轻轻抬起婴儿的双腿约 30 度，第三拍和第四拍还原。动作要轻柔、缓慢。

第四节：弯腰运动

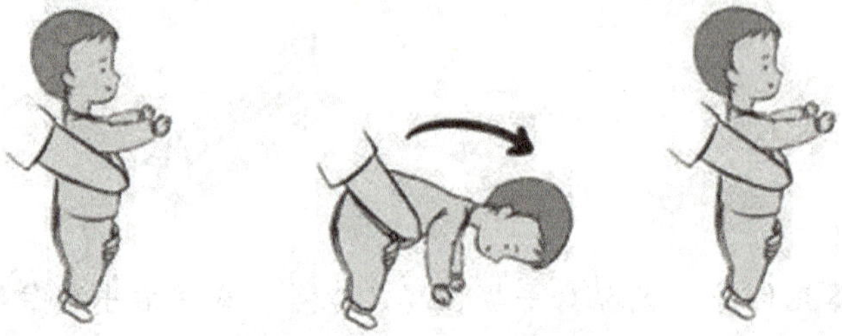

【预备姿势】扶婴儿面朝外站立，成人的手压在婴儿的双膝和腹部。在婴儿前方放一个玩具，逗引他配合。

【做操动作】第一拍和第二拍让婴儿弯腰捡起桌上的玩具，第三拍和第四拍起身还原。尽量让婴儿自己完成。如果婴儿不能自己完成，成人可将手移至婴儿胸前帮助他完成。

第五节：挺胸运动

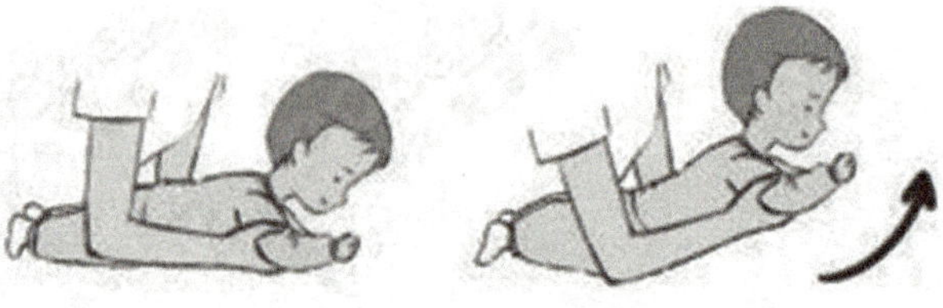

【预备姿势】婴儿俯卧，两手向前伸出，成人双手托住婴儿肩臂。

【做操动作】第一拍和第二拍轻轻地使婴儿上身抬起并挺胸，第三拍和第四拍还原。

第六节：转体、翻身运动

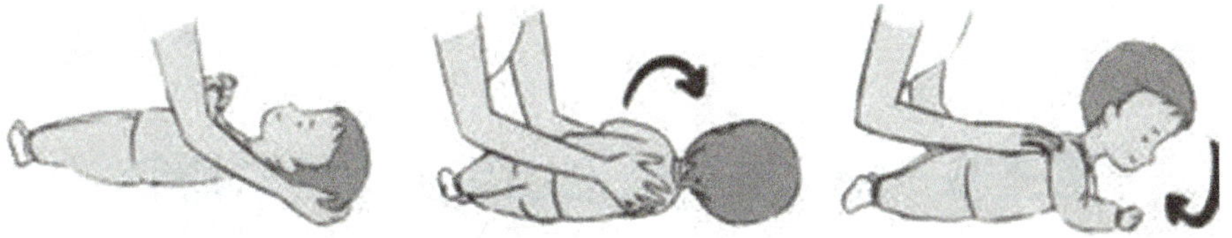

【预备姿势】婴儿仰卧，两臂弯曲放在胸前，成人左手扶婴儿胸部，右手垫于婴儿背部。

【做操动作】第一拍和第二拍轻轻地将婴儿从仰卧位转为右侧卧位，第三拍和第四拍帮助婴儿从右侧卧位转成俯卧位，第五拍至第八拍轻轻地将婴儿复原至仰卧位。第二个八拍使用同样的方法，成人右手扶婴儿胸部，左手垫于婴儿背部，帮助婴儿向左侧翻身。挺胸时婴儿腹部不要离开桌面。仰卧时婴儿两臂放在胸前；转体后撑胸、抬头。

第七节：跳跃运动

【预备姿势】双手扶在婴儿腋下，使其与成人面对面站立。

【做操动作】第一拍和第二拍扶婴儿“跳”离桌面（或床面），边扶“跳”边说“跳跳”。第三拍和第四拍还原。动作要轻柔，尽量使婴儿前脚掌着平面。

第八节：扶走运动

【预备姿势】成人在婴儿背后，双手扶婴儿的腋下使其站立；也可与婴儿面对面，扶着婴儿的前臂或手腕。

【做操动作】第一拍和第二拍扶婴儿向前，使其左右腿轮流跨出，学习迈步行走。让婴儿站稳后再鼓励他迈步行走。场地要平坦。

第三节　幼儿队列队形练习的组织与指导

一、幼儿队列队形练习的概念与特点

（一）幼儿队列队形练习的概念

幼儿队列队形练习主要指根据教师发出的指令，全体幼儿站成一定的队形，协调一致地进行活动。队列练习是幼儿按照一定的队形，协调一致地进行活动；队形练习是在队列基础上做各种队形和图形的变化。

幼儿队列队形练习是保证幼儿体育活动和其他集体活动顺利进行的一项重要措施，同时，还能培养幼儿的组织纪律性，并在集体活动中养成反应迅速、步调一致的良好习惯，促进幼儿正确的身体姿势的形成以及空间知觉的发展。

1. 队列队形练习的基本术语

列，即左右并成一线，又称横队；

路，即前后重叠成一行，又称纵队；

排头，即位于纵队之首或横队右侧第一人；

排尾，即位于纵队之尾或横队左侧第一人；

基准，即站在排头或教师指定位置的幼儿，以其作为看齐或行动的目标；

间隔，即相邻者左右之间的间隙，个人之间的间隔一般为一拳（10 厘米），成队之间的间隔一般为两步；

距离，即相邻者前后之间的间隙，个人之间的距离一般为一臂（75 厘米），成队之间的距离一般为两步；

步幅，即一步的长度（前后脚脚跟之间的距离）；

步速，即一分钟走的步数；

预令，即口令的前部分，使听口令者注意并准备做动作的内容；

动令，即口令的后部分，使听口令者立即做动作的内容（如口令中“向前看——

齐”，“向前看”为预令，“齐”为动令）。

2. 队列队形练习的基本站姿

直立、开立、点立、提踵立。

3. 队列队形练习的基本口令

立正、稍息、向前看——齐、原地踏步——走、齐步——走、跑步——走、转弯——走、向左——转、向右——转、向后——转、立——定、站成两路纵队、站成四路纵队等。

（二）幼儿队列队形练习的特点

不同年龄阶段幼儿的队列队形练习的特点及常见练习形式详见表 3－2、表 3－3。

表 3－2　不同年龄阶段幼儿的队列队形练习的特点

年龄	特点
2～4 岁	不懂排队，空间概念差，自控能力差，不能清楚记住自己排队的位置
4～5 岁	学会基本的队列队形变换，空间知觉有初步发展，自控能力有所增强，一般能按要求排队，学会基本的队形变换
5～6 岁	掌握较复杂的队列队形变换，空间知觉有较好的发展，自控能力增强

表 3－3　幼儿常见的队列队形练习形式

内容	口令	要领	图形
分队	“分队——走”	一般排头走近端线时下达口令，听到动令后，单数幼儿左转弯走，双数幼儿右转弯走，分成两个一路纵队沿左右边线行进。	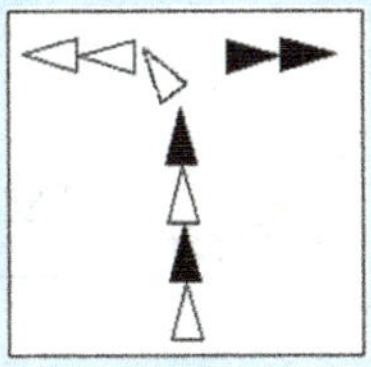
合队	“合队——走”	两个一路纵队迎面相遇时下口令，听到动令后，相遇的两个队在同一点上转弯。左路左转弯走，右路右转弯走并依次进到左路后面，成一路纵队行进。	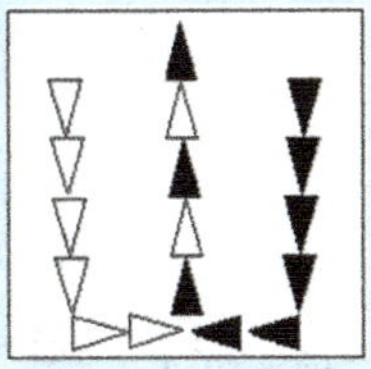
裂队	“裂队——走”	二路纵队行进，听到动令后，左路左转弯走，右路右转弯走，由二路纵队裂成沿两个不同方向绕场行进的队。	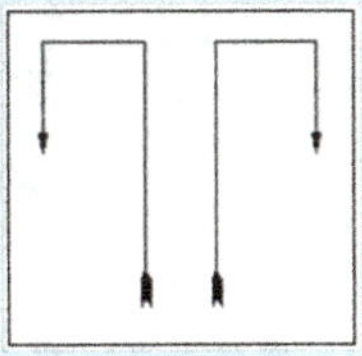

续表

内容	口令	要领	图形
并队	“并队——走”	两个一路纵队在边线中点相遇，听到动令后，左路左转弯走，右路右转弯走，并成一个二路纵队行进。	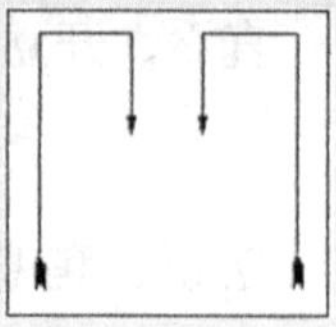
绕场行进	“齐步——走”或“绕场行进走”	在场地拐角转弯处放置标志物。幼儿由一路纵队沿操场边线或长方形（正方形）行进。	
对角线行进	“齐步——走”或“沿对角线——走”	在拐弯处放上明显的标志或画上标记。在起点处“齐步——走”，行到拐角处“沿对角线——走”。拐角处要求幼儿自然转弯。	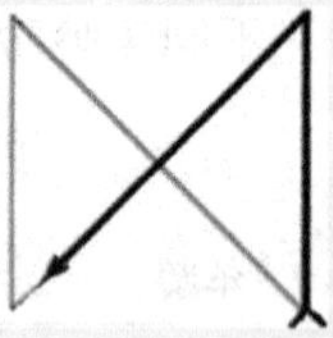
蛇形行进	“成蛇形——走”	一路纵队排头走近某一角时下达口令，听到动令后，从排头开始依次左后转弯向相反方向行进，走到边线时自动再向左后转弯行进，按此方法来回两次以上的走动形成蛇形。	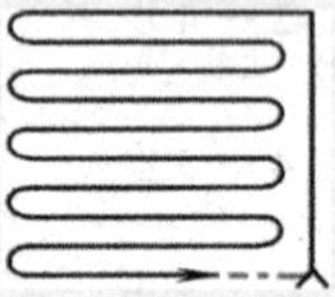
圆形行进	“齐步——走”“成圆形——走”	一路行进，排头走到一定位置时下达口令，从排头依次走弧线成圆形队伍行进。	
8 字行进	“成‘8’字形——走”	一路纵队排头走到边线中部时下达口令，听到动令后，排头按“8”字路线走成“8”字形。“8”字形行进必须走成近似两个大小相等的圆形，并充分利用场地。	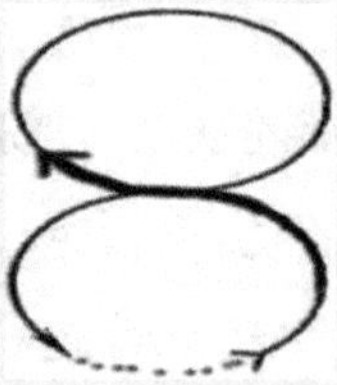
螺旋行进	1.“成开口螺旋形——走”； 2.“成闭口螺旋形——走”	1. 排头循圆周向内做螺旋形行进到场地中心，排头自行向右后转向相反方向，由内向外成螺旋形走出来。其他幼儿依次由场地中心跟着排头走出来。 2. 当排头旋转至场地中心时下达“立定”和“向后转”的口令，全体向右转，由原排尾带领大家按教师指示的方向继续前进。做闭口螺旋走时，应保持一定的间隔。	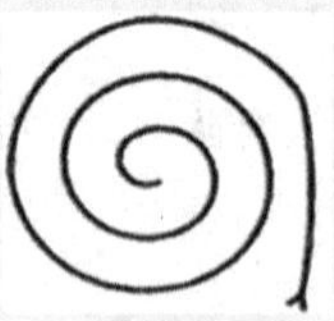

资料来源：张首文，白秋红. 幼儿园体育活动设计与指导. 北京：人民邮电出版社，2017：120-121.

二、幼儿队列队形练习的组织与指导要点

（一）前期准备

1. 物质准备

哨子、音乐、辅助器材及场地、标识准备。

2. 经验准备

掌握队列队形的基本口令、常见队形变化、常用方向变化指示等方面的知识；了解幼儿相关的运动经验。

（二）实施过程

1. 音乐引入，激发兴趣

以幼儿熟悉的各种歌曲作为引导，在短短的音乐中，教师给出要求，并与幼儿伴着歌曲边唱边击掌，同时幼儿以指定的方式快速集中到教师的身边。教师讲解活动要求及规则。

2. 安排活动，游戏为主

活动过程中，教师安排游戏主题，在练习的每个环节设置不同的游戏内容与目标，以音乐节奏控制、口诀提示、器械辅助等方式帮助幼儿理解队列队形的口令、图形变化、指示标识等，培养幼儿善于分析思考的能力，掌握一定的队列队形基本知识。例如，教师以各种固定的口诀配合着各种固定的身体动作进行活动，可以是师幼配合，教师说一句，幼儿应一句，大家一起做相应的动作；也可以是师幼一起说一起做等形式。此方法要求加强常规性练习，使师幼达成默契。如“一二三，静下来”“站如松，卧如弓，坐如钟，行如风”。

3. 鼓励表扬，兴趣延伸

队列队形练习结束后，教师表扬幼儿的活动积极性，鼓励其多与家长、小伙伴练习，进一步熟悉动作与图形变化，延伸学习兴趣与热情。

（三）注意事项

1. 队列练习与队形变化需简单

幼儿队列练习与队形变化要简单，教师主要是为幼儿做体操服务，不需要过分强调队列练习和队形变换的复杂性。在活动中应注意，教师不要过分强调幼儿排队和队形变换动作上的步调一致，如要求统一先出哪一只脚、后出哪一只脚。因为幼儿空间知觉的发展水平还很有限，进行枯燥、单调、重复的队形练习，会使幼儿产生厌烦情绪，影响幼儿参与活动的积极性，而且可能导致幼儿身体过于疲劳。

2. 教师情绪饱满，口令清晰，动作规范

教师要以积极愉快的情绪和饱满的精神状态影响幼儿，使得幼儿在欢乐轻松的参与中得到身体锻炼及知识认知。同时，教师的口令要清晰、洪亮、有精神，动作示范更要规范、优美。教师在喊口令时，预令要稍微长一些，给幼儿一些准备时间，使幼儿明确他们要做什么动作，而动令则要短促些，要果断有力。

3. 参照标志需适宜多样

队列队形练习时，幼儿面对的是多维度且不断变化着的空间状态，因此教师应十分注意给幼儿提供空间位置以及空间变化的参照标志。标志可以是教师自身的位置、姿势、口令，如走开花队形时，教师站在花心的位置，两臂侧平举，为每一队幼儿提供走放射状直线的参照标志；也可以是同伴的位置，如面对面、肩并肩、背对背、脸面对前面人的后脑等；也可以是场地地面、场地四周的事物或其他可作为临时标记的物体，如树的方向、教室的方向等；还可以指导幼儿进行空间位置和变化规律的探索，采用让幼儿看图和绘图的方式锻炼空间的动静转换能力、二三位转换能力。

案例

案例 1：幼儿基本站姿教学

一、直立

1. 预备姿势：自然站立。

2. 动作方法：

（1）1—2 拍：两脚尖内收并向前。

（2）3—6 拍：停止不动。

（3）7—8 拍：两脚尖向外侧，呈八字状，还原预备姿势。

3. 动作要求：

（1）两脚、两膝紧并，膝部挺直后展。

（2）身体正直，挺胸，收腹，立腰，下巴微收，颈部伸直，提臀。

（3）肩臂自然下垂，两手中指触裤缝，五指伸直并拢。

4. 教学建议：

（1）由自然站立姿势开始，练习两膝紧并动作，见图 1。

（2）可增加两手屈臂击掌动作，见图 2。

图 1

图 2

二、开立

1. 预备姿势：直立。

2. 动作方法：

（1）1 拍：左脚向左一步，双脚间的距离与肩同宽；上体正直，挺胸，展肩，头正，臂直。

（2）2—4 拍：停止不动。

（3）5 拍：左脚还原预备姿势。

（4）6—8 拍：停止不动。

（5）第 2 个 8 拍动作换右脚开始做。

3. 动作要求：

（1）做左、右开立时，两脚间的距离与肩同宽。

（2）重心在两脚间，膝直。

4. 教学建议：

（1）用形象教学方法讲述开立像“A”或“人”字形。

（2）也可加些上体和手臂动作，以提高学习兴趣，使幼儿获得更全面的协调性锻炼，见图 3。

图 3

三、点立

1. 预备姿势：自然站立。

2. 动作方法：

（1）1 拍：左脚向前，脚尖点地，脚面绷直向上，膝直。

（2）2—3 拍：停止不动。

（3）4 拍：左脚还原。

（4）5—8 拍：换右脚做重复动作。

3. 动作要求：

（1）左脚向侧点地时，重心在右腿上，膝直；反之亦然。

（2）侧点地时，脚面尽量绷直并向上。

（3）其他上体姿势和手臂姿势与自然站立姿势相同。

4. 教学建议：

（1）可手扶小椅子练习点立姿势。

（2）无支撑练习点立姿势。

（3）可增加两手的摆动，练习左右脚不同方向的点立姿势，见图 4。

图 4

四、提踵立

1. 预备姿势：直立。

2. 动作方法：

（1）1 拍：两脚提踵站立，两手叉腰。

（2）2 拍：停止不动。

（3）3 拍：落地。

（4）4 拍：停止不动。

（5）5—8 拍：重复 1—4 拍动作。

3. 动作要求：

（1）两脚跟紧并，尽量提踵，重心在两脚的前脚掌上。

（2）身体正直，挺胸，立腰，臀部夹紧上提，两腿膝直。

4. 教学建议：

（1）幼儿横排拉手，在教师发令后一齐做提踵立动作。

（2）可增加手臂左右摆动，见图 5。

图 5

案例 2：双色爆竹（左右分队走）

活动目标：

1. 学习“左右分队走”，能步伐均匀、有节奏地走。

2. 在箭头标记的帮助下根据前面幼儿的左右判定自己在队列中的方向，初步感知左右方向与身体动作之间的关系。

活动准备：

1. 经验准备：幼儿会看基本的图示，知道转弯箭头的用处；会玩“放鞭炮”游戏，知道烟花爆竹之所以会产生不同的图案是因为里面的火药成分及排列不同。

2. 物质准备：蓝色和红色手花各 8 朵，小火把 2 组，大转弯箭头 8 个，直线箭头 8

个，大鼓 1 面，蓝红相间的设计图 2 幅。

活动过程：

一、准备部分

1. 玩“放鞭炮”游戏，进行走跑交替的队列队形变换，活动身体（1 次 / 约 6 分钟）。

2. 幼儿听教师的口令和哨声沿着大圆走——齐步走、跑步走、变速走、螺旋走，玩“放鞭炮”的游戏。

3. 游戏玩法：教师在圆圈内，并任意指定圈上一名幼儿，教师发出“嘶”声，该幼儿发出“砰啪”声，并且快速在原地跳一下。

二、基本部分

玩游戏“双色爆竹”，学习左右分队走（1 次 / 约 3 分钟）。

1. 结合图示及情境，引导幼儿理解分队和合队。

师：我是爆竹加工厂的设计师，我设计了一组新型的爆竹。请大家听排头小爆竹的口令“分开”和“合起来”，按照设计图进行变换。

（1）出示图示，探索如何将两队并为一队以及一队分为两队。

师：请小朋友们想一想，怎样让我们的队伍两队变成一队呢？如果变成了一队，有什么办法可以再变成两队？

幼儿两队为一组，听口令探索两队与一队之间的变换，教师帮助排头幼儿调整口令。

（2）根据鼓声节奏的变化，步伐均匀地变换队形走（1 次 / 约 2 分钟）。

师：跟着制造爆竹的机器节奏一步一步、步伐均匀地走，看看哪一组变换得又快又好。

两组幼儿共同变换队形，进一步感知并队和分队动作的变化。

（3）给图示加上箭头标记（出示图示），重点观察箭头所表示的含义，鼓励幼儿探索并体验左右分队走（1 次 / 约 4 分钟）。

幼儿听教师口令和鼓声的节奏走，教师帮助幼儿探索左右方向和身体之间的关系。

2. 组织幼儿玩“爆竹加工厂”游戏，帮助幼儿进一步巩固左右分队走（1 次 / 约 6 分钟）。

（1）游戏一：第一次游戏时幼儿按照一定的节奏走；第二次游戏时“机器”加快速度，“小爆竹”跑回自己的位置。

（2）游戏二：两组合并变成一个“大爆竹”，进行游戏 2 次。

（3）游戏三（可选）：按任意方向进行游戏，没有标记。

师：这次做的爆竹有点难了，没有箭头的帮助，你们知道该往哪里走吗？

三、放松部分（1 次 / 约 3 分钟）

听音乐放松身体。

师：清晨，推开门，满地的红色，是我们昨晚放爆竹落下的碎片，我们一起去打扫干净吧。呀，脚上粘上了很多的碎片，抖一抖；裤脚上也有，我们来弹一弹、拍一拍。

幼儿根据音乐随意做一些放松动作，重点对腿部进行放松。

教师小结：小朋友依队伍顺序间隔着一个向左、一个向右转弯走，这是我们游戏和做操的一种队形，叫左右分队走，以后我们可以用它玩更多更有趣的游戏。

活动延伸：

在户外体育活动中，可以让幼儿分组进行左右分队走，也可以让幼儿集体练习任意方向的左右分队走，还可以将左右分队走加入游戏情境中，如“士兵巡视”等。

资料来源：朱清，侯金萍．幼儿园优秀体育活动设计 99 例．北京：中国轻工业出版社，2015.

第四节　幼儿操的组织与指导

一、幼儿操的概念与特点

（一）幼儿操的概念

幼儿操包括徒手操和轻器械操。

1. 幼儿徒手操

幼儿徒手操，是根据幼儿身体部位的特点，按照一定的程序，由举、振、屈与伸、转、绕与绕环、跳跃等一系列的徒手动作所组成的动作练习。主要包含一般徒手操、模仿操、韵律操、武术操、游戏操等。除模仿操外，徒手操的练习一般都需要有一定的基本要求，如要求站成直立姿势来做，要求队列排得较整齐，注意与他人之间的前后、左右的距离以免相互碰撞、干扰；做操动作的方向和角度要基本到位，以保持集体的一致；要有节奏、要合拍，并要尽可能准确等。

2. 幼儿轻器械操

幼儿轻器械操，是指在幼儿徒手操的基础上，手持较轻的器械所做的各种体操动作。主要包含击响类、棍棒类、圈环类、绳操类、球类等。轻器械操除了具有徒手体操的动作要求以外，还需要根据所持器械的特点，做一些特殊的体操动作。例如，哑铃操需做各种击铃动作，小红旗操需做刚劲有力的挥臂动作，铃鼓操需做拍鼓、摇铃的动作，球操需做托球、举球的动作等。这样便增加了体操动作的难度，加大了活动量，同时也能提高幼儿参与活动的兴趣和积极性。

(二) 幼儿操的特点

不同年龄阶段幼儿操的动作特点详见表 3－4。

表 3－4　不同年龄阶段幼儿操的动作特点

年龄	体操类型	动作特点	节数	活动量
2～4 岁	简单的徒手操； 模仿操（主要类型）	动作较简单对称；节数少，变化少；节奏慢而鲜明；活泼有趣、模仿性强	每套 4～5 节，每节 2 个 8 拍	一般
4～5 岁	徒手操（主要类型）； 简单器械操	动作有一定难度和变化，节奏有快有慢；动作部位和方位明确、双侧对称	每套 5～7 节，每节 2 个 8 拍	增大
5～6 岁	徒手操（韵律操、武术操） 轻器械操（主要类型）；	动作难度大、变化多；节奏有快有慢；动作部位和方位明确；手腕动作增多	每套 6～9 节，每节 2 个 8 拍	较大

资料来源：张首文，白秋红．幼儿园体育活动设计与指导．北京：人民邮电出版社，2017：125.

二、幼儿操的组织与指导要点

(一) 前期准备

1. 经验准备

了解幼儿年龄、性别、健康状况、已有操化动作经验；熟练掌握单个体操动作；合理设计成套动作编排，强调基础性，主要通过头、颈、躯干的屈伸、转动、绕环，上肢的举、振、摆动、屈伸、支撑、绕环，下肢的跑、跳、踢、控、蹲、劈叉、平衡和转体等基本动作来使整套体操巧妙、新颖，富有童趣和变化。

2. 物质准备

选择并布置好平整的场地，准备相关的器具与音响设备，选择剪辑好的适合不同年龄幼儿操化动作的音乐。

(二) 实施过程

1. 音乐引入，队形布置，激发兴趣

教师在节奏欢快、鲜明的音乐中组织幼儿进入活动场地，充分激发幼儿的运动兴

趣，安排好队形（方阵、圆形等），讲解规则及注意事项。对于轻器械操，教师可先安排幼儿熟悉相关器械。

2. 安排活动进程，音乐伴奏，动作教授指导

组织操化动作的教授与练习，一般从预备姿势开始；在操的前部宜安排头颈部、四肢部位的运动，动作伸展柔和；在操的中部宜安排躯干部位的运动，包括扩胸、体侧、体转、腹背、体绕环等，这是整套操的重点，动作幅度要大；在操的后部宜安排全身运动，如跳跃，这是整套操的高潮，全身参与，活动量要大；在操的最后宜安排上下肢部位的放松，一般 2 个 8 拍，口令舒缓，使全身逐渐恢复到平静。

3. 总结表扬，鼓励练习，兴趣延伸

操化动作练习结束，教师表扬幼儿的活动积极性，鼓励幼儿多练习，并向家长、小伙伴展示等，让幼儿进一步熟悉动作，延伸幼儿的学习兴趣与热情。

（三）注意事项

1. 掌握教授时机，合理组织安排

教师一般应在体育课上教会全体幼儿新操，也可以利用其他时机。简单的模仿操有语言指导动作和具体形象指导动作两种，教师可以一次教或根据情况分两次教。徒手操一般有好几节，难度也大，可适当分两次甚至三次教。

教授不同的新操时适宜采用不同的队形排列，如模仿操——圆形、徒手操——直行。应让幼儿逐步学会排队，向前后、左右看齐，并运用目测进行自我调整，开始时可以用些标志加以协助，看齐的时间不要太长。

2. 整体设计，兼顾全身各部位

基本体操的设计与教学应安排不同性质、类型的单个动作和小组合动作，以身体的全面锻炼为原则，以发展身体某部分功能的动作或某专门性锻炼为辅。一套操的内容应包括头部、躯干、四肢等身体各部位的不同性质、不同方向运动的各种动作。切忌出现一种操全部为上肢或下肢动作，另一种操又全部为躯干动作的情况，这样不但单调，而且容易引起身体局部过度疲劳，产生相反的作用。

3. 音乐伴奏，适宜安排运动负荷

为激发幼儿对基本体操活动的学习兴趣和参与积极性，提高幼儿的注意力集中程度，有节奏、有表现力地完成动作，避免枯燥无味的学习，应尽量采用音乐伴奏形式进行教学，培养幼儿的节奏感和韵律感以及自我表现力等。教师要在音乐的风格、节奏方面有所选择和规划，选用节奏鲜明、易记忆、易唱的乐曲为好。

在运动量的安排上，一般先安排运动量较小、动作舒展和速度较慢些的伸展运动，然后逐步加大运动负荷，进行上下肢和躯干、全身运动和跳跃动作等，最后进行放松练习或整理运动。每套操的时间为 2 ～ 4 分钟，运动负荷要逐渐由小到大，再由大到小。

4. 讲解示范规范，科学选择教法指导

幼儿学操以模仿为主，应精讲多练，给幼儿充分的锻炼时间，以保证动作质量。基本体操的动作特点是横平竖直，方向部位准确，身体姿势端正、优美、节奏准且有韵律感。教师应口令清晰、动作规范、示范优美，幼儿在活动中一举臂、一抬足都应按规范要求完成动作。

教师在教学时除采用常用的示范法、讲解法、整体法、分解法、领做法外，更应该根据幼儿的身心特点，采用游戏法、故事法、表演法、模仿法、帮助法、纠正法、竞赛法等，引导幼儿在欢乐的活动和玩耍中不知不觉地学会动作，巩固、提高技能。整个教学过程中要贯彻启发式教学原则，激发幼儿学习和锻炼的兴趣，启发幼儿的灵活思维，培养独立完成动作的能力和创造性等。

通过语言与直观示范所得的教学效果，不同年龄的幼儿是有所区别的：4 岁，语言 40%，直观示范 100%；6 岁，语言 80%，直观示范 100%。关于教授新操时的口令与速度，一般模仿操用语言，徒手操可用“一、二、三、四”等口令。教师的口令要有精神、干脆利落、不拖泥带水。另外，教师教授新操时不要固定站在一处，可以走动观察，随时帮助有需要的幼儿。组织幼儿进行操化练习时，幼儿的站位要求背风、背阳光、背向干扰物，能清楚看到教师动作示范。

5. 创意轻器械，组合变通使用

进行轻器械操练习时，可在各种轻器械上贴上形状各异、色彩艳丽的亮光纸，使小器械更加美观漂亮，以获得幼儿的喜欢。此外，可利用生活中的物品来制作一些小器械，如易拉罐（或小药瓶）里放上石头子封好后可做响铃用；用厚纸板卷起固定好则可做体操棒用。

指导轻器械体操成套动作时，应先介绍各种器械的特性，并指导幼儿先掌握持轻器械的方法与特性动作，如球的小抛、滚动、拍打，圈的转动、滚动以及钻圈、跳圈等，然后再结合身体动作完成练习。当幼儿有了一定的器械感后，可逐渐提高要求，如提高抛器械的高度，加大两人滚动或传递器械的距离，加快拍球的节奏或增加拍球次数等。最后进行成套动作的练习，动作熟练后可配合音乐完成。此外，还应提醒幼儿注意安全，遵守纪律。

案例

案例 1：绳操（轻器械操）

活动目标：

1. 能精神饱满、愉快地展示操节。

2. 锻炼身体各部位的肌肉和韧带，提高动作的协调性与灵活性。

活动准备：

1. 长 1.2 米的绳，两头各缝上 2 厘米宽的小扣，可以套进两手的中指。绳的颜色以彩色为主。

2. 操节时长为 2 分 22 秒左右，音乐轻松、欢快、有节奏感。

活动过程：

一、短绳操

准备姿势：将绳折成三折，握住绳的两端。

第 1 节（8 拍 ×4）：

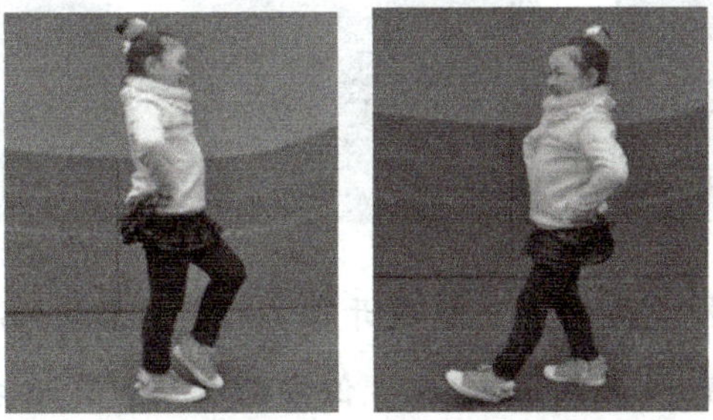

第 1 个 8 拍：两手叉腰，绳置于背后，左脚开始，踏步 7 次。

第 2 个 8 拍：同第一个八拍。

第 3 个 8 拍：两手叉腰，绳置于背后，左脚向右斜前方跨出一小步，脚跟着地，脚尖左右摆动 7 次。

第 4 个 8 拍：同第 3 个 8 拍，但方向相反。

第二节（8 拍 ×6）：

第 1 个 8 拍：两臂经体后向上向前至两手叉腰，同时左脚开始，踏步 8 次。

第 2 个 8 拍：1 拍右腿屈膝，向左送胯。2 拍同 1 拍，但方向相反。3 拍、4 拍同 1 拍、2 拍。5—8 拍同 1—4 拍。

第 3 个 8 拍：1 拍半蹲，两臂斜下举向左摆动一次，同时向左送胯一次。2 拍同 1 拍，但方向相反。3 拍、4 拍同 1 拍、2 拍。5 拍直立，两臂上举向左摆动一次，同时向左送胯一次。6 拍同 5 拍，但方向相反。7 拍、8 拍同 5 拍、6 拍。

第 4、5、6 个 8 拍同第 3 个 8 拍。

第三节（8 拍 ×4）：

第 1 个 8 拍：1—2 拍左脚向侧一步成开立（稍宽于肩），右腿屈膝，向左送胯，两臂上举向左摆动一次。3—4 拍同 1—2 拍，但方向相反。5—8 拍右腿屈膝，向左送胯，两臂上举向左摆动三次。

第 2 个 8 拍：同第 1 个 8 拍，但方向相反。

第 3 个 8 拍：1—2 拍右腿屈膝，向左送胯，两臂上举向左摆动一次。3—4 拍同 1—2

拍，但方向相反。5 拍两臂上举，跳成并立，同时向左转体 90 度。6 拍、7 拍、8 拍同 5 拍。

第 4 个 8 拍：同第 3 个 8 拍，但方向相反。

第四节（8 拍 ×6）：

第 1 个 8 拍：左脚开始，踏步 4 次，同时两臂经体前向上向后绕环一周。

第 2 个 8 拍：左脚开始，踏步 4 次，同时两臂经体后向上向前绕环一周。

第 3 个 8 拍：1—2 拍右腿屈膝，脚尖点地，向左送胯，同时上体左转 45 度，右臂上举。3—4 拍左臂上举。5—8 拍同 1—4 拍。

第 4 个 8 拍：同第 3 个 8 拍，但方向相反。

第 5 个 8 拍：1—2 拍左脚向左横跨一步，上体向左斜前方前倾 45 度，同时两臂前举，右臂向上，左臂向下摆动一次。3—4 拍左臂向上，右臂向下摆动一次。5—8 拍同 1—4 拍。

第 6 个 8 拍：同第 5 个 8 拍，但方向相反。

二、长绳操

准备姿势：将绳展开，握住绳的两端。

第一节（8 拍 ×6）：

第 1 个 8 拍：绳子展开，两脚踩在绳上，左脚开始，踏步 7 次，同时两臂斜下举。

第 2 个 8 拍：同第 1 个 8 拍。

第 3 个 8 拍：1—2 拍向左送胯一次，同时左臂屈肘上举。3—4 拍还原成站立姿势。5—6 拍同 1—2 拍，但方向相反。7—8 拍同 3—4 拍。

第 4 个 8 拍：1—2 拍左脚踩绳，右脚向后一步，屈膝，同时两臂交叉前举（右臂在上）。3—4 拍左腿屈膝，右脚尖点地，两臂侧举。5—6 拍同 1—2 拍。7—8 拍还原成站立姿势。

第 5、6 个 8 拍同第 3、4 个 8 拍。

第二节（8 拍 ×6）：

第 1 个 8 拍：1 拍并脚向左跳，同时左臂屈肘上举，眼看左手。2 拍、3 拍、4 拍同 1 拍。5—8 拍同 1—4 拍，但方向相反。

第 2 个 8 拍：1—2 拍左脚踩绳，右脚向后一步，屈膝，同时两臂交叉前举（右臂在上）。3—4 拍左腿屈膝，右脚尖点地，两臂侧举。5 拍、7 拍同 1—2 拍，6 拍、8 拍同 3—4 拍。

第 3 个 8 拍：两脚踩在绳上，左脚开始，踏步 7 次，同时两臂斜下举。

第 4 个 8 拍：并脚跳 8 次，同时两手做拍打动作。

第 5 个 8 拍同第 3 个 8 拍，第 6 个 8 拍同第 4 个 8 拍。

第三节（8 拍 ×4）：

第 1 个 8 拍：1 拍并脚向左跳，同时左臂屈肘上举，眼看左手。2 拍、3 拍、4 拍同 1 拍。5—8 拍同 1—4 拍，但方向相反。

第 2 个 8 拍：1—2 拍左脚踩绳，右脚向后一步，屈膝，同时两臂交叉前举（右臂在上）。3—4 拍左腿屈膝，右脚尖点地，两臂侧举。5 拍、7 拍同 1—2 拍，6 拍同 3—4 拍。8 拍还原成预备姿势。

第 3、4 个 8 拍同第 1、2 个 8 拍。

第四节（8 拍 ×4，男女配合）：

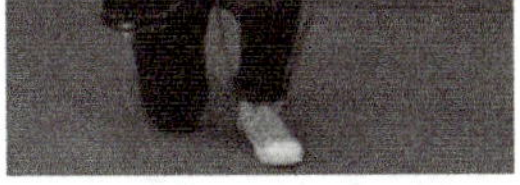

第 1 个 8 拍：

男：1—4 拍单腿跪膝，同时两臂上举。5—8 拍两臂上举，左右摆动 4 次。

女：1—8 拍两脚踩在绳上，原地转体 360 度。

第 2 个 8 拍：

男：1—8 拍两脚踩在绳上，原地转体 360 度。

女：1—4 拍单腿跪膝，同时两臂上举。5—8 拍两臂上举，左右摆动 4 次。

第 3、4 个 8 拍同第 1、2 个 8 拍。

第五节（8 拍 ×4）：

第 1 个 8 拍：男、女生面对面，左脚踩在绳上，右脚在后，屈膝跳 8 次。

第 2 个 8 拍：左脚踩在绳上，右腿在后，屈膝跳转 120 度。

第 3、4 个 8 拍同第 2 个 8 拍。

案例 2：模仿操——十二生肖操

活动目标：

1. 能大胆展示自己的动作，体验做徒手操的乐趣。
2. 学习模仿十二生肖中的小动物，创编举、摆、振、跑、跳等典型动作。
3. 发展创造力和身体协调能力。

活动准备：

1. 场地安排与队形变化：在场地范围内，以班级为单位围成圆圈。
2. 操节时长：3 分 50 秒。
3. 音乐特点：活泼可爱的童谣。

活动进程：

预备姿势：双腿弯曲，双手做小老鼠状。

第一节：小老鼠（8 拍 ×1）

1—2 拍：6 名幼儿蹲在地上围成圆圈，做小老鼠状。

3—4 拍：第 1 名幼儿站在前面，双手食指伸出做小老鼠头，双脚踏点步转圈。其他幼儿动作同前面幼儿。

5—8 拍：重复 1—4 拍的动作。

第二节：牛伯伯（8 拍 ×1）

1—2 拍：做老鼠的幼儿回队，第 2 名幼儿上前来做牛伯伯，其余 5 名幼儿一起做动作。双手伸出食指同时放在头部两边做牛角，头部前后晃动。

3—4 拍：左脚向前迈一步，做向前闯红布的样子，然后换成右脚向前 1 步，做向前闯红布的样子。

5—8 拍：重复 1—4 拍的动作。

第三节：虎大王（8 拍 ×1）

1—2 拍：做牛的幼儿回队，第 3 名幼儿上前来做虎大王，其余 5 名幼儿跟着一起做动作。双手张开，左、右脚分别向前跨步 1 次。

3—4 拍：双手握拳，左右拉开摇摆各 2 次。

5—8 拍：重复 1—4 拍的动作。

第四节：兔宝宝（8 拍 ×1）

1—2 拍：做虎的幼儿回队，第 4 名幼儿上前来做兔宝宝，其余 5 名幼儿跟着一起做动作。双手举高，做剪刀手，双脚同时向上跳 5 次。

3—4 拍：双手举高，学小兔跳，左、右各 2 次。

5—8 拍：重复 1—4 拍的动作。

第五节：龙爷爷（8 拍 ×1）

1—2 拍：做兔的幼儿回队，第 5 名幼儿上前来做龙爷爷，其余 5 名幼儿跟着一起做动作。身体半蹲，然后起立，左、右手臂交替上下挥动。

3—4 拍：左、右手与肩同高平举，半蹲，向左、右两边各吐气 1 次。

5—8 拍：重复 1—4 拍的动作。

第六节：小白蛇（8 拍 ×1）

1—2 拍：做龙的幼儿回队，第 6 名幼儿上前来做小白蛇，其余 5 名幼儿跟着一起做动作。左手向左绕圈伸展开，右手向右绕圈伸展开。

3—4 拍：双手合拢，举高向上，浑身扭动。

5—8 拍：重复 1—4 拍的动作。

过渡动作：全体幼儿听节奏拍手，更换头饰

第七节：小马哥（8 拍 ×1）

1—2 拍：做蛇的幼儿回队，重新轮流。原第 1 名做老鼠的幼儿上前来做小马哥，其余5名幼儿跟着一起做动作。双手握拳做骑马姿势，压腕，跳马步。

3—4拍：双手握拳做骑马状，向前跳马步2次。

5—8拍：重复1—4拍的动作。

第八节：羊咩咩（8拍×1）

1—2拍：做马的幼儿回队，第2名幼儿上前来做羊咩咩，其余5名幼儿跟着一起做动作。双手放头上做羊角，左右摆动身体2次，然后双手拍肩3次。

3—4拍：屈臂握空心拳，双手在胸前环绕，左、右做扩胸运动各1次，然后听音乐做跑步动作3次。

5—8拍：重复1—4拍的动作。

第九节：小猴子（8拍×1）

1—2拍：做羊的幼儿回队，第3名幼儿上前来做小猴子，其余5名幼儿跟着一起做动作。弯曲手臂做爱心状，左右晃动2次。

3—4拍：向后转身跳跃，扭胯3次。

5—8拍：重复1—4拍的动作。

第十节：大公鸡（8拍×1）

1—2拍：做猴子的幼儿回队，第4名幼儿上前来做大公鸡，其余5名幼儿跟着一起做动作。双手架在胸前，左、右摇摆2次。

3—4拍：双手举高在头顶合拢，左右扭胯4次。

5—8拍：重复1—4拍的动作。

第十一节：小狗狗（8拍×1）

1—2拍：做大公鸡的幼儿回队，第5名幼儿上前来做小狗狗，其余5名幼儿跟着一起做动作。身体半蹲，起身，双手向左边张开收拢1次。

3—4拍：双手举与肩平齐，五指张开，头略低下，前后跳跃3次。

5—8拍：重复1—4拍的动作。

第十二节：小猪猪（8拍×1）

1—2拍：做小狗狗的幼儿回队，第6名幼儿上前来做小猪猪，其余5名幼儿跟着一起做动作。先转向左边，左手对着脸部晃动4次，然后转向右边，右手对着脸部晃动4次。

3—4拍：双手架在胸前交叉绕1圈，踏步走3次。

5—8拍：重复1—4拍的动作。

结束动作：6名幼儿分别摆出不同的动物造型

附儿歌：

小老鼠，吱吱叫，看到猫儿就跑掉；
牛伯伯，好强壮，看到红布向前闯；
虎大王，最神气，森林之中没得比；
兔宝宝，爱睡觉，走起路来蹦蹦跳；
龙爷爷，最神秘，躲在云里猛吐气；
小白蛇，小青蛇，摇摇摆摆最有趣；
小马哥，跑得快，跑呀跑呀快快快；
羊咩咩，最贪玩，野狼来了快快跑；
小猴子，吱吱叫，红红屁股摇摇摇；
大公鸡，小公鸡，早晨起来喔喔啼；
小狗狗，尾巴摇，坏人来了汪汪叫；
小猪猪，胖嘟嘟，打个滚来踏踏脚。

资料来源：赵薇，朱晓燕．体操与集体舞．南京：南京师范大学出版社，2016：9-12.

视野拓展

早操活动的安排

早操活动是幼儿每日活动中的重要环节，也是幼儿园第一个集体活动，所以一般在此时间段安排基本体操集体展示。

（1）做操前根据天气情况提醒幼儿脱下外衣，并整齐地放在指定的地方。为了在短暂的音乐声中安全有序地取、放器械，建议场地周围多放几个筐，使幼儿取、放器械有序，且既不互相碰撞，又能互相协助合作。

（2）使幼儿学会控制并处理好队列队形的变化，走跑的间距以及每一个动作都到位，引导幼儿处理好自己和同伴、集体的关系，使队形呈现线条美。

（3）早操活动也是欣赏美、感受美、表现美的过程。教师自身应具有姿态的美、行为的美、语言的美、情绪的美，用正确、规范、优美、有力的姿态感染幼儿，用“你真行”“真像解放军”等语言鼓励幼儿，使幼儿用积极向上、振奋的精神投入早操活动中。

本章小结

本章主要介绍了幼儿基本体操的概念与价值、类型与特点，婴儿操、幼儿队列队形练习、幼儿操的组织流程、组织与指导要点以及注意事项，为学习者科学合理地设计幼儿基本体操、尝试有效组织实施提供了帮助。

课后练习

一、简答题

1. 幼儿基本体操的类型与特点是什么？

2. 婴儿操的实施过程以及组织与指导的注意事项是什么？

3. 幼儿队列队形练习的特点与形式是什么？组织与指导的注意事项有哪些？

4. 幼儿操的特点以及组织与指导的注意事项是什么？

二、实训题

1. 学习经典的幼儿基本体操案例，创编一套婴儿操，分小组展示。

2. 使用日常生活中的一些物品作为器材，创编一套 5 ～ 6 岁幼儿的轻器械操，分小组展示。

3. 绘制幼儿队列队形练习的组织图示，分小组实践并展示。

第四章　幼儿集体体育游戏的组织与指导

学习目标

1. 理解幼儿集体体育游戏的概念与价值、类型与特点、结构与设计要求；
2. 掌握不同年龄班幼儿体育游戏的相关理论、组织实施流程、组织与指导要点及注意事项；
3. 能尝试设计并组织与指导不同年龄班的幼儿体育游戏活动。

学习重难点

1. 幼儿集体体育游戏组织流程、组织与指导要点及注意事项；
2. 不同年龄班幼儿体育游戏的设计、组织与指导的区别。

学习方法

1. 理论与实践相结合，边学习理论边尝试组织与指导幼儿集体体育游戏活动；
2. 尝试以一个运动内容，组织不同年龄班幼儿的集体体育游戏，体会组织与指导方法的区别。

教学建议

1. 建议用边讲解、边实践的方式，让学生在实践体验中感受集体体育游戏的价值与特点；
2. 建议提供某一运动内容，让学生尝试针对不同年龄班的幼儿进行集体体育游戏的设计、组织与指导，感知并领悟如何有效地针对不同年龄班的幼儿组织符合幼儿年龄特点的集体体育游戏。

第一节　幼儿集体体育游戏概述

一、幼儿集体体育游戏的概念与价值

（一）幼儿集体体育游戏的概念

幼儿集体体育游戏是依据幼儿体育教学目标以及幼儿的年龄特点与发展需要，有目的、有计划地以体育运动为基本内容，以游戏为基本形式，以发展幼儿基本动作、增强身体素质与提高兴趣为主要目的，具有一定角色、情节、规则的特殊体育活动。

幼儿集体体育游戏形式生动活泼，适合幼儿年龄特点，易于激发幼儿积极参与体育活动的兴趣和愿望，使他们在轻松愉快的活动中，练习各种基本动作，锻炼身体。幼儿集体体育游戏是幼儿园开展体育活动的重要形式之一。

（二）幼儿集体体育游戏的价值

幼儿集体体育游戏除了具有幼儿一般体育活动的价值——锻炼幼儿身体、促进幼儿认知能力的发展、培养幼儿对体育活动的兴趣以外，还具有其特定的价值。

1. 培养幼儿自我控制能力及规则意识

幼儿集体体育游戏是一种集体教育活动，全班幼儿一起参与活动，因此，必须有一定的集体活动规则要求。这些规则要求是保证幼儿集体体育游戏顺利进行的必要条件，这就需要幼儿学会控制自己的行为，遵守集体游戏的规则，因而幼儿集体体育游戏对培养幼儿的自我控制能力以及规则意识具有较好的促进作用。

2. 培养幼儿体育精神

幼儿集体体育游戏是有目的、有计划地组织幼儿进行体育运动的集体教育活动，其基本目的是让幼儿集中练习有一定难度的基本动作。动作练习过程中需要幼儿有坚强、果断、勇敢的品质，这些正是体育运动所体现的体育精神。

3. 促进幼儿获得良好的情绪体验

幼儿集体体育游戏是一种以游戏的形式开展的体育锻炼活动。游戏是幼儿最喜爱的活动方式，在游戏中幼儿能够体验各种角色，并在有趣的游戏情境中进行学习，因此，幼儿集体体育游戏能够使幼儿获得良好的情绪体验。良好的情绪体验可以进一步激发幼儿对体育活动的兴趣，提高幼儿参与活动的积极性和主动性，并能培养幼儿活泼开朗的性格。

概而言之，幼儿集体体育游戏不仅能够锻炼幼儿的身体，而且在满足幼儿活动愿望、激发幼儿愉快的情绪、丰富幼儿的生活和经验、发展幼儿智力以及社会适应能力等方面，都具有不可低估的作用。幼儿教育者应该充分利用幼儿集体体育游戏的这些价值特点，寓教于乐，全面促进幼儿的发展。

二、幼儿集体体育游戏的类型与特点

（一）幼儿集体体育游戏的类型

幼儿集体体育游戏的内容很丰富，形式也多样，依据不同的标准，其分类也有所不同。通常可以按以下标准分类：

（1）按年龄段分，可分为大班、中班、小班和托班的集体体育游戏；

（2）按活动量分，可分为激烈的、较缓和的、大活动量的、中等活动量的和小活动量的集体体育游戏；

（3）按基本动作分，可分为锻炼走、跑、跳跃、投掷、钻爬等基本动作能力的集体体育游戏；

（4）按身体素质分，可分为锻炼力量、耐力、速度、灵敏性等素质的集体体育游戏；

（5）按器械分，可分为球类、圈类、绳类、棒类、沙包类、平衡板类等不同器械类型的集体体育游戏。

（二）幼儿集体体育游戏的特点

1. 全面性

幼儿集体体育游戏是有计划、有目的地组织幼儿进行体育锻炼的一种形式，能促进幼儿走、跑、跳、投、攀爬等不同基本动作的全面发展。另外，幼儿集体体育游戏是面向全体幼儿的集体教学活动，不仅能够促进全班幼儿的身体锻炼，还能照顾到个体差异性，让每个幼儿都在原有的基础上得到发展。

2. 趣味性

幼儿集体体育游戏是一种游戏形式的集体教学活动。游戏具有一定的情节，幼儿扮演不同角色，在游戏情境中不知不觉获得锻炼，这种锻炼形式趣味性强，非常符合幼儿的特点。

3. 实效性

幼儿集体体育游戏除了有计划的活动以外，还包括幼儿自主锻炼活动，从中发现幼儿运动中需要重点练习的内容，并有针对性地开展教学活动，因此，具有一定的实效性，能较快地解决幼儿锻炼中的难点。

三、幼儿集体体育游戏的结构与设计

（一）幼儿集体体育游戏的结构

依据人体生理机能活动变化规律以及运动中幼儿身心活动变化的特点，幼儿集体体育游戏的结构（组织流程）一般分为三个基本环节或部分，即开始部分、基本部分和结束部分。在这三个部分的实践过程中，人体的生理机能是不断变化的，一般在开始时，能力逐渐上升，然后达到较高的水平并保持一定时间，最后逐渐下降，这个过程可分为上升、平稳和下降三个阶段，不同阶段有不同的活动要求，详见表 4－1。

表 4－1　幼儿集体体育游戏的组织流程及特点要求

流程	生理机能变化规律	基本要求	时间（以 5～6 岁为例）
开始部分	上升	做足准备：危险预设，安全搭建，布置常规； 有效热身：语言铺设，情境导入，激发兴趣	3 分钟
基本部分	平稳	保障实施：调动兴趣，示范要领，强化动作； 确保效果：目标适度，差异体验，纠正动作； 提升目标：突破限制，合作融入，综合提升	25 分钟
结束部分	下降	放松恢复：肯定参与，评价互馈，情境延伸； 收还器材：建立规则，养成习惯，培养能力	2 分钟

1. 开始部分

开始部分，又称准备部分，主要任务是做足准备，快速组织，从生理和心理上动员幼儿，进行有效热身。开始部分的主要内容是集合幼儿，整队，安排见习生，向幼儿简要说明本节课的内容安排与课堂常规。可以进行体育游戏，也可以进行队列队形练习、走步、慢跑、徒手操和轻器械操等准备活动；还可以进行一些发展幼儿身体素质的练习，做一些与本节活动内容相关的动作简单、负荷不大的身体运动。开始部分的设计最好能新颖活泼、简短愉快，需要根据幼儿的特点、基本部分的目标、气候等因素来确定活动的内容和时间，一般占总时间的 10% ～ 20% 为宜，幼儿的年龄越小，所占的时间应越少。开始部分中教师的情绪、语调、姿态等会直接影响幼儿的情绪和兴趣，因此教师需格外注意自己的一言一行。

2. 基本部分

基本部分是活动的主体部分，任务是完成本次课的主要教育和教学任务。基本部分的主要内容是走、跑、跳等基本动作的学习、幼儿操的学习、身体素质及体能的发展等。通过教师设计的层层递进的活动，提高幼儿身体素质，发展幼儿动作能力，培养幼儿良好品质等。这一部分是一节课运动负荷的高峰，教学时要掌握好负荷的节奏，如果本节课有新授内容，根据幼儿认知活动的特点，应该将新授内容安排在该部分的开始阶段，以使幼儿在注意力较为集中、情绪较为饱满、体力较为充沛的状态下学习和练习。需要较大运动量和能引起幼儿高度兴奋的活动，则放在该部分的后半段，以使之与幼儿的身体活动水平相适应。基本部分的活动时间一般占总时间的 70% ～ 80%。

3. 结束部分

结束部分的主要任务是放松恢复，同时引导幼儿收还器材。结束部分的主要内容是通过教师有组织的活动，如缓慢牵拉、放松小游戏、意念放松等形式，帮助幼儿放松肌肉，消除疲劳，缓解幼儿身心的高度兴奋或紧张状态，使其能较快地恢复常态。同时进行简单的小结和点评，肯定和称赞幼儿的努力和成功，激发和保持幼儿继续参与身体活动的兴趣和积极性，并组织幼儿整理教学玩具，养成做事有始有终的好习惯。结束部分的时间占总时间的 10% 左右，并视具体活动的情况进行增减。

（二）幼儿集体体育游戏的设计

设计幼儿集体体育游戏时，教师要在对幼儿原有发展水平观察分析的基础上制定活动目标，选择能实现目标的具体内容，考虑与内容相适应的活动方式等。幼儿集体体育游戏的设计一般包括活动名称、设计意图、活动目标、活动准备、活动过程及活动延伸等构成要素。

1. 活动名称

活动名称要简单准确，能够反映游戏的基本特征。需写清楚本次幼儿集体体育游戏适合于哪个年龄段的幼儿、活动内容是什么。一般可采用事件提炼法（如“消防员灭火”）、故事借鉴法（如“熊出没”）、角色衍生法（如“采蘑菇的小女孩”）、器械相关法（如“钻山洞”）、知识模拟法（如“红绿灯”）、主题串联法（如“邮递员历险记”）等。

2. 设计意图

简略分析本班幼儿的运动发展水平，选择活动内容的依据、教学内容的特点以及本次活动设计意图。教师可以这样表述：本班（中班）幼儿已经具备初步的投掷能力，能够自然地往前上方或远处掷沙包，大部分幼儿能掷 2 米左右，由于《3 ～ 6 岁儿童学习与发展指南》(以下简称《指南》) 中的相关目标为“能单手将沙包向前投掷 4 米左右”，我们将继续开展“投掷”游戏活动，意在让幼儿在“打老鼠”的游戏中练习“肩上掷远 4 米左右”。

3. 活动目标

活动目标的设置对于一节专门的体育教学活动极为重要，其适宜与否直接影响到整个教育活动的效果。应写清楚通过本次活动应达到的具体的目标要求，一般包括情感态度目标、能力目标、认知目标。活动目标的含义及常用表述详见表 4 - 2。

表 4 - 2　活动目标的含义及常用表述

目标	含义	常用表述
情感态度目标	活动过程中幼儿的情绪情感体验，或形成某种积极的态度	乐于、愿意、感受、喜欢、激发、体验、尝试等
能力目标	活动过程中行为技能的形成	学习、掌握、遵守、运用、能够、创编等
认知目标	活动要完成的具体任务或要掌握的知识点	了解、知道、理解、领会、说出、比较、区别等

资料来源：张首文，白秋红. 幼儿园体育活动设计与指导. 北京：人民邮电出版社，2017：188.

4. 活动准备

活动准备一般包括知识经验准备和物质准备。知识经验准备是幼儿针对本次教育活动所需要的前期知识经验的准备；物质准备是针对本次教育活动所需要的教具等物质材料的准备。

5. 活动过程

幼儿集体体育游戏一般包括开始部分、基本部分、结束部分等环节，对此，我们在前文中已进行了具体说明。活动过程应该表明：

（1）活动的起点和终点；

（2）清晰的活动过程步骤以及与这些步骤相关的内容和组织形式或教学策略等；

（3）需要重点解决的问题等。

6. 活动延伸

教育活动不仅仅是特定的某一次活动，更是一个长期、持续的过程，特别是习惯和能力的培养。活动延伸的方法可以是多方面的，如环境创设、领域渗透、家园共育等。

为了更好地说明如何对幼儿集体体育游戏进行组织与指导，本章第二至四节将以基本动作“投掷”为例设计幼儿集体体育游戏，并体现不同年龄段幼儿集体体育游戏组织与指导的差异性。

视野拓展

幼儿集体体育游戏的常用组织方法

一、讲解示范法

讲解示范法是教师用语言组织幼儿的活动，指导幼儿掌握活动的名称和练习的内容、理解动作的要领和做法的一种方法。示范是指教师以个体的动作为范例，使幼儿看到所要练习和掌握的动作技能的具体形象、结构和完成的先后顺序等。

使用讲解示范法时应注意：

（1）讲解和示范要合理结合，并根据幼儿的年龄特点和幼儿对练习内容的熟练程度确定讲解和示范的多寡。边示范讲解，边组织幼儿进行练习是适合幼儿特点的有效方法。在小班活动中，一般示范多于讲解，中、大班可逐步加强讲解的运用。在幼儿熟悉的动作练习或游戏中应减少示范，在新授或复杂的活动内容中，讲解和示范的运用应多于复习和进行较简单的身体锻炼活动。

（2）讲解语言要清楚、生动有趣、形象、逼真，以引发幼儿积极参与身体锻炼的兴趣；讲解要正确且通俗易懂，便于幼儿理解活动的内容、方法和规则，掌握正确的活动方式及准确的动作要领和方法；讲解要突出重点和难点，注意少而精，要避免因讲得过多或过于烦琐而减少幼儿的练习时间；讲解要注意语言的启发性，可结合提问促进幼儿积极思考和相互交流，以促进幼儿的注意力、思维能力和语言能力的发展。

（3）示范要正确、优美，尤其是首次示范要给幼儿留下好印象，以激发幼儿参与练习的愿望，帮助幼儿建立准确的动作表象并感受体态美；示范时不要模仿幼儿的错误动作；要注意示范的位置、方向、速度等。

二、练习法

练习法指讲解示范后，幼儿在初步建立与活动有关的表象和概念的基础上，在教师的指导下进行各种练习，以实现身体锻炼这一活动目标的方法。它是体育活动中最基本、最重要的方法。

常用的练习法有重复练习法、条件练习法、完整练习法和分解练习法、循环练习法。

使用练习法时应注意：

（1）灵活运用多种练习方法，以帮助幼儿正确掌握练习的内容和动作技能，增强幼儿的体质，激发幼儿练习的兴趣。

（2）练习的目的要明确，要求要具体。

（3）练习过程中要注意贯彻循序渐进的原则，耐心、细致，不要操之过急，要因材施教。

（4）要将练习过程与思维活动结合起来，逐步培养幼儿在活动中积极思考的习惯。

三、语言提示和具体帮助法

语言提示和具体帮助法是教师用简短明确的语言，揭示和指导幼儿活动的方法。比如排队走步时，教师提醒幼儿“抬头、挺胸、迈大步”，做操时提醒幼儿“手臂要伸直、用力”等。

使用语言提示和具体帮助法时应注意提示和帮助要明确、具体、及时，且富有针对性。态度要积极、和蔼，不能用训斥、埋怨或恐吓的语言和口吻。

四、比赛法

比赛法是指在比赛的条件下进行练习的方法。比赛中，幼儿争取胜利的强烈愿望有利于激发幼儿愉快的情绪和提高参与身体锻炼的积极性，增加运动强度。这个方法适合在中、大班进行。另外，教师对比赛结果的评判应公正合理，并以鼓励为主。

五、信号法

信号法是指用口令、哨音、音乐、鼓声、拍手等声响来帮助和指导幼儿进行身体锻炼的方法。使用时应做到声音洪亮、清晰，有节奏、有感情，并正确分清动令和预令。使用时应注意根据动作的特点和活动情节的变化，改变信号的节奏和速度。

幼儿集体体育游戏的评价方法

对幼儿集体体育游戏活动中生理、心理负荷的常用评价方法主要是观察法和生理测定法。

一、观察法

观察法是教师在体育活动中最常用的方法。主要从幼儿完成动作的质量，幼儿的面色、汗量、呼吸、注意力和情绪等方面来判断运动量是否适宜。幼儿的疲劳程度表现观察可参考表1。

表1　幼儿疲劳程度观察参考表

观察时间	观察内容	轻度疲劳	中度疲劳	非常疲劳
运动中	面色	稍红	比较红	非常红或苍白
	汗量	不多	较多	大量出汗（躯干）
	呼吸	稍快	明显加快	呼吸急促，节律紊乱
	动作	动作准确、步态稳	动作摇摆不定	动作失调，步态不稳
	注意力	注意力集中	能集中注意力，但不稳定	注意力分散，反应迟钝
	情绪	情绪愉快	略有疲倦	精神疲乏
运动后	食欲	饮食良好，食欲增加	食欲一般，略有下降	食欲降低，进食量下降，甚至有呕吐现象
	睡眠	入睡较快，睡眠好	入睡慢，睡眠一般	睡眠不安，很难醒
	精神	精神好，情绪好	精神略有不振，情绪一般	精神恍惚，厌倦运动

资料来源：柳倩，周念丽，张晔. 学前儿童健康学习与发展核心经验. 南京：南京师范大学出版社，2016.

二、生理测定法

与观察法相比，生理测定法是一种比较客观的方法，它包括对脉搏、呼吸频率、肺活量、体温变化、尿蛋白等方面的测定，但是这些方法比较复杂，且需要专业设备以及专业操作能力，在幼儿园不具可操作性。因此幼儿园常见的方法是脉搏测定法，有条件的幼儿园可以测定心率。

脉搏测定法是在体育活动中，通过多次测定幼儿的脉搏，掌握幼儿在运动中脉搏的变化，以此来分析运动负荷的安排是否合理。测定的步骤如下：

1. 准备工作

提前了解体育活动的内容和组织教法，确定测量方法和测定者之间的分工，准备好必要的用具（如秒表、记录表）。选择1～2名测定对象（一般选择运动水平中等的幼儿），并需要提前与该幼儿沟通，让幼儿了解测试的情况，打消其生疏感和恐惧感，以使幼儿配合。

2. 测定方法

运动前5分钟测定相对安静状态下的脉搏数。在运动中进行测定，需要选择好测定的方法和地点。测定方法往往是采取练习前后测定，或者与定时测定相结合。练习前后测定法主要指在主要的练习或能使运动量有明显变化的练习前后进行测定。运动后测定脉搏的恢复情况，采用3～5分钟定时测定的方法。每次测定通常是计算10秒的脉搏，然后乘以 6，得到 1 分钟的脉搏数。测定时尽量不影响幼儿的练习。

有条件的幼儿园可以采取心电遥测仪进行心率测定，一来不影响幼儿的练习，二来测定的数据相对准确。

3. 图表分析

把所测定的数据换算成每分钟心率，制成脉搏测定曲线图，这样就可以直观显示运动中幼儿脉搏的变化情况，也有利于对运动量的分析。

在运动中平均心率在大约 190 次 / 分钟时，幼儿有一定的耐受力，可持续活动 7 ～ 10 分钟；平均心率在 150 ～ 170 次 / 分钟时，幼儿表现较好，动作协调，有耐受力，活动可持续 15 分钟以上。因此，一般认为幼儿在体育活动中的平均心率在 140 ～ 170 次 / 分钟，不超过 180 次 / 分钟、不低于 130 次 / 分钟是比较适宜的。

幼儿集体体育游戏活动的生理负荷参考数据详见表 2。

表 2 幼儿集体体育游戏活动的生理负荷参考数据

项目	指标		
	小班	中班	大班
上课时间	15 ～ 20 分钟	18 ～ 25 分钟	20 ～ 30 分钟
课前心率与课后心率之差	40 ～ 50 次 / 分钟		
课上的平均心率	140 ～ 170 次 / 分钟		
心率恢复时间	5 分钟以内		
运动密度	40% ～ 60%		

资料来源：任绮，高立. 学前儿童体育与健康. 北京：清华大学出版社，2012：128.

第二节　托班和小班幼儿集体体育游戏的组织与指导

一、托班和小班幼儿集体体育游戏的特点

托班、小班幼儿集体体育游戏的内容和动作比较简单，活动量较小。一般采用有具体情节和角色的游戏，情节较单一，角色不多，通常是幼儿非常熟悉的角色，主要角色一般由教师来担任。小班幼儿集体体育游戏课常常是全体幼儿同做一种动作或完成一两项任务，游戏的规则也很简单，一般不带有限制性。小班幼儿对游戏的结果不太注意，

没有较强的胜负意识，因此，游戏通常以皆大欢喜的方式结束。

二、托班和小班幼儿集体体育游戏的组织与指导要点

（一）前期准备

1. 经验准备

经验准备是幼儿对集体体育游戏活动内容的前期认知，比如“打老鼠”游戏，幼儿的经验准备是对猫和老鼠的关系以及“子弹”与老鼠的关系的认知，只有具备了“猫会捉老鼠”“子弹能将老鼠打伤或打跑”等经验之后，游戏才能顺利进行。

2. 物质准备

物质准备包括集体体育游戏活动的场地、器材等准备。小班“打老鼠”游戏课中需要准备的有：“子弹”(小球)，每人至少 2 个；相隔 2 米的“猫的家”和“老鼠的家”。

（二）实施过程

1. 开始部分

托班和小班幼儿的注意力集中时间短且容易分散，因此，应以有趣的游戏作为开始的热身运动，让幼儿在游戏中活动身体各个部位，尤其是与本次活动相关的身体关节。

比如小班幼儿集体体育游戏“打老鼠”，活动主要目标是让幼儿练习用自然的方式投掷，且游戏情境为“打老鼠”，因此，开始部分可以用“猫和老鼠”的游戏展开热身运动，教师和幼儿一起扮演“小猫”出门“巡逻”，视察有没有“老鼠”出没。队形以圆形比较合适。教师和幼儿一起围着圆圈走，“小猫”轻轻走路，发现“老鼠”了便快快跑去挥臂“打老鼠”，“老鼠”逃跑了，“小猫”继续“巡逻”，可以踮起脚尖走，可以弯腰走，还可以伸伸懒腰再走……“巡逻”的游戏让幼儿活动身体的每个部位，尤其是手臂，为下面的活动做准备。

2. 基本部分

托班和小班幼儿游戏活动情节简单，游戏课的环节也不宜过多，一般两至三个有层次递进的环节即可。

如小班幼儿集体体育游戏“打老鼠”预设了三个环节（教学过程中可根据幼儿的情况进行调整）：

（1）问题导入，调动兴趣。

1）教师提出问题：“小猫们刚刚巡逻，发现不远处有老鼠，那么我们要怎样才能将老鼠消灭呢？”

2）幼儿展开想象，想出很多方法。

3）教师出示小球，告诉幼儿：“今天我们要用这个‘子弹’来打老鼠。”引导幼儿尝试可以怎样“打老鼠”。

（2）学习方法，自由练习。

1）教师示范投掷方法：“小小脚，前后开，小胳膊，举起来，用力往前扔。”教师带领幼儿进行空手练习。

2）教师带领幼儿用小球练习投掷。

（3）巩固方法，尝试投远。

1）师：“老鼠的村庄就在前面，我们将‘子弹’扔过那道线（2 米距离），就能打到老鼠了，大家一起试试看吧。”

2）请成功的幼儿来介绍经验。

3）一起再来试试，看看能否成功。

3. 结束部分

（1）以欢乐的音乐为背景，教师带领幼儿一起为成功“打跑老鼠”而舞蹈，以此放松身体。

（2）总结今天“打老鼠”的情况。

（3）幼儿一起收拾“子弹”以备下次再“打老鼠”。

（三）注意事项

1. 游戏贯穿始终

托班和小班幼儿好动、好模仿，容易进入游戏情境，因此，托班和小班幼儿的集体体育游戏最好从开始部分直至结束部分均以游戏方式展示，幼儿一直在游戏情境中不知不觉地进行锻炼。

2. 动作要求灵活

托班和小班幼儿运动能力较弱，有些动作不能一次到位，因此，对托班和小班幼儿的动作要求要灵活把握，一方面不严格要求“动作标准”，另一方面允许有差异。比如：小班幼儿投掷时有一定的甩腕动作，但不会挥臂，力量小，投掷物出手角度小，方向感弱，因此，对投掷动作要求不宜过高，幼儿能够自然地往前上方或远处挥臂掷物即可，也不宜要求所有幼儿都达到 2 米的投掷距离。

3. 评价以教师为主

由于托班和小班幼儿表达能力稍弱，也不太能关注到同伴的情况，因此，活动评价时应以教师评价为主，能力强的幼儿评价为辅。教师评价也应以正面鼓励为主。

案例

案例 1：小班幼儿集体体育游戏——小鸡捉虫

设计意图：

小班幼儿刚进入集体生活，他们听指令信号的能力较弱，常常会自主散玩。此外，他们的动作技能发展不够成熟，跑步动作不太协调。因此，设计此游戏情境，让幼儿在教师的指令下愿意大胆地跑动起来。本活动以“游戏情境、教师示范、幼儿观察、儿歌帮助、探索尝试、讨论再练习”为主要方法，让幼儿在玩的过程中，不知不觉间掌握规则，培养出大胆尝试的能力与跑的能力，并在运动中学会自我保护的正确方法。

活动目标：

1. 能在指定范围内四散跑，且不与他人碰撞，学会在运动中自我保护的方法；
2. 在“小鸡捉虫”的游戏中体验跑的快乐，并体验游戏规则。

活动准备：

1. 经验准备：幼儿玩过一些听指令的游戏，有走跑交替的经验。
2. 物质准备：有区域限定的空旷场地，母鸡、狐狸头饰各 1 个，小鸡头饰若干，“虫子”若干，音乐。

活动过程：

一、开始部分：激发兴趣，专项准备（约 4 分钟）

鸡妈妈（教师）带小鸡（幼儿）在音乐的伴随下进入活动场地，玩“老母鸡和小鸡”的游戏，在游戏中活动小鸡身体的各个部位。

鸡妈妈和小鸡对话，小鸡做相应动作。

1. 鸡妈妈：“鸡妈妈，真能干，生下好多小鸡蛋！”——幼儿蹲下做蛋。
2. 鸡妈妈：“宝宝、宝宝长多大了？”小鸡：“我们伸出小脑袋！”——幼儿头部向上升并且摇动头部，活动头部、颈部关节。
3. 鸡妈妈：“宝宝、宝宝长多大了？”小鸡：“我们伸出小翅膀！”——幼儿做伸展手臂的动作，活动肩膀和手臂。
4. 鸡妈妈：“宝宝、宝宝长多大了？”小鸡：“我们跳出蛋壳了！”——幼儿做扭腰、蹬腿跳等动作，活动腰部、腿部。
5. 鸡妈妈：“小鸡宝宝们，一起跑到妈妈这里来吧！”幼儿集中到教师身边，准备进入下一个活动环节。

二、基本部分：在游戏中练习跑的动作，发展能力，体验乐趣（约 14 分钟）

（一）小鸡捉虫，四散跑（约 7 分钟）

1. 鸡妈妈：“宝宝们肚子饿了吗？草地上有很多虫子，我们可以去捉哦。妈妈放一段音乐，你们跑过去捉虫，音乐停了就回来。”

小鸡在音乐声中四散跑，去捉虫，音乐停了就回到鸡妈妈身边。

2. 鸡妈妈：“宝宝们真厉害，都能捉到虫子。这回我们再去捉虫，看看哪些宝宝捉的虫子多。”

小鸡再次在音乐声中在草地上四散跑捉虫，为了捉到更多的虫要快速跑。

（二）快速跑，不碰撞（约 7 分钟）

1. 鸡妈妈：“宝宝们，刚才我在看你们捉虫的时候，发现狐狸的身影了，现在我们再去捉虫的时候要注意，狐狸来了就要赶紧跑回家。”

小鸡在草地上四散跑捉虫，另一个老师扮演狐狸，当狐狸出现的时候，小鸡就要快速跑回鸡妈妈身边。

2. 鸡妈妈引导小鸡讨论跑快的方法：“刚才狐狸来的时候，有的宝宝跑得很快，而有的宝宝就慢一些，差点被狐狸捉到，怎样才能跑得更快呢？”

幼儿讨论，教师总结：“我们跑的时候要快速前后摆臂，这样就能跑得更快了。”

3. 鸡妈妈：“宝宝们再去捉虫吧，这回狐狸来了，你们可以跑得快一些哦。”

幼儿用刚才讨论的快速跑的方法跑步。

4. 鸡妈妈引导小鸡讨论不碰撞的方法：“刚才小鸡们飞快地跑的时候，有的差点碰到小伙伴，要摔倒了，我们怎么做才能不撞到小伙伴呢？”

幼儿讨论，教师总结：“我们跑的时候要看好身边没有人的地方，找空地跑，不能在人多的地方跑，这样就不容易撞着别人了。如果快要撞到别人，就稍微慢一点。”

5. 鸡妈妈：“宝宝们真厉害，知道怎样不被狐狸捉到，还知道怎么才能不撞到身边的人，你们再去捉虫吧。”

小鸡继续捉虫，看到狐狸来了就往回跑。

6. 小鸡穿过树林去捉虫。

根据幼儿的活动情况，可以设置各种情境让他们练习快速跑，不相互碰撞。

三、结束部分：稳定情绪，放松身心（约 2 分钟）

小鸡们回到家中，大家一起分享虫子，并且拍拍腿、捶捶腰、扇动翅膀等，放松身体的各个部位。

活动延伸：

为了使运动更具变化、更好玩，可以增加不同的道路，改变幼儿的动作练习环境；也可在区域运动时间，让幼儿用彩纸制作各种颜色的小虫。

案例2：小班球类游戏——海狮顶球

设计意图：

小班幼儿爱动，但由于年龄特点，要想促使他们进行有目的的体育运动，就需要教师准备一定的器械来激发和维持幼儿参与活动的积极性。球类具有滚、跳、弹、转等特性，是幼儿比较喜爱的运动玩具。因此，本次活动利用幼儿爱球的天性，创设了游戏情境，用手抛接球，锻炼幼儿手臂、腰腹和下肢力量，提高他们的手眼协调能力、手部动作及手脚动作的协调性。

活动目标：

1. 熟悉球性，能双手向上抛接球，锻炼手眼的协调能力和动作的灵敏性；

2. 尝试抛接不同材质、大小的球，体验抛接球的愉悦，对球类运动产生兴趣。

活动准备：

1. 经验准备：幼儿对球类运动有一定的认知，看过海狮顶球表演。

2. 物质准备：不同种类、大小的球若干（如皮球、乒乓球、排球、网球、篮球、足球、保龄球、羽毛球等），音乐。

活动过程：

一、开始部分：进入角色，趣味热身（约4分钟）

在音乐伴奏下，师幼共同扮演海狮，模仿海狮游泳、走路、跳跃、爬行等动作，活动身体各个部位。

二、基本部分：玩球游戏，运动全身（约10分钟）

（一）回顾海狮表演

教师："小朋友们看过海狮表演吗？海狮是怎么顶球的？"

（二）自主尝试海狮顶球（排球）

教师："你会学着海狮顶球吗？"

幼儿自由四散练习，自主尝试用双手向上抛接球。

（三）教师展示抛接球方法

1. 教师："刚刚小海狮们都很厉害，你们看看海狮妈妈有没有你们棒，好不好？"

教师示范讲解动作要领：双手空拳握住排球，然后用力向上抛，眼睛看着球，球下落时双手靠近一点，做好准备快速接球。

2. 教师："我们请一位优秀的小海狮来表演是怎样顶球的，好不好？"

幼儿展示，教师总结并提炼动作要领：眼睛看着球，球下落时及时接住球。注意抛球的力度，要向上抛球，不要向前或向后抛球；抛球的高度不要太高，头顶处最为合适。

（四）尝试抛接不同的球

教师："小海狮们，我们今天除了有排球，还有很多不同的球，你们都能向上顶吗？"

幼儿尝试向上抛接不同的球，感受不同的球不同的力度。

（五）海狮表演顶球

教师："小海狮们真厉害，能顶各种各样的球，现在我们来进行一个海狮顶球表演吧。"

幼儿分组展示向上抛接球。

三、结束部分：稳定情绪，舒缓身心（约 2 分钟）

小海狮通过吃东西、游泳、躺下休息等放松身体。

活动延伸：

幼儿动作熟练后指导他们将球再抛高一些，增加难度。将不同难度的抛接球游戏安排在区域运动中和家庭作业布置任务中，让幼儿进一步尝试。

第三节　中班幼儿集体体育游戏的组织与指导

一、中班幼儿集体体育游戏的特点

中班幼儿集体体育游戏的内容和动作难度在小班基础上有所发展。中班幼儿喜欢情节较复杂的游戏和活动量较大的追逐性游戏，因此，中班集体体育游戏的游戏角色有所增多，主要角色可以由幼儿自己来担任，同时也可以增加一些无情节的游戏。游戏的规则比小班稍严格些，带有一定的限制性，可以出现两人或小组的合作性游戏，因为幼儿已开始注意游戏的结果，喜欢自己获胜。

二、中班幼儿集体体育游戏的组织与指导要点

（一）前期准备

中班幼儿集体体育游戏与小班前期准备基本一样，也是经验准备与物质准备。

1. 经验准备

内容要与当前的教学内容相匹配且适合中班幼儿的认知水平。

2. 物质准备

物质准备是与本节课活动相关的运动器材、场地安排等。中班幼儿可以适当参与进行物质准备。比如，中班“打老鼠”游戏课中需要准备的有：“子弹”（沙包）每人至少2只；相隔分别为2米、4米的“猫的家”和“老鼠的家”；较大范围的“老鼠的家”。

（二）实施过程

1. 开始部分

中班幼儿比小班幼儿注意力集中时间稍长，但仍然比较短暂且容易分散，因此，游戏热身对于中班幼儿来说还是比较好的选择。中班下学期可以渗透部分队列队形。

比如：中班集体体育游戏“打老鼠”，活动主要目标是让幼儿用“肩上掷远”的方式投掷，且游戏情境为“打老鼠”，因此，开始部分依然可以用“猫和老鼠”的游戏展开热身运动。教师和幼儿一起扮演“小猫”出门“巡逻”，视察有没有“老鼠”出没。“小猫”要排成整齐的队伍，一个接一个向前走。“小猫”轻轻走路，发现“老鼠”了便快快跑去挥臂“打老鼠”。“老鼠”逃跑了，“小猫”继续“巡逻”，可以踮起脚尖走，也可以弯腰走等。中间可以设置一些“山洞”“草地”“小桥”等虚拟场景，幼儿按地形以不同队形、不同姿势“巡逻”，有时一路纵队，有时两路纵队，有时圆形……“巡逻”游戏可以让幼儿活动身体的每个部位，尤其是多活动手臂，为下面的投掷活动做准备。

2. 基本部分

中班幼儿游戏活动情节应比小班稍微复杂一些，有一定的情节和角色，同时活动也可以加入一定的竞赛性、合作性、规则性等，因为中班幼儿已开始注意游戏结果，喜欢自己获胜。中班的游戏环节可以比小班多一些，并且难易度不同，以供幼儿自主选择。一般可以安排3～4个有层次递进的环节。

（1）技能巩固，导入活动。

1）教师提出问题：“小猫们刚刚巡逻，发现不远处有老鼠，还记得我们在小班时也打过老鼠吗？是怎么打的呢？”

2）幼儿回答，并徒手用自然方法“打老鼠”。

3）教师出示沙包，告诉幼儿今天他们要用这个“子弹”来“打老鼠”。

（2）学习方法，自由练习。

1）教师示范投掷方法：“小小脚，前后开；小小手，放肩上；小胳膊，举起来；用力往前扔。”教师带领幼儿空手练习。

2）教师带领幼儿用沙包练习投掷。

（3）巩固方法，尝试投远。

1）教师："老鼠的村庄就在那个前面，有一个村庄离我们近一些（2 米），还有一个村庄离我们远了些（4 米），小朋友们可以选择其中一个村庄，将'子弹'扔过那道线，就能打到老鼠了，大家一起试试看吧。"

2）教师："哪些小朋友能打到远村庄的老鼠了？请来介绍经验吧。"

3）教师："一起再来试试，看看能否成功。"

（4）再次练习，尝试投准。（如果所有幼儿都能投到 4 米的村庄，可以尝试进入本环节）

教师："小朋友们真厉害，都打到远处的老鼠了。现在老鼠们从村庄躲到家里去了，你们能够打到家里的老鼠吗？"（4 米远的场地上画了个比较大的圆圈）

幼儿用肩上投远的方法将沙包投进大圆圈里，能投进去就算成功了。

3. 结束部分

（1）以欢乐的音乐为背景，教师带领幼儿一起为今天成功"打跑老鼠"而舞蹈，以此放松身体，舞蹈动作中多加入手臂动作以放松肩部、手臂等。

（2）总结今天"打老鼠"的情况。

（3）幼儿一起收拾"子弹"，以备下次再"打老鼠"。

（三）注意事项

1. 游戏中渗透竞争、合作与规则意识

中班幼儿开始萌发竞争意识、合作意识与规则意识，因此，中班幼儿集体体育游戏课中应适当渗透相关内容，但是由于他们特定的年龄特点，不宜过分强调竞争，合作的人数不宜过多，以 4 ～ 6 人为宜。不宜机械地强调规则，而应在游戏情节中渗透，比如：投远要站在起点线上，教师提醒幼儿时可以说："小猫们，我们要站在自己的家门口向老鼠的家扔子弹哦。"游戏口吻的规则提醒更能被中班幼儿接受。

2. 自主选择，照顾个体差异

幼儿的能力存在个体差异，中班幼儿对自我的认知开始萌芽，他们开始能够按照自己的能力尝试不同难度的活动，因此，教学过程中应提供不同难度的活动内容，供幼儿选择游戏，并且能够让他们进行自我挑战，以达到照顾个体差异，让每个幼儿都"在原有基础上均得到发展"的目的。

3. 幼儿适当参与评价

中班幼儿渐渐脱离以自我为中心，他们不仅能够看到自己的行为，有时也能关注到同伴的行为，因此，活动结束进行评价时，可以适当引导幼儿参与评价，可以评价自

我，也可以评价他人。

案例

案例 1：中班集体体育游戏——捕小鱼

设计意图：

中班幼儿跑步能力发展迅速，但手脚不协调、速度较慢。《指南》在健康领域中明确指出：幼儿要具有一定的力量和耐力，对于中班幼儿的要求是能快跑 20 米左右，针对这一目标，迁移幼儿已有的经验，设定游戏情境，引导幼儿学习指定方向快速跑和躲闪跑的动作要领，增强爆发力，逐步提高跑的速度，进一步发展身体的协调能力，同时学会在运动中自我保护的方法。

活动目标：

1. 学习指定方向快跑 20 米，发展速度和耐力；
2. 发展一定范围内追逐跑和躲闪跑的能力；
3. 遵守规则，在“捕小鱼”的游戏中体验追逐、躲闪的愉悦，培养不怕困难的品质。

活动准备：

1. 经验准备：幼儿有一定跑的经验，动作基本正确。
2. 物质准备：鱼篓（用绳子在“小河”里摆成圆形）、音乐、场地（“小河”分为浅水区和深水区）。

活动过程：

一、开始部分：进入角色，活动身体（约 3 分钟）

幼儿扮演小鱼在场地中游来游去，不断变化游的姿势，活动头部、上肢、躯干、下肢等身体部位。游的过程中熟悉活动场地，为游戏活动做准备。

二、基本部分：游戏展开，发展快速跑、追逐跑能力（约 15 分钟）

1. 教师引导幼儿再次观察活动场地，知道小河的浅水区、深水区分别在哪里。

2. 教师讲解游戏规则：小鱼在河里游玩，渔翁在河边走，当看到小鱼到浅水区之后就可以下河捕鱼，而当小鱼游到深水区之后，渔翁就不可以再抓鱼了。被抓到的小鱼被渔翁关在浅水区的鱼篓里，当小鱼们再次游来的时候可以趁渔翁不注意将被捕的小鱼救回去。

3. 1 对 X 追逐跑。

（1）教师当渔翁，幼儿当小鱼。小鱼在河里自由自在地游玩，渔翁在岸上观看，看到小鱼游到浅水区之后就下河去捕鱼，小鱼赶紧四散跑，可以在浅水区跑也可以跑回深水区。跑的过程中注意躲开渔翁。

（2）1 个幼儿当渔翁，其他幼儿当小鱼，追逐躲闪跑。

4. 2 对 X 追逐跑。2 个幼儿当渔翁，其他幼儿当小鱼，玩追逐躲闪跑的游戏。

5. X 对 X 追逐跑。根据幼儿的跑与躲闪能力，不断增加追逐的人数，增加躲闪的难度，锻炼幼儿跑步、躲闪的能力，增加身体协调性。

6. 解救小鱼。每次玩的时候小鱼都可以在渔翁不注意的时候将被捕的小鱼解救回来。如果还有小鱼没能被解救，可以安排一个“解救”环节，将小鱼全部救出。

三、结束部分：稳定情绪，放松身心（约 2 分钟）

所有小鱼一起随着音乐在水中游泳，放松身体的每个关节，尤其是下肢部位。

活动延伸：

在日常体育游戏时，可创设多样不同的游戏情境，展开追逐跑的游戏，以增强游戏的活动性与趣味性。

案例 2：中班球类集体体育游戏——快乐小袋鼠

设计意图：

球类是幼儿比较喜爱的玩具，是幼儿游戏时的好伙伴。本活动充分发挥幼儿的创造力，尝试球的多种玩法，满足幼儿对球类和跳跃、爬行动作的兴趣，帮助他们体验在跳跃、爬行动作中学习动作、发展体能、模仿创新、挑战困难等多种乐趣。

活动目标：

1. 双脚夹球、爬，锻炼腿部力量，发展灵敏性与协调能力。

2. 游戏中体验玩球的快乐，喜欢上球类运动。

3. 能认真练习、克服困难、坚持完成任务。

活动准备：

1. 经验准备：幼儿有关于袋鼠的认知及手膝着地爬的运动经验。

2. 物质准备：垫子、足球、呼啦圈、大筐（2 个）、场地（中间布置草丛、小河）。

活动过程：

一、开始部分：激发兴趣、活动身体（约 3 分钟）

师幼共同随着音乐做袋鼠模仿游戏，激发兴趣，活动身体各部位。

二、基本部分：游戏展开，发展能力，体验趣味性（约 15 分钟）

1. 情境导入。

师：“小袋鼠们，今天有许多大豆子，需要我们运送到小河那边，你们愿意运吗？”

幼儿自由练习各种运豆子方法。

2. 尝试运豆子。

师："小袋鼠运豆子，不能用手拿，也不能让豆子掉到地上，你们想想该怎么办呢？"

幼儿集体讨论，自主尝试不用手拿该如何运豆子。

3. 示范展示。

师："刚才有的小袋鼠成功地运了豆子，来看看他是怎么运的。"

请幼儿示范双脚夹住小球向前跳或爬，同时教师也讲解示范正确动作。

4. 练习运豆子。

师："小袋鼠们都会运豆子了吗？大家一起试一试吧，将豆子从这里运到小河那边的大筐里，看看你能运多少豆子。"

幼儿运豆子，教师巡视，帮助有需要的幼儿。

5. 过障碍运豆子。

师："小袋鼠们，你们看，运豆子的路上长出了许多小草，还有一些小水塘，你们在运豆子的时候可要小心哦，从草地上爬过去并且跳过小水塘，豆子还不能掉下来。"

幼儿练习夹球跳、爬。

6. 总结过障碍的方法。

师："小袋鼠们是怎么过草地和小水塘的啊？"

幼儿展示，教师总结："我们双腿用力夹豆子爬过草地，跳水塘的时候用力跳，两只脚不能分开，这样豆子就不会掉了。"

7. 再次练习运豆子。

8. 比赛运豆子：分队接力比赛，看谁运的豆子多。

三、结束部分：稳定情绪，放松身心（约 2 分钟）

师："小袋鼠们太棒了，能够用不同的方法成功运豆子，让我们好好放松休息一下吧！"

幼儿散站，随着轻松的音乐放松，调整呼吸。教师带领幼儿做肩胛、手臂、腰腹、膝盖、双腿等部位的放松活动，之后请幼儿将球放回指定的地方。

活动延伸：

在日常体育游戏中，创设不同的游戏情境，增加运动的强度与难度，让幼儿在玩球中提高身体综合素质。

第四节　大班幼儿集体体育游戏的组织与指导

一、大班幼儿集体体育游戏的特点

大班幼儿集体体育游戏课的难度比小、中班大，游戏的活动量也更大，游戏角色和情节的关系更加复杂，游戏规则更为复杂，限制性更强。大班幼儿喜欢竞赛性的游戏以及需要体力与智力相结合的游戏，他们对游戏的结果很关注，喜欢有胜负结果的体育游戏，因此，大班幼儿集体体育游戏课更多采取竞赛性游戏。大班幼儿集体体育游戏课中合作性的游戏较多。

二、大班幼儿集体体育游戏的组织与指导要点

（一）前期准备

大班前期准备主要也是经验准备与物质准备。经验准备的内容与当前的教学内容相匹配，且适合大班幼儿的认知水平。物质准备是与本节活动相关的运动器材、场地安排等，由于活动内容更丰富，因此，所要进行的物质准备也要更多一些。大班物质准备可以在教师的引导下，由幼儿准备。

如大班“打老鼠”游戏课中需要准备的有：“子弹”（沙包）每人至少 2 只；相隔 4 米、5 米的“猫的家”和“老鼠的家”，其中有较大范围和较小范围的“老鼠的家”若干。

（二）实施过程

1. 开始部分

大班幼儿游戏活动的情节与角色要相应减少，开始部分也不一定要以游戏进行，可进行一些排队和变换队形练习、走步、慢跑步等，也可以创设一套适合本节活动的徒手操或轻器械操等作为准备活动。

如：大班集体体育游戏“打老鼠”，活动的主要目标是让幼儿学习“半侧面转体肩上掷远”。因此，开始部分教师可以创设一套有侧身、肩上、上肢、下肢动作的热身操，也可以拿着沙包做一套沙包准备操。

2. 基本部分

大班幼儿游戏活动并不一定是具有情节的游戏，可以是一些竞赛性的游戏，有规则、有合作、有竞争等，因为大班幼儿对游戏的结果很关注，喜欢有胜负结果的体育游戏。大班体育游戏课一般可以安排 3 ～ 4 个有层次递进的环节，视幼儿运动情况可适当增加或减少。如大班“打老鼠”的集体体育游戏这样安排：

（1）自主活动，调动经验。

1）教师提出问题："小朋友们，我们在中班、小班的时候都玩过'打老鼠'的游戏，你们是怎么打老鼠的呢？"

2）幼儿自主活动，教师观察幼儿是如何投沙包的。

3）教师拿出沙包，告诉幼儿今天要学习一种新的"打老鼠"的方法。

（2）学习方法，自由练习。

1）教师示范投掷方法：双脚前后成弓箭步，手拿沙包放肩上，侧身再转体，顺势将沙包向远处扔过去。

2）幼儿拿沙包自由练习"半侧面转体肩上掷远"，教师巡回指导帮助。

（3）巩固方法，尝试掷远。

1）师："老鼠的村庄就在前面，有一个村庄离我们近一些（4 米），还有一个村庄离我们远了些（5 米），小朋友们可以选择其中一个村庄，将'子弹'扔过去，如果扔过那道线，就算打到老鼠了，大家一起试试看吧，看看谁能打到老鼠。尝试了一个以后，还可以尝试第二个。比一比谁能打到最远处的老鼠。"

2）师："你打到最远处的老鼠了吗？请介绍经验。"幼儿展示，教师表扬鼓励。

3）师："一起再来试试，用正确的方法，看看能否打到最远处的老鼠。打得远的小朋友也可以帮助打得近的小朋友哦。"

（4）再次练习，尝试正确方法投准。（如果大部分幼儿都能投到 5 米的村庄，可以尝试进入本环节）

师："小朋友们真厉害，都打到了远处的老鼠了，现在老鼠们从村庄躲到窝里去了，你们能够打到窝里的老鼠吗？老鼠的窝有大有小，看看你能打到哪个窝里的老鼠（5 米远的场地上画 3 个大小不一的圆圈），比一比哪些小朋友能打到最小窝里的老鼠。"

幼儿用"半侧面转体肩上掷远"的方法将沙包投进不同的圆圈里，能投进去就算成功了，投进最小圈的算赢。

（5）拓展练习，投移动靶。（如果幼儿投准的目标达成后还有兴趣再投，可以进入这个环节，或者提供给一些投得比较好的幼儿玩）

师："小朋友们看，那里有不少小老鼠在爬来爬去呢，你们能打中它们吗？"

3. 结束部分

主要进行身心放松，总结评价，收还器材。如"打老鼠"可以这样安排：

（1）做放松运动，从上到下放松身体各个部位，尤其是手臂、腰部等。

（2）师幼共同总结今天"打老鼠"的情况。

（3）大家一起收拾“子弹”。

（三）注意事项

1. 注意材料准备中的安全

大班幼儿自主能力增强，运动的材料、场地等都可以由幼儿自主准备，或者教师引导幼儿一起准备，不过，要保证幼儿搬运运动器械过程中的安全。

2. 活动过程中传承体育精神

顺应大班幼儿的年龄特点，大班集体体育游戏课中竞赛活动有所增加，但是，要防止为赢得胜利而违反规则，或损害同伴，需要教育幼儿“友谊第一，竞赛第二”。

3. 自主练习中教育互帮互助

大班幼儿自主学习能力增强，应给予幼儿更多自主练习的机会，同时倡导幼儿互帮互助、团结合作，在此过程中，每个人都得到锻炼与发展。

4. 课程评价中引导幼儿参与

大班幼儿渐渐能够看到自己的行为，也能关注到同伴的行为，因此，活动结束进行评价时，可以引导幼儿参与评价，可以评价自我也可以评价他人。

案例

案例1：大班集体体育游戏——接力跑

设计意图：

大班幼儿在生理和心理发展方面都达到了一定的成熟程度，具备了瞬间较快反应能力，也有一定的合作能力，他们喜欢奔跑，喜欢竞争性的游戏。本活动依据大班幼儿的这些特点安排了大量的奔跑竞赛游戏，采用了“观察、尝试、讨论、再尝试”的教学策略，鼓励幼儿积极参与游戏，锻炼跑的能力，并在团队合作中培养合作能力。

活动目标：

1. 探索纸棒或接力棒的各种玩法，尝试迎面接力，锻炼跑的能力；

2. 增强规则意识，懂得接力过程中需要耐心等待；

3. 体验跑步的愉悦，喜欢跑的运动。

活动准备：

1. 经验准备：幼儿有一定的快速跑的经验与能力；有玩棒的经验。

2. 物质准备：纸棒人手一根，红、黄、绿、蓝接力棒各一根；鼓、障碍标志物若干；场地（接力跑起点、终点）。

活动过程：

一、开始部分：活跃情绪，活动身体（约 4 分钟）

纸棒操：师生排成整齐的队列，边有节奏地念儿歌边做纸棒操。

纸棒纸棒，胸前玩玩，一二一二（两手在胸前分别抓放纸棒）

纸棒纸棒，下面玩玩，一二一二（两脚分开，头向下，弯腰，两手在下分别抓放纸棒）

纸棒纸棒，左边玩玩，一二一二（左脚朝左跨出成弓步状，两手朝左分别抓放纸棒）

纸棒纸棒，右边玩玩，一二一二（右脚朝右跨出成弓步状，两手朝右分别抓放纸棒）

二、基本部分：自主学练，发展能力，体验乐趣（约 20 分钟）

1. 尝试纸棒接力。

（1）教师出示纸棒，请幼儿说说怎么将纸棒从一个人手里传到另一个人手里。

（2）幼儿取纸棒，自由地玩，探索各种传纸棒的方法。

（3）幼儿相互交流不同的传递方法。

2. 练习纸棒接力。

（1）前后传纸棒：幼儿一个接一个以一手伸直的间距站立，从队首开始一个接一个前后快速传接纸棒。

（2）左右传纸棒：从队首开始左右一个接一个快速传接纸棒。

（3）向下传纸棒：幼儿两脚分开，头向下，弯腰，从队首开始一个接一个快速在两腿间传接纸棒。

（4）头上传纸棒：从队首开始一个接一个在头上快速传接纸棒。

3. 纸棒接力跑比赛。

（1）幼儿按红、黄、绿、蓝分成四组，分别拿着相应颜色的纸棒。

（2）教师讲解演示接力赛跑的规则与方法。

规则：听到击鼓声，每队队首幼儿立即跑出，沿跑道跑到终点再返回到起点处，将接力棒传给第二个人，然后排到队尾。第二个人接过接力棒马上出发，以此类推，看哪队先完成接力赛。

比赛过程可以根据幼儿的运动状况层层递进增加难度。

速度增加：鼓声加快，幼儿跑的速度加快。

路程难度增加：赛跑的路程可以增加难度，比如有草地跑、平地跑、绕障碍跑等。

等待难度增加：可以将每一队的人数增加，逐渐加大等待的难度，培养幼儿的规则意识、耐力等。

4. 颁奖活动。

大班幼儿比较重视比赛结果，因此，在比赛结束时可以安排颁奖环节，给第一名、第二名、第三名、第四名分别颁发奖牌。

三、结束部分：稳定情绪，放松身心（约 3 分钟）

在音乐的伴奏下，调整呼吸、拉伸韧带、调节情绪，重点进行腿部的放松。

活动延伸：

在日常的体育游戏中，可以创设不同的游戏情境，综合多样运动形式，安排不同的运动强度与难度，增加运动的趣味性与竞争性。

案例 2：大班球类集体体育游戏——花样运球

设计意图：

大班年龄阶段，幼儿对于球的玩法已经不再局限于传统的拍、踢等，会自己探索不同的玩法，也会和同伴合作玩球。本活动从幼儿熟悉球性出发，安排不同的合作闯关游戏，在锻炼幼儿身体素质的同时满足了幼儿合作游戏的愿望，增进玩球的乐趣，培养了合作能力与规则、竞争意识。

活动目标：

1. 尝试花样运球、合作运球，有规则意识和合作意识；
2. 能用多种方法运球并能双人合作运球闯关；
3. 体会花样运球游戏的趣味性及与同伴合作玩球的快乐。

活动准备：

1. 经验准备：幼儿有一定的玩球经验，有一定的合作意识。

2. 物质准备：皮球（20 个）、球筐（2 个）、小篮子（3 个）、雪花片（若干）、障碍物（2 个）、小奖品（若干）、音乐。

活动过程：

一、开始部分：激发兴趣，活动身体（约 5 分钟）

教师带领幼儿单手夹球跑步进入场地，在场地中听信号进行快走、慢跑练习。然后师幼一起在欢快的音乐声中，有节奏地做快乐球操。

二、基本部分：游戏竞赛，发展能力，体验乐趣（约 23 分钟）

1. 幼儿跟随音乐，自主练习双脚夹球跳。

2. 双人合作花样运球。

（1）幼儿分组，两两合作，尝试用身体各部位运球进筐。

师：“小朋友们，给你和你的小伙伴一个球，你们能用几种方法两人合作将球运到远处的球筐里呢?”

幼儿两两合作，尝试用身体各部位运球。

（2）展示花样运球方法。

师：“小朋友们好棒，想出了好多的运球方法呢！我们请一组小朋友们来展示一下，看看他和好朋友是怎样运球的。”

幼儿展示，教师和其他幼儿赞赏鼓励。

（3）花样运球比赛。

师：“现在小朋友们用自己最喜欢的方法运球，我们进行比赛，比比哪一组小朋友最先到达终点。”

幼儿分组，两两进行比赛，优胜者颁奖鼓励。

（4）花样运球障碍赛。

师：“这次比赛路上增加了障碍，小朋友们运球的时候要绕过障碍，球不能掉下来。球从哪里掉的就捡起来从哪里重新开始。我们看看哪组小朋友最先到达终点。”

幼儿分组，两两进行比赛，优胜者颁奖鼓励。

三、结束部分：稳定情绪，放松身心（约 2 分钟）

随着音乐做放松运动，放松身体各个部位的关节、肌肉，之后引导幼儿收拾器械，将球放回球筐。

活动延伸：

在日常的体育游戏中可以创设不同的游戏情境，增加竞赛游戏与循环游戏，提高幼儿锻炼的乐趣，激发他们的竞争意识与团队合作意识。

视野拓展

各年龄段幼儿体育游戏特点

年龄段	基本动作	情节、角色	竞赛性	合作性	游戏规则	游戏结果
2～4 岁	√	√				
4～5 岁	√	√	√	√	√	√
5～6 岁	√		√	√	√	√

资料来源：庞建萍，柳倩．学前儿童健康教育与活动指导．上海：华东师范大学出版社，2014.

本章小结

本章主要介绍了幼儿集体体育游戏的价值、特点、分类，幼儿集体体育游戏的结构、要素，不同年龄段幼儿集体体育游戏的特点、设计、组织与指导等，为学习者了解幼儿集体体育游戏课的重要性、特殊性，掌握不同年龄段幼儿集体体育游戏的设计、组织与实施的方法等提供了帮助。

课后练习

一、简答题

1. 幼儿集体体育游戏的价值是什么？
2. 不同年龄段幼儿集体体育游戏的特点是什么？
3. 幼儿集体体育游戏的基本组织流程是什么？
4. 不同年龄段幼儿集体体育游戏组织与指导的注意事项是什么？

二、实训题

1. 以一个基本动作的发展为例，尝试撰写不同年龄段幼儿集体体育游戏的教学设计。

2. 观看一个幼儿集体体育游戏的教学视频，根据幼儿在运动中的表现，分析幼儿基本动作、身体素质的发展水平与运动负荷；分析教师在组织指导过程中存在的问题与优点，提出建议，撰写教学评价。

第五章　幼儿室外区域体育运动的组织与指导

学习目标

1. 理解幼儿室外区域体育运动的概念与分类、价值与特点以及组织形式；
2. 掌握不同类型幼儿室外区域体育运动相关理论、组织实施流程、组织与指导要点及注意事项。

学习重难点

1. 不同年龄段幼儿室外区域体育运动环境的创设；
2. 不同类型幼儿室外区域体育运动的组织与指导。

学习方法

1. 建议充分利用实习机会，通过观摩学习、教育实践、专题研讨等方式巩固所学知识；
2. 建议采用撰写观察记录的方式，有针对性地分析研究幼儿室外区域体育运动中存在的问题，提升室外区域体育运动的组织指导能力。

教学建议

1. 本章内容实践性较强，建议多为学生创造实习机会，通过案例设计、见习带班、活动评析等多种教学方法，提升学生的设计、组织幼儿室外区域体育运动的能力；
2. 可采用集体教学与实践活动相结合的方式帮助学生理解并内化本章知识内容。

第一节　幼儿室外区域体育运动概述

一、幼儿室外区域体育运动的概念与价值

（一）幼儿室外区域体育运动的概念

室外区域体育运动是针对传统体育运动而开展的一种新的体育运动形式，是幼儿园健康领域运动组织形式的补充。幼儿室外区域体育运动是指根据《指南》健康领域目标、内容和要求，结合幼儿的生理、心理特点及基本动作、运动能力发展特点，因地制宜地根据幼儿园室外场地不同的情况创设若干个体育运动区域，有针对性地投放运动器材、游戏材料，有目的地发展幼儿基本动作以及运动能力的自主运动。幼儿可以打破班级界限，根据自己的兴趣爱好灵活地选择区域，自由结伴、自主游戏，满足不同年龄段幼儿运动发展的需要。

（二）幼儿室外区域体育运动的价值

幼儿室外区域体育运动是以运动为主、有效促进幼儿身体发育和机能发展的运动形式，除具有一般体育运动发展体能、增强体质、提高身体素质、促进良好体育习惯的养成等价值外，还具有激发运动兴趣、积累多种运动经验、提高环境适应能力、促进社会性发展等个性价值。

1. 利于激发幼儿运动兴趣

兴趣是积极学习的内在动力，幼儿期是兴趣培养的奠基阶段。每个幼儿都是独立的个体，其性格、能力、爱好等多方面均存在差异，单一的集体体育运动往往不能满足每个幼儿的需要，而室外区域体育运动恰恰弥补了集体体育运动形式的不足，幼儿可以根

据自己的需要，自由选择喜欢的区域、材料和伙伴进行游戏，更有利于激发幼儿的运动兴趣。

2. 利于幼儿形成良好的个性心理品质

相关研究表明，幼儿对自己身体运动能力的肯定程度，与其自信心的形成关系密切。在运动中，那些身体运动能力较强、能够独立地完成多种体育活动的幼儿，获得的成功体验较多，往往会形成积极肯定的自我概念，对解决日常生活中所遇到的其他问题也具有较强的自信心，而且行动表现更为积极主动。相反，那些动作迟缓、身体运动能力较差的幼儿，很容易产生否定的自我倾向，表现为缺乏自信，行为消极、被动和退缩。不同能力的幼儿在室外区域体育运动中都会体验到成功感，不会感到焦虑不安。因此，经常开展适宜的室外区域体育运动能够提高幼儿的自信心，使幼儿形成对自己的肯定性评价。在室外区域体育运动中，幼儿相互学习、相互交流、相互鼓励，培养了坚强勇敢、有责任感、意志力坚定等良好的个性心理品质。如：胆大的幼儿可以带动胆小的幼儿，在培养胆大的幼儿责任感的同时，激发胆小的幼儿参加体育运动的热情，让其变得更勇敢、更乐于挑战。

3. 帮助幼儿积累多种运动经验

运动经验是指个体从身体运动过程所提供的刺激中获得的独特感受。集体体育运动往往聚焦于某一方面的运动技能，而室外区域体育运动通常是几种运动技能的综合体现，幼儿在丰富多样的室外区域体育运动中，积累走、跑、跳、平衡、攀爬等多种运动经验，体验运动乐趣、增强身体素质。实践表明，运动经验丰富的幼儿，具有较强的运动能力和感知能力，身体较为灵活和协调。

4. 提高幼儿环境适应能力

室外区域体育运动一定是在户外进行的，季节的变化、气温的高低都会影响运动的进行。夏季，幼儿要适应相对炎热的天气，避免烈日直射下运动。冬季，幼儿要适应相对寒冷的天气，通过运动抵御寒冷。当幼儿参与室外区域体育运动时，户外多变的气温环境让幼儿皮肤受到适当的反复冷热刺激，增强了机体的调温能力。充足的阳光和新鲜空气等自然因素，提高了幼儿对自然环境变化的适应能力和对疾病的抵抗力，能减少感冒和其他疾病的发生。特别是对一些体弱多病的幼儿来说，更应该通过室外区域体育运动来增强抵抗力，提高幼儿环境适应能力以及适应季节变化的能力。

5. 促进幼儿社会性的发展

室外区域体育运动通过打破年龄班级界限，自主选择游戏区域、自由结伴运动游戏，为幼儿提供了大范围的人际交往体验场，将合作与交往融入运动中，为培养幼儿良好的社会适应能力创造了有利条件和机会。幼儿需要与各种认识和不认识的不同年龄段的幼儿打交道，很多运动需要与他人合作才能完成。幼儿在运动中交流玩法，协商解决遇到的问题，给予他人关心与帮助，形成对人对物的正确态度，促进了社会性发展。

二、幼儿室外区域体育运动的特点与类型

（一）幼儿室外区域体育运动的特点

1. 区域的开放性

幼儿室外区域因地制宜设置，通过场地选择和器材摆放来划分。区域之间全开放，常常因某一主题相互关联，但这些区域又相对独立，每个区域侧重发展幼儿某方面的运动能力。幼儿可以根据自己的兴趣和运动需要灵活地选择区域进行体育运动。

2. 选择的自主性

幼儿室外区域体育运动是幼儿自主、自愿的运动。具体表现在幼儿可以不受时间、空间的限制，自由选择运动区域，决定运动的时间、速度和次数等。即玩什么、怎么玩、和谁玩、玩多长时间全部由幼儿说了算。

3. 目标的层次性

幼儿本身具备的运动能力水平不一样，不同年龄阶段的幼儿的动作发展要求不一样，动作发展目标也不一样。如“玩沙包”的游戏目标：3～4岁的幼儿需要掌握基本的抓握和投掷动作；4～5岁的幼儿要求手眼协调且能够将沙包投中指定目标；5～6岁的幼儿要求不仅要投得准还要掌握更多的投掷技巧和游戏规则。可以看出，对幼儿的动作发展要求层次分明，目标要求呈递进式提升。

4. 组织的灵活性

幼儿室外区域体育运动组织的灵活性主要体现在时间和形式上。时间灵活主要表现为：幼儿园可以根据园所特点、季节特点和幼儿运动的需要，灵活地组织幼儿室外区域体育运动。如可以一入园就进行室外区域体育运动，也可以在集体运动后进行。可以按根据季节变化灵活调整时间，比如在冬季可以上午先室内再室外，也可以改成下午在室外进行区域体育运动锻炼。还可以每月、隔周、每周或全园共同确定一个时间段运动。形式灵活主要表现为：运动的人数由场地具体情况决定，组织形式可以是全园共同运动，也可分年龄班或以班为单位进行。如：以班级为单位开展的区域体育运动、班级轮换区域运动、同一年级组联动区域运动、全园混龄区域运动等。

5. 过程的游戏性

幼儿室外区域体育运动的开展是在游戏中进行的。如全园混龄“过小桥”主题游

戏，用木板、梅花桩拼成宽窄不一、高低不同的“立交桥”，不同年龄段的幼儿可以根据自身运动能力选择不同的方式过桥，提高平衡能力；5～6岁幼儿攀爬游戏“挑战极限”，借助于软梯、攀爬网等，扮演“特种兵”挑战自己的极限。攀爬的高度、斜度不一，可供不同能力的幼儿自由选择挑战不同的难度，幼儿在游戏中进行平衡、攀爬等各种运动能力的锻炼，体验运动的快乐，获得身心满足。

6. 运动的可变性

再好玩的游戏，一段时间后没有变化，幼儿参与运动的兴趣也会随着游戏次数的递增、时间的推延慢慢地消退。室外区域体育运动因其灵活多变的特点满足了成长中的幼儿持续发展的需求。如竹梯和室外大型玩具组合和轮胎的组合，竖起、斜放、平摆，都可成为幼儿乐于尝试、主动探索的体育运动。又如幼儿园场地相对较小，可以多个区域共用一个场地，走、跑、跳可以同时在一个相对较大的空间场地上按照时间的先后顺序进行。还可以因地制宜地借助幼儿园的现有设施进行改造。如攀爬区充分利用幼儿园粗大的树木，在安全第一原则的基础上，在树干上固定若干绳索供幼儿攀爬，或者在主树干上悬挂软梯供幼儿攀爬使用。此外，还可以随着幼儿能力的提升和运动的进展逐步提高动作要求而设置场地器材。如把钻爬区的绳索提高，跳跃区的跨栏增加高度和密度，投掷区也相应地根据动作目标适当调节高度和距离。

（二）幼儿室外区域体育运动的类型

幼儿室外区域体育运动重在激发幼儿主动参与体育游戏运动的兴趣，旨在发展幼儿的基本动作，提高幼儿动作的协调性、灵活性。幼儿室外区域体育运动一般包括常规室外区域体育运动、主题室外区域体育运动和特殊室外区域体育运动。后面章节将对各类型幼儿室外区域体育运动的组织与指导进行具体阐释。

三、幼儿室外区域体育运动的组织形式

（一）班级区域体育运动

班级区域体育运动是以班级为单位进行的运动，幼儿人数相对较少，人均运动空间较大，注重有目的地发展幼儿的基本动作和运动过程中的创造性及自主运动能力，便于班级教师更好地观察幼儿运动情况，把握幼儿运动特点，关注个体差异，针对性更强。幼儿可以根据意愿自选运动区域、运动顺序。每次运动，教师可以根据本年龄段的幼儿运动发展目标，有意识地通过2～3个区域，引导幼儿创新器材的各种玩法，锻炼提高幼儿的运动能力。

（二）年级组轮换区域体育运动

年级组轮换区域体育运动是以年级组为单位，同一年龄段各班轮换到各个区域开展的运动。根据本年龄段的幼儿运动目标，创设适宜的区域，提供比较多的运动器材或游戏材料，以满足不同幼儿的运动需要。同一年龄段的幼儿运动经验、思维特征都比较相似，便于幼儿之间较好的双向互动，互相学习借鉴，促进其运动能力、语言表达能力等的发展。年级组轮换区域体育运动打破了以班级为单位的区域体育运动界限，幼儿共同进行年级间的区域体育运动，使幼儿选择运动的区域和器材更广、运动兴趣更高，各班级的幼儿和教师交往机会更多。教师要有目的地引导幼儿熟悉各运动区域的场地、材料和玩法，形成区域体育运动的常规。如每个班都有一个相对固定的子区域，每个班级幼儿在一个区域玩一到两次，再轮换到下一个区域等。教师在固定区域观察指导幼儿的体育运动，如发现幼儿具备了某区域的一些运动能力后，鼓励幼儿自主交换子区域，结伴到自己喜欢的区域中玩。5～6 岁年级组室外区域体育运动示例详见表 5－1。

表 5－1　5～6 岁年级组室外区域体育运动示例

班级	主要锻炼目标	运动名称
石榴班	追逐躲闪	猪猪大战
苹果班	跳	小兔的旅行
西瓜班	投掷	打倒大灰狼
香蕉班	攀爬	翻山越岭护小熊
橙子班	悬垂	学猴子练本领
菠萝班	平衡	摇摇晃晃闯关记
备注	循环游戏路线预设为：菠萝班—石榴班—香蕉班—橙子班—西瓜班—苹果班。各班初设最方便的进口与出口，尽量规范化，如有冲突再行调整。幼儿游戏时，从本班开始轮流下一个游戏。	

（三）全园混龄区域体育运动

全园混龄区域体育运动是全园共同进行的不同年龄段的幼儿的混龄运动，通过将幼儿园室外场地进行不同功能的游戏区域划分，为幼儿提供了更大范围的运动空间和交往空间。打破班级界限、年龄界限，以混龄的形式开展室外区域体育运动，幼儿可以拥有最大限度的自由自主的时间和空间，自愿选择同伴进行游戏运动。教师也可以最大限度地尊重幼儿的个体需要，让不同年龄、不同班级的幼儿通过体育运动获得情感、经验的交往。通过教师定点到各区域进行游戏设计和指导，幼儿以大带小，共同游戏，为幼儿提供自主交往、主动合作的机会，更多地实现跨龄幼儿间的教育互动、交流与合作，帮助幼儿获得身体、心理、社会适应性等方面的最佳发展。全园混龄区域体育运动场地安排表示例详见表 5－2。

表 5－2　全园混龄区域体育运动场地安排表示例

<table>
<tr><th rowspan="2">周次</th><th colspan="3">场地</th><th rowspan="2">备注</th></tr>
<tr><th>内操场</th><th>草地</th><th>外操场</th></tr>
<tr><td>1—2</td><td>小 1 小 2
中 1 中 2
大 1 大 2</td><td>小 3 小 4
中 3 中 4
大 3 大 4</td><td>小 5 小 6
中 5 中 6
大 5 大 6</td><td rowspan="7">1. 每个场地根据实际场地、设施情况设置适宜的 5 ～ 6 个室外区域体育运动区域，难度分为三个层次，从低到高，供不同年龄段的幼儿自主选择适宜的难度进行运动。
2. 全园教师统筹安排、定点站位。幼儿每完成一项运动，可以到定点区域的教师那儿领取一枚对应区域的不同颜色的手环。根据幼儿获得手环的数量与颜色，班级教师可以清楚地知道每个幼儿当天玩了几个区域，完成了多少运动量，获得了哪些运动经验等。
3. 安排表相对固定，也可根据实际需要进行灵活调整。比如 3 ～ 4 岁年龄段幼儿近期对外操场的攀爬区比较感兴趣，那就可以适当延长在攀爬区的时间，前提是跟其他班协调好，以免因攀爬区人数过多造成安全隐患。
4. 如此依次类推至学期末。</td></tr>
<tr><td>3—4</td><td>小 3 小 4
中 3 中 4
大 3 大 4</td><td>小 5 小 6
中 5 中 6
大 5 大 6</td><td>小 1 小 2
中 1 中 2
大 1 大 2</td></tr>
<tr><td>5—6</td><td>小 5 小 6
中 5 中 6
大 5 大 6</td><td>小 1 小 2
中 1 中 2
大 1 大 2</td><td>小 3 小 4
中 3 中 4
大 3 大 4</td></tr>
<tr><td>7—8</td><td>小 1 小 2
中 1 中 2
大 1 大 2</td><td>小 3 小 4
中 3 中 4
大 3 大 4</td><td>小 5 小 6
中 5 中 6
大 5 大 6</td></tr>
<tr><td>9—10</td><td>小 3 小 4
中 3 中 4
大 3 大 4</td><td>小 5 小 6
中 5 中 6
大 5 大 6</td><td>小 1 小 2
中 1 中 2
大 1 大 2</td></tr>
<tr><td>11—12</td><td>小 5 小 6
中 5 中 6
大 5 大 6</td><td>小 1 小 2
中 1 中 2
大 1 大 2</td><td>小 3 小 4
中 3 中 4
大 3 大 4</td></tr>
<tr><td>……</td><td>……</td><td>……</td><td>……</td></tr>
</table>

在实施之中，需要不断根据实践调整，设计出合理的分工方案。比如每天有一位主负责教师为总策划，负责目标的设定、场地的布置、人员的协调、运动后续的融通等，要努力做到教师们的站位固定，确保没有盲点，消除安全隐患。

幼儿室外区域体育运动不止有一种组织实施形式，除了以上三种主要的运动组织形式外，各园在具体实施中也可以根据实际需要，采用不同组合的组织形式。比如，3 ～ 4 岁的幼儿可以采用班级开展的区域运动或班级轮换制，5 ～ 6 岁的幼儿可以采用年级组同龄共同运动形式和混龄共同运动形式。或在区域运动的开始阶段采用班级轮换运动形式，即教师和幼儿熟悉了各区域，初步形成了区域运动常规后，再开展年级组同龄共同运动形式，并在此基础上，再依据情况开展混龄共同运动形式。如果幼儿园班级数量少，幼儿人数也少，可以直接采用混龄运动式。总之，幼儿园应在实施中根据本园区域的地理特点、班级和幼儿运动量等情况循序渐进，有步骤地开展区域体育运动。

第二节　幼儿常规室外区域体育运动的组织与指导

一、幼儿常规室外区域体育运动的概念与特点

利用幼儿园室外场地设施与运动器材，设置各种体育运动区域，发展幼儿走、跑、跳、钻爬、攀登、平衡、投掷、躲闪等运动能力的运动被称为常规室外区域体育运动。依据不同的运动功能，可以划分为平衡区、钻爬区、跳跃区、投掷区、攀爬区等多个区域；根据不同运动器械的特点，可以划分为车类区、上肢锻炼区、球类区等；根据不同的综合性器材大小，可以划分为大型玩具区、小型玩具区等。

常规室外区域运动一般有固定运动区域、临时运动区域、固定与临时组合运动区域三种呈现方式。固定运动区域是指由幼儿园打造的固定运动区域，场地固定、器材固定；临时运动区域是指由教师选择相对平整，或有安全保障，但有一定挑战难度的场地临时设置的运动区域，场地与器材都可以根据幼儿运动情况调整；固定与临时组合运动区域是目前幼儿园最常见的呈现方式，是指在幼儿园固定的室外运动区域中有选择性地投放适宜的游戏材料，包括自制体育运动材料。

常规室外区域体育运动是幼儿园最常见的运动形式之一，因其自主性、开放性、灵活性等特点受到幼儿的欢迎，灵活性是常规室外区域体育运动最重要也是最主要的特点。

二、幼儿常规室外区域体育运动的组织与指导要点

（一）前期准备

1. 经验准备

教师掌握幼儿生理负荷量的测量方法，能够合理安排室外体育运动的密度，尤其是幼儿的练习密度，保证幼儿的运动负荷和心理负荷的适宜程度；有安全意识，能够预见运动与材料的危险性，事先排除安全隐患。幼儿有一定的运动经验和安全意识。

2. 物质准备

灵活安排运动区域，自主安排与固定区域相互补充；科学合理地准备各运动区域器

材，保证运动质量，激发幼儿运动积极性；根据运动需要配备生活用品，如水壶、汗巾，以及放置这些材料的移动置物架等。

视野拓展

幼儿区域运动材料投放的方法

材料投放是保证幼儿室外区域体育运动顺利开展的物质基础，直接影响着幼儿参与运动的积极性及运动的质量。

1. 可以依据不同年龄段幼儿特点投放器材

钻爬区可以提供大小、高矮不同的游戏材料，如纸箱、渔网、皮筋等，随着幼儿年龄增长，纸箱越来越小，渔网、皮筋的高度也逐渐降低；投掷区可以提供大小、重量、形状不同的游戏材料，还有远近不同的场地，如投放纸球、海洋球、沙包等，随着幼儿年龄增长，要求投掷的距离逐渐变远；跳跃区可以提供高矮、远近不同的游戏材料和场地，如呼啦圈、跨栏、跳绳、轮胎等，随着幼儿年龄增长，高度逐渐递增；平衡区可以提供高低、宽窄不同的平衡设置，如人字梯、轮胎、竹梯、木荡桥、平衡木、踩高跷等，随着幼儿年龄增长，高度逐渐递增，宽度逐渐变窄。

2. 可以根据作用的大小投放主材料和辅助材料

主材料是指对幼儿动作发展起主要作用的材料，辅助材料是指增加趣味性和挑战性的材料。比如在钻爬区的钻网旁投放皮筋、纸箱、旧横幅等辅助材料。

3. 可以根据运动的需要投放成品材料与半成品材料

成品材料是指对幼儿的运动或动作发展有明确指向的材料，如钻爬架、平衡木、长短不同的椅子、不同的球、各类车、梯子（长梯子、立体梯子）等。半成品材料是指对幼儿的运动或动作发展有一定指向的材料，如大小不同的木头桩、长短不同的板块、大小不同的木块等。

（二）实施过程

幼儿园室外区域体育运动存在多种组织形式，组织常规室外区域体育运动时教师可以根据场地条件、班级数量、幼儿数量以及实施的不同阶段灵活运用。保证每天至少一次室外区域体育运动，每次运动时间为 40 ～ 60 分钟，可以根据季节变化和实际情况做一些调整，用音乐提醒幼儿运动开始和结束。

1. 运动前的组织讲解

（1）引导幼儿遵守常规。以集体介绍、参观等方式明确室外区域体育运动的内容和规则。建立良好的运动区常规，如取放玩具常规运动材料使用常规、交换区域常规、穿脱衣服常规、补充水分常规、安全游戏常规等。良好的运动常规建立，有利于体育运动的正常开展，有利于幼儿自控、自律、自省意识的培养。

（2）熟悉室外游戏场地。可以和幼儿一起到游戏场地走一圈，熟悉室外场地的所在区域。

（3）讲解游戏规则与要求。可以通过实地现场讲解或者图示讲解的方式让幼儿了解熟悉游戏的玩法，讲清楚游戏中必须遵守的规则与要求。

2. 运动中的指导支持

区域体育运动中教师更多的是一种支持性的引导，在尊重幼儿自主意愿的基础上，从运动的前台走到后台，引导幼儿按照自己的步调进行体育运动。教师指导注意以下几点：

（1）观察先行。

学会观察可以准确地了解幼儿运动中的表现，对幼儿的需求进行分析，给予适宜的帮助。可以观察投放的材料是否适合幼儿的年龄特点、是否能促进幼儿的动作发展；可以观察幼儿进行了哪些区域体育运动、是怎样运动的（教师可以用拍照、录像或者便笺记录的方式观察幼儿）。只有做到有目的、持久地、连贯性地观察，才能正确了解幼儿的运动水平，进行有针对性的帮助。

（2）适宜支持。

在区域体育运动中，运动环境是隐性的影响，教师的支持则是一种显性的影响。教师要到“目中有人”“心中有数”，随时对运动区域幼儿的运动状况保持关注。当运动出现以下情况时，教师可以以观察者、陪伴者、支持者的身份介入指导：

1）当幼儿已掌握运动技巧，挑战欲望下降时，教师可以鼓励幼儿，并予以及时的互动。如：“你能变换动作在平衡木上面走吗？”“你能拿着东西跨过这一个一个障碍吗？”这些鼓励性的设问，有利于幼儿创造性地进行运动。

2）当幼儿对组建的运动器材失去兴趣时，教师可以指导幼儿重新组建或调整器材，引导幼儿变着花样来玩。

3）当幼儿的运动量过大或过小时，教师需要及时调整运动内容。

3. 运动后的小结评价

运动后的小结评价可以帮助幼儿梳理室外区域体育运动中有趣的、有用的经验，总结运动中发现的问题并提出改进策略，有助于下一次室外区域体育运动的顺利开展。可以利用运动中抓拍的照片、录制的小视频、随手记录的便笺对幼儿的运动常规、运动能力、社会性交往等行为进行评价。特别是在每次室外区域体育运动结束后，需要在稍做放松动作的基础上对幼儿的动作发展进行重点提升性评价，比如走、跑、跳、平衡等运动能力的掌握等。需要注意的是，科学评价幼儿的动作发展，要考虑不同幼儿之间的差异，避免用单一的标准评价不同的幼儿。在评价幼儿时，应少用横向比较，多引导幼儿与自己进行纵向比较，让幼儿看到自己的进步，从而提高幼儿参与室外体育运动的积极性。

（三）注意事项

1. 根据《指南》要求合理划分场地

幼儿室外一般区域运动场地的具体设置形式和数量要根据园所室外场地具体情况而定。如幼儿园室外运动场地较大，可以每个区域都有相对固定的场地，且提供的材料可以多样化，例如平衡区可以提供平衡木、踩高跷、秋千、荡桥等多种材料，攀爬区可以提供攀登架、攀登梯、攀爬网等材料。如幼儿园场地相对较小，可以多个区域共用一个场地。例如走、跑、跳可以同时在一个相对较大的空间场地上按照时间的先后顺序进行。可以因地制宜地借助幼儿园的现有设施进行改造，例如攀爬区可以充分利用幼儿园粗大的树木，在安全第一原则的基础上，在粗壮的树干上固定若干牢固结实的绳索供幼儿攀爬；亦可以在主树干上镶嵌入若干木桩，供幼儿攀登；也可以在幼儿园靠近室外运动场地的墙面上安装攀登岩，供幼儿攀爬使用。

2. 根据幼儿运动情况灵活调整运动内容

室外区域体育运动作为幼儿园所的常规运动，需要每天开展。如果运动形式单调、运动内容单一，久而久之就会让幼儿，特别是 3 ～ 4 岁的幼儿失去对室外区域体育运动的兴趣。因此，教师需要根据《指南》健康领域相关要求、幼儿身心发展特点和兴趣爱好对材料做一些适宜性改造。如室外跳跃区，练习双脚跳时，可在相应区域贴上青蛙的小脚印，幼儿可以模仿青蛙跳跃的动作开展运动。同时，在具体实施时根据运动中幼儿的表现和反馈灵活调整，鼓励幼儿一物多玩，在变换多种玩法的过程中发展幼儿的创造性和个性，并根据幼儿的创造和运动的进展进一步丰富运动内容。

3. 根据幼儿运动能力调整运动难度

室外区域体育运动适当的挑战性是激发幼儿参与运动的积极性与主动性的必要条件。如果室外区域体育运动的内容是幼儿已经掌握的，这种教育就是简单的无效重复。相反，如果运动内容太难，幼儿怎么努力都无法掌握，这样就会挫伤幼儿学习的自信心和自我效能感。当前，部分幼儿园为了减少意外事故的发生，以免造成不必要的麻烦，将室外区域体育运动的难度降到最低程度。例如，室外投掷区域的篮球架高度没有幼儿的身高高，幼儿可以站着轻松将球放到球筐里面；平衡区的平衡木又大又矮，幼儿可以毫不费力地在上面来回走动；钻爬区的塑料拱桥高度过高，幼儿不用努力即可轻易通过。幼儿在这种没有挑战性的区域运动中无法掌握新的运动技能，不能磨炼意志和克服困难。

适度的挑战可以激发幼儿更积极主动地参与运动。在规划区域和投放材料时要使其具有一定的难度和挑战性，难度控制在幼儿的最近发展区内，保证幼儿通过自己的努力可以完成运动任务。如投掷区为幼儿投放的篮球架要适当高于幼儿的身高，篮球架过低，幼儿可以毫不费力地将篮球投入筐内，这种进球对幼儿而言无法使其获得成就感；篮球架过高，幼儿怎么努力也无法投中，会大大降低幼儿的自信心。适宜的篮球架高度，让幼儿经过多次练习掌握投掷技巧才能将球投进，会使幼儿体验到自己努力的成就感，从而更喜欢挑战具有一定难度的任务。

4. 根据幼儿运动情况调整运动量大小

室外区域体育运动是幼儿自由选择、自主参与的运动，但幼儿缺少调整自身运动量的意识和能力，容易造成运动量过大或偏小的情况。例如，运动中发现有的幼儿始终在攀爬区运动，运动方式比较单一，造成运动量太大，热得满头大汗；有的幼儿始终在平衡区运动，相对安静的运动造成幼儿运动量不足。教师可从以下几方面进行调整：

（1）通过合理的区域设置调控幼儿运动量。

室外区域的设置上要考虑区域的合理搭配，既要有运动量大的区域，也要有运动量小的区域，而且应根据季节进行调整。如在夏季室外区域体育运动中，一般把适合冬季的跳跃区、走跑区等运动量比较大的更换成平衡区、水区之类运动量相对小的区域，这样既便于合理调控幼儿的运动量，又能以新的区域、新的游戏吸引幼儿，让幼儿积极主动参与运动。

（2）通过材料的摆放或调整来调控幼儿运动量。

可以通过材料的摆放来控制幼儿运动量。比如，在闯关游戏运动中，跨跳类的材料要隔着平衡材料或钻爬材料，这样，幼儿就不会因为连续跳跃而感到疲劳。还可以通过调整材料来达到控制幼儿运动量的目的，如在走跑区进行“我是小司机”游戏，在小司机开车的途中增添了“过拱形门”的情节，这样幼儿就不会一味快跑，而是有快有慢、动静交替。

（3）通过观察幼儿运动情况调控幼儿运动量。

室外区域体育运动强调幼儿自由、自主、自选，但既然是运动区域，就有可能出现幼儿运动量不足或过大的情况，就必须关注幼儿运动量并适时适当调控。

1）针对运动量不足的调控。幼儿运动量不足可能与区域材料缺乏趣味性，较难吸引幼儿持续运动有关。对此，可在提供丰富的运动材料的基础上，增加多样的辅助材料，让幼儿通过选择不同的材料进行玩法组合，不断形成持久探究的欲望和动力，从而引导幼儿持续锻炼，达到应有的运动量。幼儿运动量不足也可能是因为材料的挑战性过低或过高，导致幼儿缺乏游戏动力。可以通过合理确定材料所含的运动目标，使运动难易适当，让幼儿“跳一跳就能够得着”，始终保持运动兴趣。

2）针对运动量过大的调控。教师可以通过设置休息区和提升幼儿自我调整运动量的能力等方式，来解决运动量过大的调控问题。教师可以通过在运动场地的一角设置休息区，提供遮阳伞、小椅子、擦汗毛巾、水杯等，引导幼儿在过于疲劳和出汗量较多时来这里休息；在发现有幼儿跑得满头大汗、气喘吁吁的，适时提醒他到运动量相对小的平衡区去游戏。另外，也可以在分享交流环节，引导幼儿通过分享交流，学习合理调控运动量的方法，提升对运动量的自我调整能力，进而养成健康运动、自我管理的良好习惯。

在室外区域运动中，教师对运动量的关注是必要的，但还要注意指导的适当和适度，避免过于控制而导致剥夺幼儿运动自主性的情况出现。

案例

运动区域：钻爬区、跳跃区、投掷区

适合年龄段：4～5岁

运动目标：

1. 练习钻、爬、跳等方法，并能向上跳一定的高度。
2. 体验游戏的趣味性，愉快地参加游戏运动。

场地准备：

利用固定运动区域的游戏柱、高低长廊等大型器材，通过添加橡皮筋、铃铛、泡沫垫、自制水果、果篮等创设运动游戏场。

运动游戏玩法：

1. 钻爬区：以游戏柱为辅助支撑点，将橡皮筋交错捆绑于游戏柱，再将铃铛分别挂在橡皮筋的不同位置上。幼儿可用钻、爬等动作，不触碰到铃铛发出声音即为成功。

2. 跳跃区1（长度）：在游戏柱旁草地上设置长度2米左右的跳跃区，取适量泡沫垫，泡沫垫上画双脚或单脚两种图标。幼儿按图标双脚或单脚跳过垫子，轮流跳跃。

3. 跳跃区2（高度）：悬挂高度高于班内幼儿身高15厘米左右为宜，将不同的自制水果悬挂在长廊上。幼儿双脚向上跳摘果子，每人摘5个果子，此关即为通过。

4. 投掷区：以定点投掷的方法设置2米左右的距离，幼儿将果子投掷到果篮里。

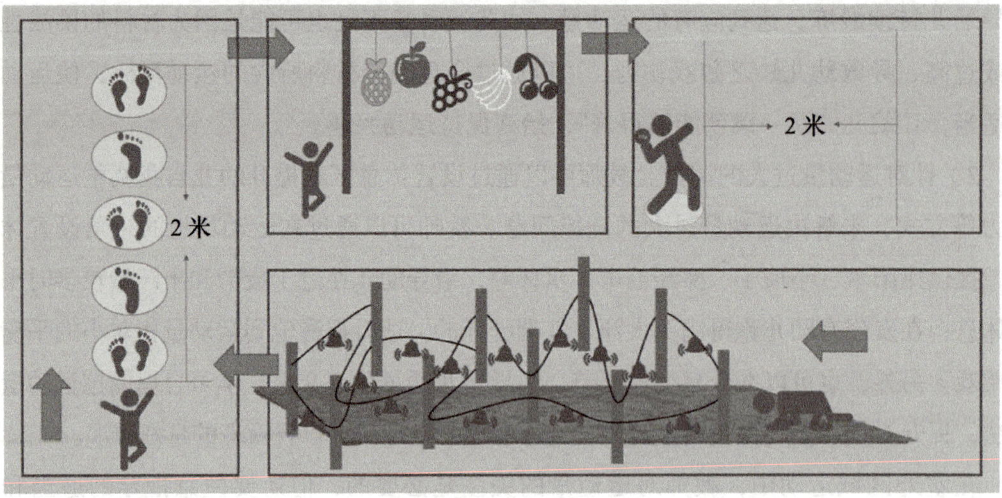

注意事项：

运动以循序渐进为原则，上述运动设定为一个阶段的终极目标，运动过程中要及时关注幼儿的运动情况及部分需要帮助的幼儿，确保无盲点、无安全隐患。

（如皋市高新区实验幼儿园　陈洁霞）

视野拓展

幼儿室外区域体育运动实施原则

一、安全性原则

1. 场地安全

幼儿普遍具有爱跑爱跳、动作发展不完善、自控能力比较差等特点。为保证幼儿摔倒时不被坚硬的地面弄伤，室外地面应该尽可能进行软化处理，比如保留土质地面、沙土混合地面、掺杂木屑和树皮屑的土质地面，自然草地等。

2. 设施设备和玩具材料安全

室外设施设备和玩具材料的安全包括三个方面：一是购买的设施设备和玩具材料必须是正规厂家生产的，并且符合国家标准的要求，杜绝三无产品；二是安装时必须遵循安全规范的要求，考虑其高度、稳定性等基本指标，滑梯、攀登架、双杠等大型玩具下方必须设置防碰撞区，并铺设地垫、地毯、环保塑胶等；三是在使用过程中对其进行定期或不定期的检修并及时维护，排除安全隐患。

3. 教师指导支持安全

教师需要有预估幼儿在体育运动时可能遇到的危险的能力，采取保护措施，提前排除安全隐患。要帮助幼儿提升运动经验，以减少运动危险。要在户外运动的过程中随时随地对幼儿进行安全教育，培养幼儿自我保护意识。教师要有能力在突发事故时妥善处理，形成一套符合幼儿发展规律、循序渐进的运动规则，保障幼儿室外区域体验运动安全、有效地开展。

二、开放性原则

开放的室外空间和开放的运动材料是保障幼儿体育运动自由、自主的前提之一。在越来越强调幼儿自主游戏的今天，幼儿园室外区域体育运动在空间规划和运动游戏材料投放时都应考虑幼儿自由选择和自主游戏的可能性。比如，室外运动空间的连续性、流通性，有助于幼儿从一个区域转换到另一个区域运动。此外，玩具材料的收纳、整理和摆放也要有助于幼儿自主选择和取放等。

三、挑战性原则

随着年龄和能力的增长，高年龄段的幼儿会越来越喜欢富有冒险性、挑战性的设施设备和玩具。因此，应为幼儿创设一些富有变化的、充满创意的、富有挑战的和具有一定冒险性的环境。冒险的运动常常伴随着困难和问题，在挑战自身能力的极限时，幼儿会发现问题，会调动一切已有经验面对问题、解决问题，这就是他们学习与发展的真实过程。但是，冒险性和挑战性的环境创设必须在安全的前提下，排除所有的安全隐患，不提倡盲目冒险和超越幼儿发展水平的挑战，更不提倡创设单一的刺激性环境。

四、游戏化原则

游戏是幼儿园教育运动最基本的组织形式。有趣的室外区域体育运动能激发幼儿积极主动参与运动，在运动中习得运动技能、增强体质、提升身体素质。幼儿参与运动的主要动力来自其好动的天性，游戏的情节和角色也是吸引幼儿积极参与的重要因素。在室外区域体育运动中，教师往往设置了一定的情节以满足幼儿运动的兴趣。如在主题室外区域体育运动中，幼儿有机会、有兴趣通过尝试各种有趣的角色获取运动经验，在这个过程中，幼儿逐步发现自己的潜力，从而增强自信心。

五、个体差异原则

不同年龄段、不同幼儿的运动能力不尽相同。在幼儿室外区域体育运动中，教师要尊重不同幼儿的个体差异性，在提供运动材料和指导运动开展时都要因人而异。材料提供要有坡度，动作要求指导要根据幼儿不同的运动能力灵活调整。

视野拓展

幼儿室外区域体育运动实施策略

一、标志调控

1. 标志的作用

标明运动的方向路线、运动场地的范围及运动应遵守的规则，如骑行区地上的各种交通标志——斑马线、直行线、左拐线、右拐线、禁止鸣喇叭等，幼儿看到这些标志，就知道应该遵守哪些交通规则，知道哪些地段只能直行、不能拐弯，哪些地段是不允许鸣喇叭的。

2. 标志的理解和执行

一方面，教师在平时日常运动中引导幼儿理解安全标志的意义；另一方面，教师应鼓励幼儿相互进行监督。如玩骑行游戏前，教师可以组织幼儿讨论交通标志的作用，运动中提醒幼儿要遵守交通规则。

二、场地调控

1. 预约场地进行室外区域体育运动

预约使用场地适用于场地大、班级多的幼儿园，各班根据班级实际情况和幼儿兴趣，提前预约运动场地，可以保证全园同时使用运动场地，有序地进行室外区域体育运动。

室外游戏场地分为软质场、硬质场、沙水区、草坪等多个区域，单一场地无法满足全园幼儿参加体育运动的需求，硬性安排又剥夺了幼儿的自主性，故应采用班级预约制。从以下某幼儿园的“室外运动场地预约表”可见，该园将场地细分为数块，班级幼儿可自行商量运动区域和运动内容，并将自己所在班级的标志粘贴在对应的场地平面图上。在班级预约制度下，有突出表现的班级还可以享有优先选择权。

2. 分时段进行室外区域体育运动

如室外体育运动场地面积过小，可以采取年龄组错开锻炼的方式，分年龄段分时段进行室外区域体育运动。如冬季室外区域体育运动，4～5 岁、5～6 岁的幼儿可以先室外运动再室内运动，3～4 岁的幼儿可以先室内运动再室外运动。这样做的好处是既考虑了不同年龄段幼儿身体适应环境的能力，又避免了室外场地过度拥挤的现象。

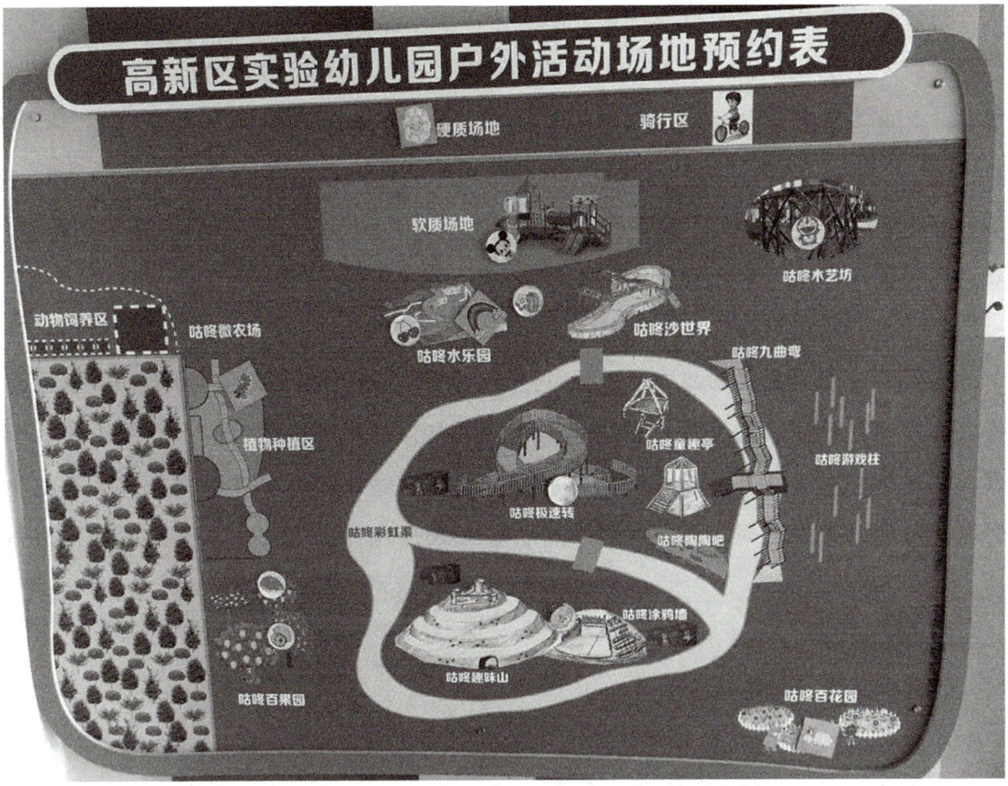

某幼儿园室外运动场地预约表

三、材料调控

1. 材料投放整齐有序

幼儿园的运动游戏材料是一项重要的教育资源，以幼儿为主体，能与幼儿互动“对话”的运动游戏材料，能极大地提高幼儿运动的主动性和积极性。在实践中发现，在投放过程中运动材料摆放如果没有进行合理安排会造成以下两种常见问题：一是增加了教师的工作量，二是易造成资源浪费。

针对室外区域体育运动材料投放需要做到：分类摆放，合理布局。材料投放的过程也是环境创设，宗旨是服务于幼儿运动需要。分类方法可以分别按幼儿年龄段、材料难易度、材料的质地、材料占地大小、材料使用范围来分类。当幼儿需要各种运动材料时，可以随时找到，既整齐方便，又有利于幼儿对物品进行有序管理。运动材料合理摆放，各类运动材料有相对固定的位置，不同运动材料贴有不同的标识，幼儿可以按标记所示有序取放，可以加强幼儿对隐性规则的认知，安全性大大增强。

2. 器材种类丰富适宜

3～4 岁的幼儿的思维具有较强的直觉行动性，要求运动器材外形色彩鲜艳、生动形象，如球类、木马、跷跷板、沙包、秋千等。

4～5岁的幼儿主要依靠表象进行思维，因而为他们提供的运动器材应是有趣事物的形象并具有多变的操作形式。如攀登架、平衡木、多人球赛、哑铃、梅花桩、体操圈、轮胎等。

5～6岁的幼儿对事物已经开始有了自己比较稳定的认知，可以选择钻圈或拱形门、高跷、跳绳、攀爬墙、自行车等体育运动器材。

3. 取放材料便捷宽敞

幼儿园可以因地制宜创建或投放大小不一、高矮不同的置物架。幼儿可以根据材料的特点选择合适的置物架存放材料。比如轮胎笨重，幼儿取放困难，可以将轮胎从封闭的器材室移放到靠近幼儿运动的室外轮胎架上，满足幼儿随时取放的需求，从而减少运动的等待时间与整理时间，避免消极等待，最大效度地保证幼儿高质量的室外区域体育运动。

四、观察调控

1. 教师定位与随时移动分工

全园混龄游戏时，班级教师常常分工合作指导幼儿的室外区域体育运动。两位教师一位定位指导，一位随时移动，负责全局。比如：4～5岁幼儿体育游戏“好玩的纸球”，在幼儿学习肩上挥臂投的基本动作时，幼儿站成一排，每排10名幼儿轮流投掷。负责定位指导的教师需站在离每排最左边幼儿1～2米远的距离观察，同时还要兼顾观察幼儿侧面和侧前方，保证定点指导范围内的观察更全面。再如，5～6岁幼儿室外运动，幼儿把人字梯撑开，在两个人字梯中间放上一块长长的宽木板，依次排成一排，组成一个“高低长廊”，幼儿从“长廊”的一头开始爬，从另一头下来，幼儿在游戏的过程中，负责全局的教师要来回巡视，观察幼儿的攀、爬、走等能力，并随时关注幼儿心理，对于害怕的幼儿给予鼓励和帮助，并保证幼儿安全，教师不能固定站在某一处。

2. 观察与指导相结合

比如，在4～5岁幼儿室外区域体育运动中，幼儿用小凳子进行探索性室外区域体育运动。在运动游戏过程中发现：有的幼儿练习跨越矮墙（小凳子搭成板凳墙），有的幼儿练习走独木桥（一张小椅子）、石板桥（两张小凳子）…… 一开始，幼儿非常积极地参与游戏运动，但因为这些都是用的小凳子这种单一的游戏材料，有的幼儿开始跑到其他区域去玩了。教师可以根据现场观察到的情况灵活地调整游戏的难度。比如将小凳子重新搭配组合，增加板凳墙的高度、“独木桥”的长度，在两座“独木桥”之间设置沟壑；

或者根据幼儿现有水平和需求投放新的游戏材料，如轮胎、竹梯等，引导幼儿将小凳子与新材料进行组合，探索新玩法，玩出不一样的游戏。

总之，教师可以根据观察情况灵活调整指导策略。可以根据幼儿兴趣和运动需要灵活变换和调整材料，将原来的多种材料重新搭配组合后变成新的运动材料，或者添加一些辅助材料，甚至用新材料替换原来的材料。运动材料的摆放和难度变化应考虑多面性，呈“小步递进”状，让幼儿通过努力可以完成，保护和促进幼儿的挑战欲和自信心。

第三节　幼儿主题室外区域体育运动的组织与指导

一、幼儿主题室外区域体育运动的概念与特点

利用室外大型玩具或辅助游戏器材创设分区域运动游戏场，幼儿在这个游戏场开展的聚焦某一主题运动游戏被称为主题室外区域体育运动。主题的生成可以是与当下幼儿园课程进程相吻合的主题内容，也可以是根据幼儿的兴趣和实际需要生成的主题内容。如 5 ～ 6 岁幼儿室外区域体育游戏运动“登长城”，就是 5 ～ 6 岁年龄段某班主题课程“我是中国娃”生发出来的，将有登高功能的大型玩具当成长城，幼儿根据自己的负重能力选择适宜的“旅行包”，扮演游客登长城。而 4 ～ 5 岁幼儿室外区域体育游戏运动“森林冒险”，其主题就是来源于幼儿当下喜欢的动画片。该游戏运动设置三个闯关游戏，发展幼儿的平衡、攀登、钻爬等能力。

主题室外区域体育运动是幼儿园最常见的运动形式，因其趣味性、自主性、开放性等特点受到幼儿的欢迎，趣味性是主题室外区域体育运动最重要也是最主要的特点。

二、幼儿主题室外区域体育运动的组织与指导要点

（一）前期准备

幼儿主题室外区域体育运动的前期准备工作与常规室外区域体育运动的前期准备相似，在此基础上需要特别准备的是游戏主题的确定，一般可根据季节、园所的课程进度、园所的传统特色安排不同主题的运动游戏项目，根据幼儿的年龄特点调整运动的强度与难度，施行不同组织形式的室外区域运动。

（二）实施过程

幼儿主题室外区域体育运动的实施过程与常规室外区域体育运动相似，包括运动前的组织讲解、运动中的技术支持与运动后的小结评价几部分。运动前的组织讲解应结合项目主题的确定合理安排讲解时间，在幼儿对主题内容有所了解的基础上，根据运动项目特点衔接合理、系统安全地布置运动场地与运动路线；在技术支持上要做到几位教师协调配合，科学地利用场地调控、标志调控等策略，有效组织指导幼儿充分而兴趣十足地运动。

（三）注意事项

幼儿主题室外区域体育运动的注意事项与常规室外区域体育运动相似，特别强调的是活动主题确定后，要确保运动方案设定的科学性，应根据幼儿的年龄特点合理设计运动方案，在提升幼儿运动兴趣、保证幼儿运动适宜的基础上，发展幼儿相应的动作能力。因此，幼儿主题室外区域体育运动更多地需要教师的协调配合与周密组织。

案例

幼儿主题室外区域体育运动系列

1. 可以以班级为单位进行游戏运动，也可以以年级组为单位轮换进行室外区域体育运动。

2. 可以根据《指南》健康领域不同年龄段幼儿运动要求，将案例 1“运输小分队”的运动难度降低调整为适合 3～4 岁幼儿，案例 2“我是特种兵”的运动难度降低调整为适合 4～5 岁幼儿，案例 3“飞天梦”、案例 4“小小勇士”保持原来运动难度，这样就可以整合为全园混龄室外区域体育运动。

案例 1：运输小分队

适合年龄段：5～6 岁

运动目标：

1. 在运动中锻炼上肢大肌肉力量。
2. 熟练掌握匍匐前进、推小车、吊滑索等基本动作及要领。
3. 体验与同伴协作游戏的乐趣，萌发合作意识。

运动游戏准备：

1. 经验准备：有推小车、匍匐前进、拉滑索等游戏的经验。

2. 物质准备：小车、地垫、绳子、滑索、长木板若干、积木若干。

3. 场地准备：咕咚堡小山坡、彩虹渠及南草坪。

运动游戏玩法：

将幼儿分成甲、乙两组进行合作游戏。

1. 穿越灌木丛。

甲组以匍匐前进的方式穿越灌木丛。

2. 运输物资。

（1）将物资运输至小桥下：甲组幼儿将森林里的物资装进小推车中，并以两两合作的方式，共同将物资运过彩虹渠到达小桥下。

（2）将物资运输至小桥上：甲组幼儿在小桥下，将物资系在绳子上，再由乙组幼儿将物资利用绳索提上去。

（3）将物资运输至山顶：乙组幼儿两两合作，将物资从小桥上拎至山顶。

（4）将山顶的物资运输至山下：乙组幼儿将物资背负在身上，双手拉住滑索吊环将物资运至山下指定地点。

3. 清点物资。

注意事项：

1. 运动前教师检查相关场地及设施的安全。

2. 运动中教师时刻关注幼儿的安全。

3. 运输的物资不宜过重，时间不宜过长，以免造成幼儿上肢大肌肉拉伤。

运动建议：

1. 运动前、后可适当做一些热身运动及手臂大肌肉放松运动。

2. 运动过程中教师根据幼儿游戏情况进行实时总结回顾，帮助幼儿更好地提升游戏水平。

（如皋市高新区实验幼儿园　司培培）

案例2：我是特种兵

适合年龄段：5～6岁

运动目标：

1. 通过钻、攀爬、匍匐爬行等动作的练习，发展动作的协调性和灵敏性。

2. 在游戏中和同伴友好合作，感受团队合作的重要性。

3. 喜欢运动，愿意大胆地进行游戏，体验游戏的快乐。

运动游戏准备：

1. 经验准备：在日常生活中练习攀爬、投掷、钻爬、匍匐。

2. 物质准备：迷彩头巾、轮胎、穿越火线网、红黄丝带（数量与幼儿人数相同）、地垫、报纸球若干、篮球架1个、胸章若干。

3. 场地准备：将大型玩具布置成特种兵训练营，设置走、跑、爬、钻、跳、跨、投掷等游戏项目。

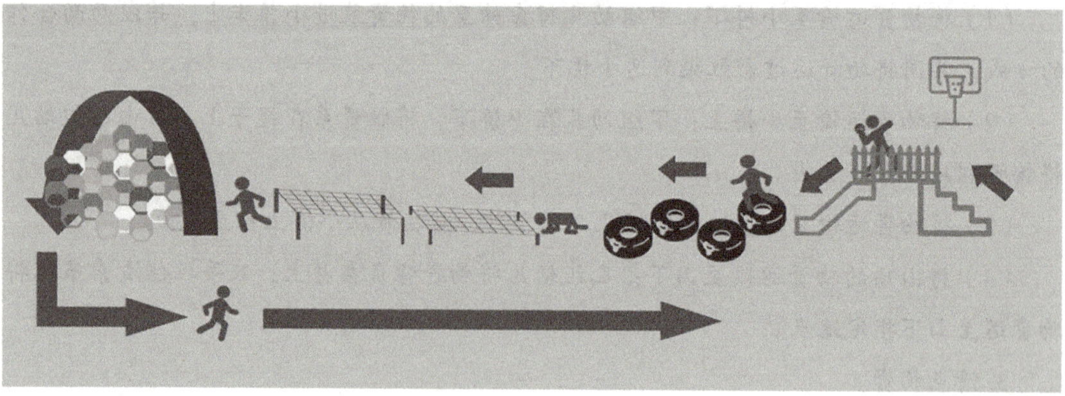

运动游戏玩法：

1. 将幼儿分成红、黄两队。

2. 按照事先布置的路线从起点出发，攀爬至大型玩具上，将报纸球投掷于指定篮筐中，必须投中5个球方可继续前进，从大型玩具上滑下，经过荡桥、轮胎桥、穿越火线，最后攀爬翻越马蜂窝，沿途返回到达终点。一名幼儿待到达终点后，起点的下一名幼儿方可开始。

3. 谁先到达终点谁就可以赢得一枚胸章。

4. 最后统计红、黄两队的胸章个数，数量多的一组获胜。

注意事项：

1. 报纸球必须投掷于指定地点，必须投中5个球后方可继续前进。

2. 若游戏中途发生意外情况或未按指定路线前进应到起点重新开始。

3. 运动前做好热身运动，游戏过程中教师要巡回观察，确保无盲区。

4. 运动结束后进行手臂、大腿等部位的放松运动。

运动游戏延伸：

1. 投掷的距离远近可进行调整。

2. 降低匍匐前进的高度、增大轮胎桥之间的空隙，让幼儿挑战练习。

（如皋市高新区实验幼儿园　杨仁梅）

案例3：飞天梦

适合年龄段：5～6岁

运动目标：

1. 发展臂上投准、勾腿单脚跳及平衡能力。

2. 喜欢参与游戏运动，形成勇敢顽强的意志品质。

运动游戏准备：

1. 经验准备：有投掷、勾腿单脚跳的经验。

2. 物质准备：

（1）火箭（折纸）若干（数目与幼儿人数相等），4个藤圈（中间用皱纹纸做成月球、木星、金星、土星），长绳1根；

（2）80厘米长的短绳4根、5把小椅子（星球的表面）；

（3）2个拱门×4组；

（4）1块木板、1个攀登架、幼儿登高的绳索×4组；

（5）小木块4个，锣、碰铃、铃鼓、沙筒各1个，2个轮胎×4组，长绳1根。

3. 场地准备：空旷的软质场地，长度不小于8米，宽度不小于4米。

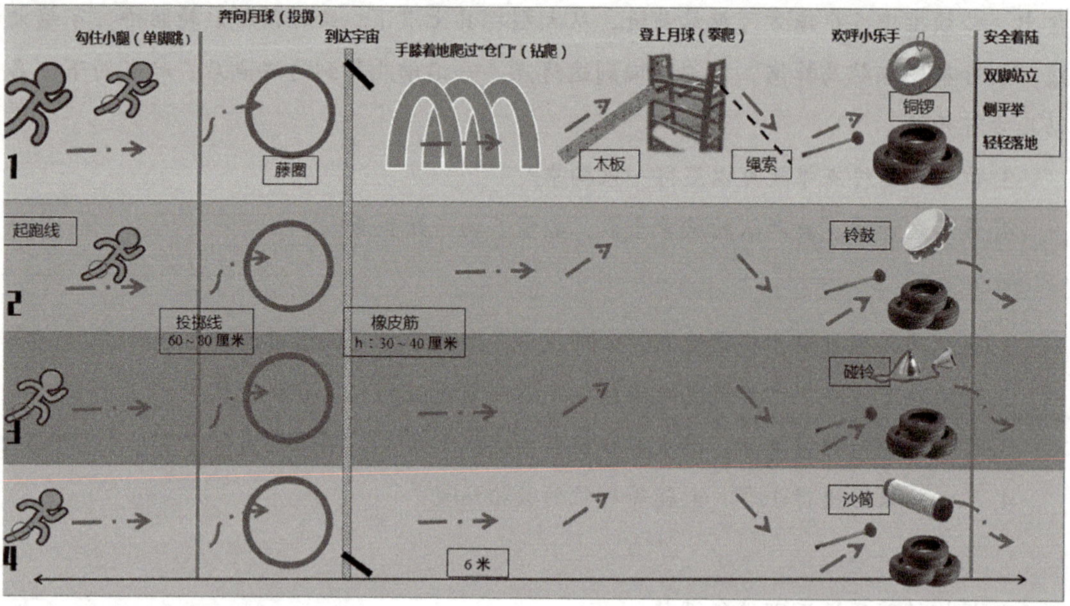

运动游戏玩法：

运动开始前，所有幼儿自由分成四组，采用胜者晋级、败者淘汰的游戏赛制。

1. 宇航员选拔（离心训练——平衡力）。

（1）幼儿双手侧平举，原地转 4 圈。

（2）钩住小腿不放脚，单腿跳。

具体玩法：游戏开始，幼儿作为航天员志愿者均参加首轮选拔，分别进行“侧平举原地转圈”“勾腿单脚跳”的运动，主要“观察”幼儿是否适应空间运动及平衡能力。

2. 奔向宇宙（发射火箭——挥臂投掷）：用肩上挥臂的方法向各星球投射，投进者为“发射成功”。

具体玩法：通过首轮选拔的幼儿根据自己能投掷的高度选择不同星球，站在投掷线的后面，用肩上挥臂的方法向自己选择的星球投射，投进者代表“发射成功”，已经正式进入太空。

3. 到达外太空（跨越、平衡力）：助跑跳跨过两椅子间的皮筋。

具体玩法：两椅子间系一根约 80 厘米长的短绳（星球表面），绳离地高度为 30～40 厘米，幼儿需要助跑跨越。

4. 准备出仓（两手两脚着地钻爬——手脚协调能力）：幼儿爬行钻过连续的拱门。

具体玩法：拱门高度正好为幼儿爬行时的身体高度，手脚着地钻爬时不能触碰到任何一处，否则视为出仓失败。

5. 顺利出仓（攀登、大肌肉的力量）：过障碍物，攀过架子，溜绳索下地。

具体玩法：已爬过拱门的航天员走上与方形攀登架连着的木板，抓紧架子的每一根棍子（体验太空的失重）后到达架子的另一面，滑绳索（同时作为保护索）下地行走。

6. 欢庆胜利（原地纵跳触物——勇敢顽强的品质）：在约 50 厘米高处双脚原地纵跳以接触到乐器。

具体玩法：四个小乐器分别挂起，幼儿拿起小木条，双脚站在轮胎上跳起，碰到对应的乐器即可。

7. 安全返回（双脚站立屈膝跳——减少冲击力）：侧平举后屈膝跳，轻轻落地。

具体玩法：幼儿两臂侧平举，从轮胎上双脚跳下，同时两臂经前上至侧平举，表示打开降落伞后两脚轻轻落地。

注意事项：

此类室外区域体育运动需要 3 位教师全程陪伴，尤其是在幼儿从攀登架及叠起的轮胎上跳下时。可在下面垫好体操垫作为防护，以确保幼儿安全。

（如皋市高新区实验幼儿园　仇晶晶）

案例 4：小小勇士

适合年龄段：3 ～ 6 岁

运动目标：

1. 发展走、跑、跳、钻、爬、平衡等各种运动能力，养成良好的运动习惯和意志品质。

2. 遵守游戏规则，自主选择游戏伙伴进行室外区域体育锻炼。

3. 乐意参与混龄运动，体验合作与交往的快乐。

运动游戏准备：

1. 经验准备：

（1）确定每周一次的混龄运动时间，有为期两周的幼儿和教师对场地及运动形式的适应期。

（2）幼儿在日常生活中练习过各种走、跑、跳、钻、爬、平衡等动作。中、大班幼儿有与同伴合作的经验。

2. 物质准备：相关运动器材；器材收集、摆放、使用、整理、保管等一系列环节的职责明晰。

3. 人员准备：根据特长将教师分配到各运动区中，教师需根据幼儿不同年龄段的特点，设计适合幼儿发展的运动内容。在此基础上实行每天的各区域专人负责制及轮换制度。

4. 场地准备：根据幼儿园户外运动场地合理布局，完成幼儿园混龄运动区域的场地设置图。

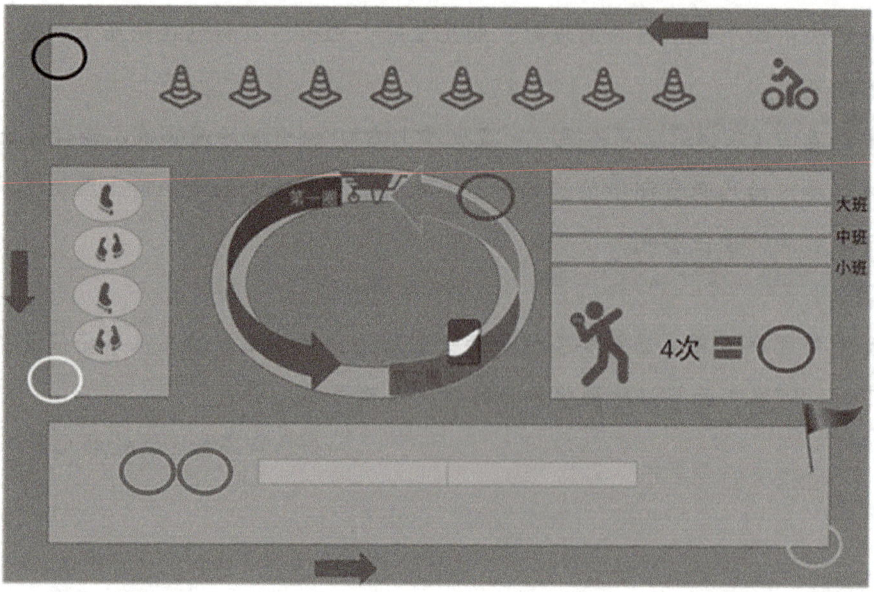

运动游戏玩法：

幼儿自由结对，每完成一项运动，可到定点区域教师处领取1枚对应区域颜色的手环。

1. 过草地（跳跃区）：幼儿站在垫子上，双脚或单脚跳至另一垫子上，轮流跳跃直至终点，完成任务得黄色手环1枚。

2. 夺红旗（攀爬区、平衡区）：大小勇士从起点开始，穿过烽火圈，走过独木桥，穿过沼泽地（小班幼儿手膝着地爬行，中、大班幼儿身体直立双脚协调交叉前行）拿到红旗，完成任务得绿色手环1枚。（烽火圈和独木桥等器械有高有矮，供幼儿选择）

3. 炸碉堡（投掷区）：将投掷器设置成远近不同的距离，小、中、大幼儿根据自己的能力进行选择，打中4次即完成任务，得红色手环1枚。

4. 抢占地（走跑区）：2名幼儿合作推拉小车站在圆圈上，第一圈快走，第二圈时在圈上放置1个易拉罐，用小车往前赶，两圈任务完成得蓝色手环1枚。

5. 鸡毛信（骑行区）：幼儿从起点绕障碍骑自行车至终点，完成任务得黑色手环1枚。（提供三轮车、二轮车、平衡车、滑板车等供幼儿选择，障碍的设置有易有难）

运动结束后，班级教师根据幼儿获得手环的数量与颜色了解幼儿当天的运动情况，并给幼儿做好记录，为下次运动做准备。

注意事项：

1. 教师对所负责的区域需进行简单的梳理，做到心中有数。各个区域游戏的运动内容、玩法以及注意事项等需与幼儿进行深入讨论，让幼儿自己制定规则。

2. 运动过程中要及时关注到本区域内幼儿的运动情况及部分需要帮助的幼儿，确保无盲点、无安全隐患，同时发挥教师的指导作用，做幼儿最好的引导者、合作者与支持者。

3. 做好对幼儿和家长的宣传引导工作以及幼儿在混龄运动时的安全工作的引导。

4. 幼儿运动前做好各关节的热身运动。

延伸运动：

两周确定一个混龄主题运动，更换区域运动材料，由专人负责统筹安排。

（如皋市高新区实验幼儿园　蔡亚丽）

第四节　幼儿特殊室外区域体育运动的组织与指导

一、幼儿特殊室外区域体育运动的概念与特点

本文将幼儿特殊室外区域体育运动概括性地分为两类：幼儿室外区域定向运动和幼儿室外民族民间传统区域运动。

（一）幼儿室外区域定向运动

幼儿室外区域定向运动是指以幼儿为参与主体，以幼儿园室外环境为运动背景，以与幼儿年龄特点、发展特点相适应的地图为辅助工具，找到地图上所指示的各个目标，完成相应的运动项目的室外区域体育运动。幼儿室外区域定向运动不仅能发展幼儿体能、增强体质，还能培养幼儿独立思考，以及与同伴合作协商解决问题的能力。

现代幼儿园环境的理念要求室外空间是充满体验、具有探究精神的世界。很多幼儿园根据各自园所特有的环境资源打造了个性化的大型综合运动场地。如某幼儿园的室外

课程游戏化基地“咕咚堡”，就是根据其课程特色打造的独有户外运动场，建有“咕咚趣味山”“咕咚九曲弯”“咕咚极速转”等，满足了幼儿室外走、跑、跳、爬、平衡等运动发展的需要。

（二）幼儿室外民族民间传统区域运动

民族民间传统区域运动是指流传于民众生活中的游戏和体育竞技运动，这些运动具有娱乐性、健体性、竞技性、规则性、生活性、地域性、民族性和教育性等特点。对于幼儿而言，室外民族民间传统区域运动特指将民族传统体育运动转化为适合幼儿健康发展要求的在室外进行的互动性体育运动。这些运动在幼儿生活中广泛流行，并且成为世代传承的具有区域特色的传统游戏，如划龙舟、挖地雷、丢沙包、打陀螺、滚铁环、骑竹马等。幼儿在室外民族民间传统区域运动中表现出人与人的互动、人与环境的互动以及人与文化互动的学习过程。

二、幼儿特殊室外区域体育运动的组织实施过程

（一）前期准备

幼儿特殊室外区域体育运动的前期准备工作基本与常规室外区域体育运动的前期准备相同，在此基础上需要特别准备的是：安排定向运动时的活动场地、民族民间体育运动相关器材、全园混龄运动时人员的分工配合和时间周期等。

（二）实施过程

幼儿特殊室外区域体育运动的实施过程与常规室外区域体育运动相似，包括运动前的组织讲解、运动中的技术支持与运动后的小结评价几部分。运动前的组织讲解应结合定向运动、民族民间体育运动与全园混龄体育运动等不同类型的运动形式合理安排讲解内容，帮助幼儿了解熟悉运动内容、运动路线、运动规则等，在技术支持上要做到几位教师的协调配合，职责分工明确，确保幼儿运动的安全性、兴趣性与实效性。

（三）组织与指导注意事项

幼儿特殊室外区域体育运动的注意事项与常规室外区域体育运动相似，特别强调的是教师间的协调配合，每个人都需对整个运动方案及所负责区域工作非常熟悉了解，掌握对幼儿运动进行指导帮助的时机及策略，做好对幼儿在混龄运动时的安全工作的引导，发挥教师的指导作用，做幼儿最好的引导者、合作者与支持者。

案例

案例 1：室外区域定向运动——咕咚精灵探险记

适合年龄段：5～6 岁

运动目标：

1. 在探险游戏中锻炼幼儿的走、跑、跳、投掷等能力，培养幼儿动作的灵活性、协调性。

2. 在游戏情境中体验闯关带来的快乐。

运动游戏准备：

1. 经验准备：熟悉咕咚堡的各个场地，能根据咕咚堡地图快速找到相应的区域。

2. 物质准备：小精灵服饰、咕咚堡地图、任务卡、印章、记号笔等。

3. 场地准备：参见下图。

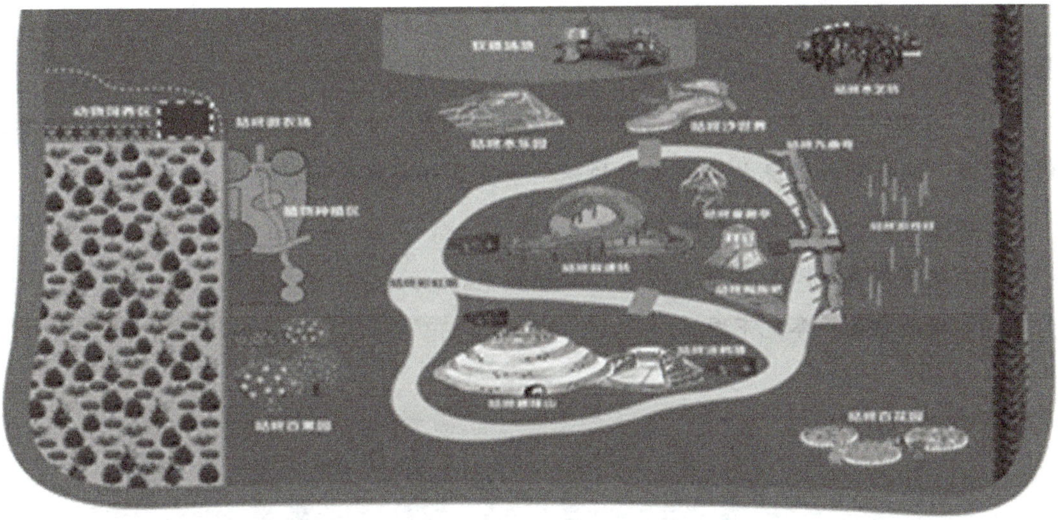

运动游戏玩法：

大班联合运动游戏，游戏前每班级产生 2～3 名咕咚小精灵和 1 名设置任务卡的幼儿，小精灵用记号笔画出闯关路线图，每到一个区域就找戴红帽子的幼儿领取任务卡，每完成一个任务获得 1 枚小奖章，集齐 5 枚小奖章即可闯关成功。

1. 运动区域：彩虹渠（小精灵运粮食）。

（1）物质准备：木板、木梯、沙包。

（2）场地准备：参见下图。

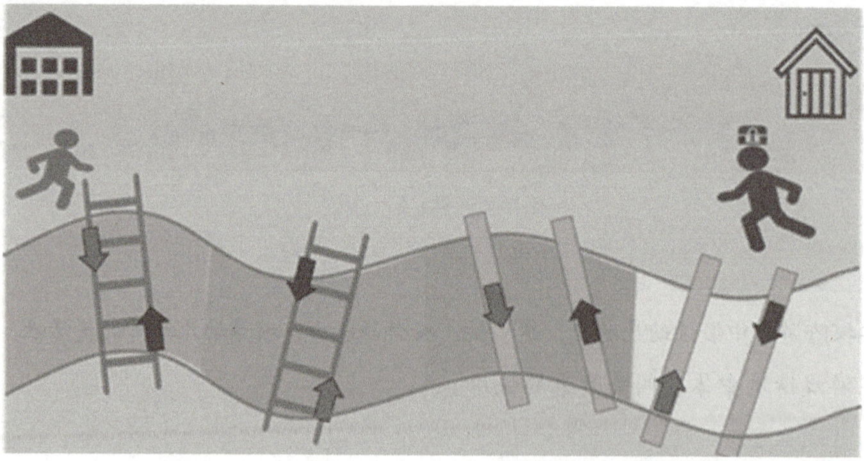

（3）运动游戏玩法：起点和终点之间用木梯、木板连接。每个小精灵需从起点通过木梯、木板将粮食运送到指定的框内。若途中避让其他小精灵失败，掉进彩虹渠，需从起点重新开始。每位小精灵需运送 5 包粮食到达终点，即为挑战成功。

（4）注意事项：游戏时，提醒幼儿来回都要在木板、木梯上行走，每次只能运送 1 包粮食。

（5）运动游戏拓展：可以根据季节更换游戏内容，如夏天可在彩虹渠放适量的水，创设游戏“我给植物浇浇水”“球儿快快跑”等，这样游戏更富有趣味性、挑战性。

2. 运动区域：游戏柱（穿越火线）。

（1）物质准备：PVC 水管、绳子、铃铛若干。

（2）场地准备：参见下图。

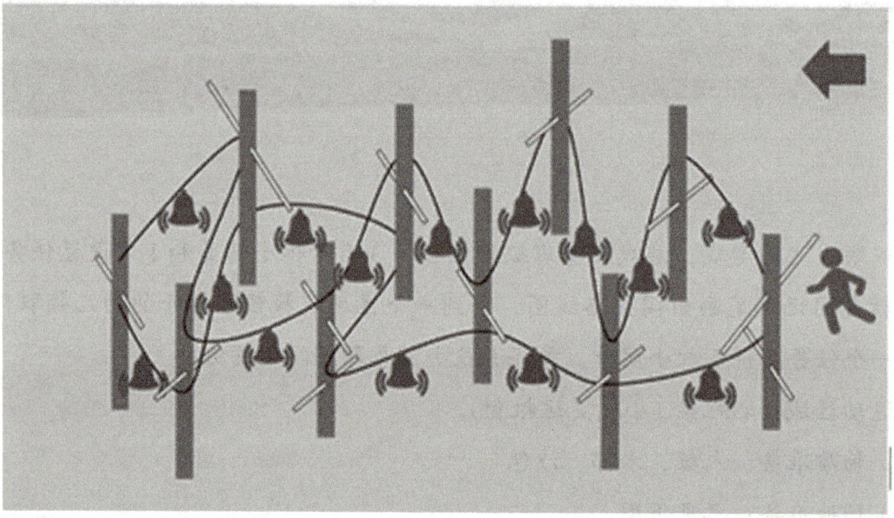

（3）运动游戏玩法：用水管和绳子在游戏柱上错落有致地拉开，夹上（绑上）铃铛，形成火线。当幼儿慢慢进入火线内，身体任何部位都不能触碰到火线。如听到铃铛响即挑战失败，游戏重新开始。

（4）注意事项：游戏时，提醒幼儿在规定时间内通过火线区。

（5）运动游戏拓展：将水管间的距离放宽，幼儿可练习曲线走和跑。

3. 运动区域：趣味山（攀登山顶）。

（1）物质准备：横幅、绳索、软梯子。

（2）场地准备：参见下图。

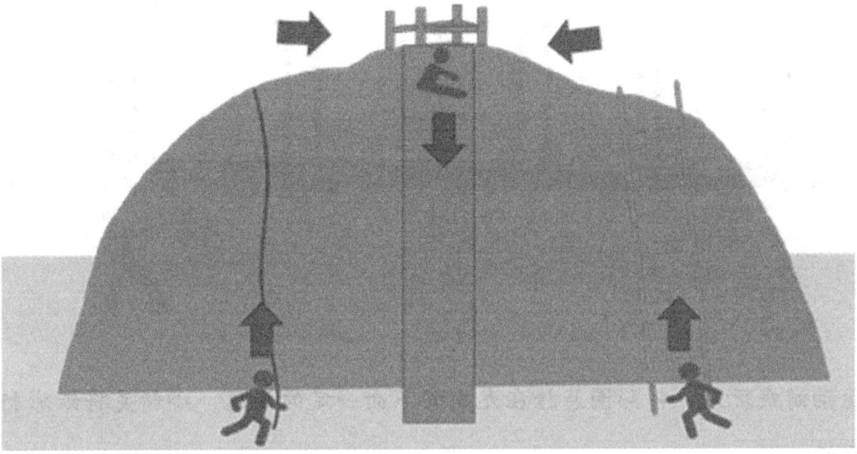

（3）运动游戏玩法：将绳索、横幅、软梯固定在上坡的一侧，小精灵选择两侧不同材料（软梯或绳索）上坡，下坡时从横幅上滑下来。

（4）运动游戏拓展：上坡的障碍物材料可以更换为彩棒，当小精灵上坡时，教师或其他幼儿将彩棒依次往下滚，小精灵们要灵活地避让以到达山顶，被彩棒碰到即挑战失败。

4. 运动区域：山洞（过山洞）。

（1）物质准备：垫子若干。

（2）场地准备：参见下图。

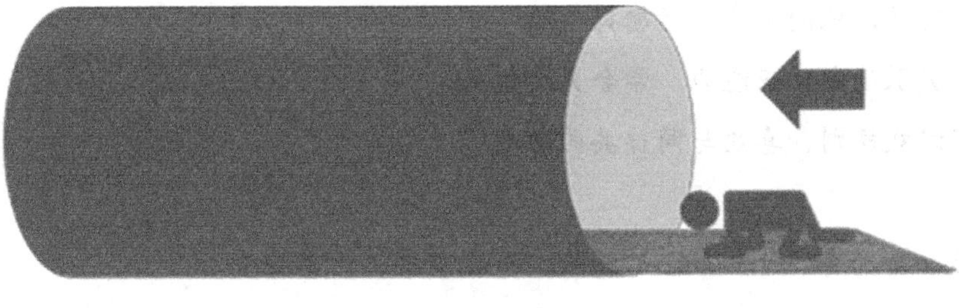

（3）运动游戏玩法：小精灵用匍匐前进的方法钻过山洞，即为闯关成功。

（4）注意事项：提醒幼儿匍匐前进时，屈右腿时伸出左手，用右腿和左臂的力量使身体前移，屈左腿时伸出右手，用左腿和右臂的力量使身体继续前移，依此法交替前进。在前进的时候，屁股不能拱起来。

5. 运动区域：九曲弯（投球）。

（1）物质准备：彩圈、纸球。

（2）场地准备：参见下图。

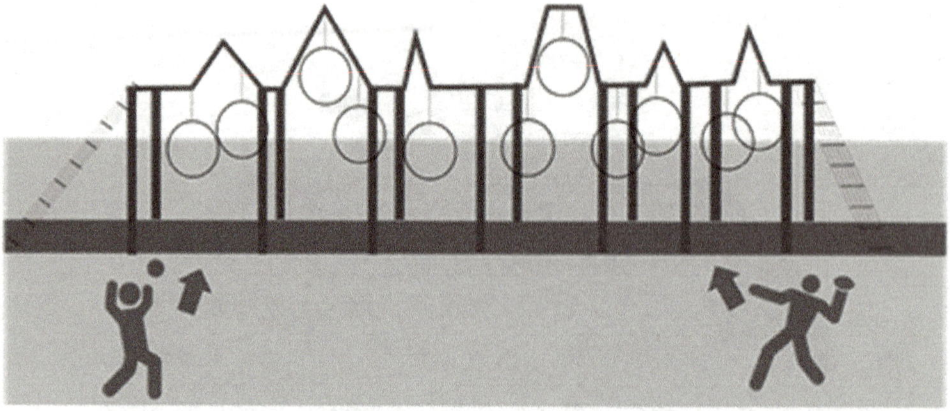

（3）运动游戏玩法：将彩圈悬挂在九曲弯下面一定的距离，小精灵将纸球扔进圈内即为挑战成功。

（4）运动游戏拓展：彩圈可平铺在地上，幼儿练习双脚和单脚跳。也可悬挂纸球，方便幼儿触碰（或摘）以练习向上跳跃。

（如皋市高新区实验幼儿园　冒亚梅）

案例 2：室外民族民间传统区域运动——“老鹰捉小鸡”

适合年龄段：3 ～ 4 岁

运动目标：

1. 学会传统的民间游戏“老鹰捉小鸡”。
2. 发展灵敏度和反应能力，学会灵活躲闪。
3. 遵守游戏规则，喜欢与同伴共同游戏。

运动游戏准备：

1. 经验准备：有“开火车”的经验，不推不挤，注意安全。

2. 物质准备：老鹰、母鸡头饰各一个，小鸡头饰若干，音乐《小鸡进行曲》。

3. 场地准备：一块平整的软质空地或草地。

运动游戏玩法：

一位教师当鸡妈妈，幼儿当鸡宝宝。在音乐伴奏下，让鸡宝宝以“开火车”的方式跟在鸡妈妈的后面，每个鸡宝宝拉着前面一位鸡宝宝的衣服，让“鸡宝宝小火车”连起来。另一位教师戴着老鹰的头饰扮演老鹰，去捉小鸡。鸡妈妈双手抬起来，拦着老鹰，保护鸡宝宝们不被捉走，后面的鸡宝宝要跟着鸡妈妈左右躲闪，以防被老鹰捉到。被捉到的鸡宝宝就出局了（暂停游戏），音乐结束时老鹰捉到的鸡宝宝超过总数的一半，则老鹰胜；不到一半则鸡妈妈和鸡宝宝胜。

注意事项：

游戏运动中，提醒幼儿抓紧前面幼儿的衣服不要掉队，不要互相推挤，懂得躲闪不被老鹰捉住，注意安全。

（如皋市高新区实验幼儿园　徐莲芳）

本章小结

本章主要介绍了幼儿室外区域体育运动的概念与价值、特点与类型，不同类型幼儿室外区域体育运动的设计、组织与指导的相关理论与方法等，为学习者了解幼儿室外区域体育运动的重要性与特殊性，掌握不同年龄段幼儿室外区域体育运动的设计、组织与实施的方法等提供了帮助。

课后练习

一、简答题

1. 什么是幼儿室外区域体育运动？幼儿室外区域体育运动有哪些特点？

2. 如何组织幼儿室外区域体育运动？需要遵循哪些原则？

3. 幼儿室外区域体育运动的指导策略有哪些？注意事项有哪些？

二、实训题

1. 合理利用幼儿园现有场地，创设至少 3 个主题室外区域体育运动，并在小组分享设计过程。

2. 根据不同年龄段幼儿的特点，设计 2 ～ 3 个常规室外区域体育运动，并在小组分享设计过程。

3. 根据幼儿园所场地特点，创设 1 个全园混龄室外区域体育运动，并在小组分享设计过程。

第六章　幼儿室内体育运动的组织与指导

学习目标

1. 理解幼儿室内体育运动的概念与价值、类型与特点；
2. 掌握不同类型幼儿室内体育运动组织与指导的相关理论、组织实施流程、组织与指导的要点及注意事项等；

学习重难点

1. 幼儿室内体育运动方案的设计；
2. 各类型幼儿室内体育运动中的有效介入。

学习方法

1. 建议充分利用网络资源，收集相关案例和素材，并运用所学知识进行分析；
2. 尝试亲自实践，通过设计不同类型幼儿室内体育活动方案以理解和运用所学知识。

教学建议

1. 本章内容实践性较强，建议综合运用多种教学方法，如多媒体演示、案例分析、实践教学、学生自我实践操作等；
2. 可通过中国大学慕课中的“学前儿童游戏”、微信公众号的“室内亲子运动游戏”等课程或演示视频扩充本章学习内容。

第一节　幼儿室内体育运动概述

一、幼儿室内体育运动的概念与价值

（一）幼儿室内体育运动的概念

幼儿室内体育运动是指在室内开展的各种幼儿体育活动的总称，是利用园所、家庭、社会机构的适宜场地、器材开展的，补充户外体育活动的活动。

（二）幼儿室内体育运动的价值

幼儿室内体育运动除了体育活动具有的一般性价值外，还有特殊性价值，主要表现在以下几方面：

1. 弥补户外运动时间与空间的不足

《指南》中指出每位幼儿在园所的户外时间不少于 2 小时，其中运动时间不少于 1 小时，但这些都是在气候、场地等条件的许可下才能实现的。现实中幼儿户外运动的有效正常开展常受到天气、季节及场地不足等客观因素的制约。而室内体育运动恰好弥补了户外运动时间与空间的不足，有效解决了户外运动受客观因素影响的局限问题，促进幼儿在体能、认知、智力、情绪、个性等方面健康和谐地发展。

2. 融洽师幼与亲子关系

幼儿大部分时间是在家中与家庭成员一起度过的，另一部分时间是在园所与教师一起度过。幼儿综合素质的发展与保育员和教师之间的关系是密不可分的。感情是通过交流逐渐产生的，任何一种感情的升华都有赖于交流。室内体育活动中，家庭成员、教师可以与幼儿进行随时随地的互动，组织、观察、指导并参与幼儿体育活动，这对增进亲子感情与师幼间的感情，促进幼儿的身心健康发展有很大的帮助。

3. 增进幼儿社会性的发展

有限空间内的室内体育活动，发展了幼儿在体能、空间感知、视觉、自我保护等方面的能力。由于室内空间条件的局限，幼儿在室内参与活动时，能逐步学会轮流与等待，逐步学会遵守游戏规则，这对幼儿社会性的发展具有很大的帮助。

4. 确保园所、家庭与社会教育的一致性

《幼儿园教育指导纲要（试行）》(以下简称《纲要》）总则第三条提出，幼儿园应与家庭、社区密切合作，与小学互相衔接，综合利用各种教育资源，共同为幼儿的发展创造良好的条件。家庭、社会教育是园所教育的延伸，幼儿的发展渗透到学习与生活中，学习与生活互相交融，在生活中获得经验、掌握知识。正如杜威所说，教育即生长，教育即生活，这是幼儿学习的独特之处，幼儿在生活中的体育活动无处不在，体现了幼儿运动的重复性，培养了幼儿运动的兴趣。

二、幼儿室内体育运动的类型与特点

（一）幼儿室内体育运动的类型

幼儿室内体育运动在参与对象、形式、内容、作用上都具有综合性，按活动场所不同可将幼儿室内体育运动分为家庭室内幼儿体育运动、园所室内幼儿体育运动、社会机构室内幼儿体育运动三种。

（二）幼儿室内体育运动的特点

1. 室温稳定适宜，保障运动环境

幼儿运动时常常流汗较多，而幼儿自身调节体温的能力较差，在室外运动过程中如护理不当常常容易受凉感冒，而在室内进行运动时可以通过空调系统等有效地控制适宜的温度，保障幼儿适宜的运动环境。

2. 场地特征各异，空间利用充分

家庭的客厅、餐厅、阳台等地方；园所的教室、走廊、楼梯、洗漱间、就寝间、门厅等地方；社会场所的游乐场、攀岩馆、游泳馆、体能馆等地方都可以是幼儿体育运动的选择。这些场所大小、形状、利用率不一，需组织使用。如场地大的地方，可安排走、跑追逐类的游戏；场地小，家具、物品多的地方，安排钻、爬、滚、翻、投等游戏。场地的组合运用不仅能促进幼儿对图形、数量、方位等的认知发展，同时还能激发幼儿运动的兴趣，促进基本动作与运动技能的提高。

3. 运动材料便携，激发运动兴趣

由于室内空间有限，开展室内体育运动的材料适宜选用中小型的便于携带的、轻小的材料，如：纸球、沙包、绳子、圈、垫子、钻爬筒、橡皮筋、桌椅、投掷架等。根据幼儿自主构建运动材料，开展不同形式的活动内容，丰富了室内体育运动的类型，提高了幼儿探索、合作、交流的能力，增进了幼儿参与运动的积极性与兴趣。

4. 规则要求更高，促进安全教育

室内体育运动场地空间不足，幼儿平均活动占有面积较小，活动不易施展，幼儿间易造成拥挤、碰撞现象。因此运动过程中需始终强调规范意识与安全意识，培养幼儿排队习惯和谦让品德，这对培养幼儿优秀的品德和自我保护能力具有重要作用。

5. 社会资源共享，促进运动习惯养成

社会机构室内运动场所的运动类型丰富，有攀岩类、体能类、技巧类、协调类、综合类等，幼儿可按照需求自由选择运动类型。社会机构室内运动场所不受时间的限制，家长可在其营业时间内自主选择幼儿运动的时间。这些有利因素对激发幼儿内心的运动兴趣，提高认知、自主、合作、挑战等能力有重要帮助，为幼儿运动习惯的养成打下了良好的基础。

第二节　家庭室内幼儿体育运动的组织与指导

一、家庭室内幼儿体育运动的概念与组织形式

（一）家庭室内幼儿体育运动的概念

家庭室内幼儿体育运动是以幼儿为中心，以家庭成员为主要参与对象，以家庭为锻炼场所，培养幼儿良好的身体姿势与基本动作能力，促进身体素质发展，增强体质，认识体育文化的娱乐身心的活动。

（二）家庭室内幼儿体育运动的组织形式

依据家庭体育活动材料的使用，我们将家庭室内幼儿体育运动分为五种，分别是家具类体育运动、日用品类体育运动、玩具类体育运动、废旧物品类体育运动、人力资源类体育运动。具体类型、组织形式与幼儿的动作发展能力详见表 6－1。

表 6－1　家庭室内幼儿体育运动的类型与游戏组织形式

类别	可利用资源	基本动作发展	游戏示例	能力拓展
家具类	桌、椅、床、沙发等	转头、俯卧抬头、翻身、打滚、坐钻爬、站立、走、跑、跳、投、攀登等	名称：翻山越岭。 目标：培养幼儿的爬行能力。 材料：沙发、沙发靠垫。 方法：沙发靠垫间隔摆放在沙发上，幼儿从地面爬到沙发上，爬过一个个沙发垫再爬下来，最后获得已准备好的新玩具一个。 领域整合：爬一个靠垫数一个数，培养幼儿数学认知能力；爬上沙发，再爬下沙发，培养幼儿对“上”与“下”的空间方位感。	根据幼儿爬行能力，可调整靠垫的高度。需增高时，可添加一个靠垫。
日用品类	绳带、包袋、毯被、衣鞋、桶盆等	拖、平衡、抛、扔、滚、走、跑、跳、钻爬等	名称：走图形。 目标：培养幼儿走的能力。 材料：床、裤子。 方法：在床上将若干裤子的两个裤管重叠连接，摆放成各种图形，如直线、三角形、正方形、长方形等，让幼儿沿图形走。 领域整合：培养幼儿对图案的认知能力。	根据幼儿走的能力，可调整图案来增加难度，由直线到曲折线再到更复杂的图案。
玩具类	毛绒玩具、橡皮筋、毽子、各种类型的球、车等	走、跑、跳、投、抛、钻爬、平衡等	名称：投准。 目标：培养幼儿投掷的能力。 材料：小皮球、橡皮筋。 方法：橡皮筋用 4 张凳子拉成正方形、长方形、梯形等图形，让幼儿在 2 米线后将小皮球投入橡皮筋拉成的区域中。 领域整合：培养幼儿对大小、远近的认知能力。	幼儿可以改变站立姿势或改变投掷圈的大小或改变投掷的距离进行练习。
废旧物品类	报纸、各种饮料瓶、包装盒等	走、跑、跳、踢、投、拖、平衡等	名称：踢纸球。 目标：培养幼儿踢的能力。 材料：把若干废旧纸张揉成纸球，让幼儿用脚把纸球踢到自己想踢的地方。 领域整合：培养幼儿的空间方位感。	成人与幼儿争夺纸球踢。
人力资源类	家庭所有成员	转头、俯卧抬头、翻身、打滚、坐钻爬、站立、走、跑、跳、投、攀登、钻爬、推、拉等	名称：爬树。 目标：提高幼儿手臂力量、攀爬能力、平衡能力。 参与对象：幼儿、爸爸。 方法：爸爸拉着幼儿，幼儿抓住爸爸的身体，脚踩在爸爸弯曲的膝盖上、腰上，依次往上攀爬，最后骑在爸爸脖子上。爸爸蹲下，扶着幼儿从身后下地。 领域整合：培养幼儿对人体部位的认知与空间方位的认知。	幼儿攀爬时，爸爸减少助力。

视野拓展

居家亲子运动集锦

2020年，新型冠状病毒肺炎疫情席卷全世界，我国在党中央的号召之下进行了居家抗疫行动。在抗疫期间，习近平总书记提出“文明其精神、野蛮其体魄”精神，并解释“野蛮其体魄”就是强身健体。在抗疫期间，钟南山、李兰娟等专家们指出，我们要提高身体素质，增强免疫力，才能更好地抗击疫情。于是全国各地掀起了居家锻炼的热潮，民众已意识到锻炼身体的重要性。很多家长都在家陪伴自己的孩子锻炼，这拉进了幼儿与家长间的距离，增进了亲子间的感情，促进了幼儿的认知发展与品质培养。

例如，某微信公众号推出了5岁姐姐与3岁弟弟的居家运动视频。他们在客厅绕圈骑自行车，利用小桌子、地垫、沙发、沙发垫、毛绒玩具等材料进行了迷你障碍赛，利用瑜伽垫在客厅地上进行了迷你健身操（挺肚子、仰卧起坐、两头起、交替摸脚、伸展运动、兔子蹲）。这些健身小萌娃真是萌翻了。

再如，某微信公众号每周推一次“每日亲子运动10分钟”家庭总动员运动活动合集，每天做一种运动，天天坚持，提升全家免疫力，启动了云时代的亲子时光。推出的文案图文并茂，有插图、运动名称、运动强度、适合年龄、运动时间、运动目标、运动规则、特别提示等，简洁明了，易懂易学。

二、家庭室内幼儿体育运动的组织与指导要点

（一）前期准备

1. 运动时间与参与人员

幼儿可自主玩游戏，也可与家人随时随地进行互动游戏，但幼儿在运动的过程中一定要在家长可视范围内。特别注意饭后不应立刻运动，可餐后一小时运动。

2. 场地器材

室内可以利用的一切场所：客厅、过道、餐厅、卧室、阳台等；家里可以利用的一切辅助器材：家具、玩具、废品再利用等。

3. 防护措施

首先游戏前场地器材要进行清洁，做好卫生；其次提供足够大的空间给幼儿运动，

尖锐的物品需收纳起来，桌椅的边角用防撞角或软布包裹起来，防止幼儿碰撞受伤；最后游戏前要热身，游戏后要放松。

（二）实施过程

1. 热身游戏

开始运动前家长一定要与幼儿一起进行简单的热身运动，可以做反口令游戏、动物模仿操、简单亲子舞等，舒展活动身体，激发运动兴趣。

2. 游戏互动

根据不同年龄段的幼儿运动的目标需要安排不同的游戏项目，兼顾幼儿综合身体素质的锻炼。游戏过程中家长最好全程参与，更能提高幼儿的运动积极性，增进亲子感情。特别注意在游戏过程中，家长应及时在幼儿动作完成成功后给予其表扬，对欠缺或失败的地方也应给予鼓励，如幼儿遇到或畏惧有难度的运动项目时，更要给予鼓励、帮助。

3. 放松评价

运动完毕后，家长轻轻拍打幼儿的身体，对幼儿的身体进行按摩，让幼儿疲劳的身体尽快得到恢复，同时辅以音乐的伴奏与语言的鼓励，激发幼儿下次继续玩游戏的欲望。

（三）注意事项

1. 安全意识第一位

家长陪同幼儿参与运动，运动前做好热身游戏，运动过程中要注意幼儿的身体活动幅度、动作难易程度在安全可控范围内。家庭室内空地小，家具较多，要避免幼儿快速跑动，防止撞上家具的边角。

2. 科学安排适宜的运动强度

运动强度须控制在适宜范围内，强度过低，达不到运动效果；强度过高、长时间运动，幼儿身体会受到伤害，身体机能失调，免疫功能下降，易生病。家长可以通过观察来确定幼儿运动强度是否适宜。适宜的运动强度应为幼儿稍感疲劳，但心情愉悦，面色微红，身体微出汗，呼吸轻微急促，休息后这些症状会很快消失。

3. 丰富多样的运动形式

幼儿大脑兴奋性强，抑制功能弱，专注力差，对新鲜事物兴趣高，但坚持性不足。幼儿的运动应是多样与多变的，家长可以通过每天换一个新游戏或组合不同的游戏来提高幼儿运动的兴趣。

4. 及时表扬与鼓励，适时帮助

幼儿运动时取得成功时，家长给予表扬，培养幼儿成功感的建立，增进亲子感情；失败时家长要给予鼓励，培养幼儿的抗挫力。家长不包办幼儿的自我运动，不恐吓幼儿进行运动，在幼儿真正需要帮助时及时伸出援助之手。

5. 运动后放松，注意保暖与休息

运动后给予幼儿全身按摩，尽快消除疲劳，适时补充水分，及时换掉潮湿的衣服，多休息，早恢复。

案例

家庭亲子游戏四则——有趣的滑布

适合年龄段：2～6岁

活动目标：

1. 在游戏中锻炼幼儿的走、跑、跳、爬等能力，发展敏捷性、灵巧性、平衡能力和协调能力，促进骨骼发育。

2. 增进家庭成员之间的感情。

活动准备：

1. 经验准备：幼儿能较好地走、爬、跑、跳，并且有一定的自信心。

2. 物质准备：彩色滑布（规格1米×1米、3米×1米）；小玩具（若干）；篓子（1个）；凳子（若干）；桃子卡片（若干）。

3. 人员准备：家长、幼儿。

4. 场地准备：家庭中空地较大的空间，比如客厅、游戏间等。

活动玩法：

家庭室内亲子游戏可以由父母其中一方陪同孩子，也可以全家人参与。根据家庭人员数量和场地大小灵活变化游戏项目，具体玩法如下。

案例1：小马过河

适合年龄段：1～2岁

活动目标：

1. 锻炼幼儿的走、爬等能力，发展平衡能力和协调能力，促进骨骼发育。

2. 增进家庭成员之间的感情。

活动准备：

1. 经验准备：幼儿有较好的走、爬能力，并且有一定的自信心。

2. 物质准备：1 米 ×1 米蓝色滑布（1 块）；小玩具（若干）；篓子（1 个）。

3. 人员准备：家长（1 名）、幼儿。

4. 场地准备：家庭中空地较大的空间，比如客厅、游戏间等。

活动玩法：

将蓝色滑布铺在客厅地板上当作“小河”，幼儿变成“小马”，拿着小玩具手膝着地爬过“小河”，将小玩具放进篓子里。正在学走路的幼儿可以由家长牵引，走过“小河”，或依靠沙发、凳子等家具，独立扶走过河，将小玩具送到篓子里，并往返进行游戏。

注意事项：

游戏过程中提醒幼儿来回都要从蓝布上通过，家长需要用言语提醒幼儿，这也是培养幼儿听指令做动作的能力。

活动延伸：

将小玩具替换成其他小任务，年龄小的幼儿可以在通过后给其拥抱或者小贴纸等以资鼓励，这样游戏更富有趣味性。

案例 2：网鱼

适合年龄段：2～4岁

活动目标：

1. 锻炼幼儿的走等能力，发展灵敏性、平衡能力和协调能力，促进骨骼发育。

2. 增进家庭成员之间的感情。

活动准备：

1. 经验准备：幼儿有较好的走等能力。

2. 物质准备：1米×1米滑布（1块）；小凳子（3张）。

3. 人员准备：家长（2名）、幼儿。

4. 场地准备：家庭中空地较大的空间，比如客厅、游戏间等。

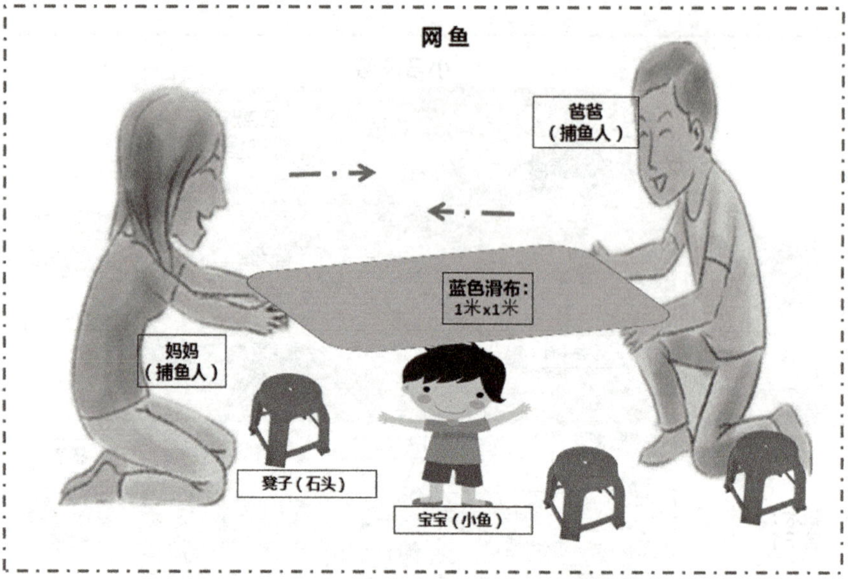

活动玩法：

2名家长拉住滑布两端，张开做“渔网”，幼儿变成“小鱼”，在室内固定区域中游走，注意在行走中避开用小凳子代表的“石头”，家长用“渔网”盖住幼儿为抓住“小鱼”。

注意事项：

家长根据幼儿走路的水平来控制网鱼的速度，让幼儿体验到不被抓到的成功感。

活动延伸：

年龄较大、走路很稳的幼儿，可以扩大活动的范围，增加小凳子等障碍物的数量。

案例3：翻山越岭

适合年龄段：3～5岁

活动目标：

1. 锻炼幼儿的爬、走、跑等能力，发展灵敏性、平衡能力和协调能力，促进骨骼发育。

2. 增进家庭成员之间的感情。

活动准备：

1. 经验准备：幼儿有较好的爬、走、跑等能力。

2. 物质准备：3米×1米蓝色滑布（1块）。

3. 人员准备：家长（4名）、幼儿。

4. 场地准备：家庭中空地较大的空间，比如客厅、游戏间等。

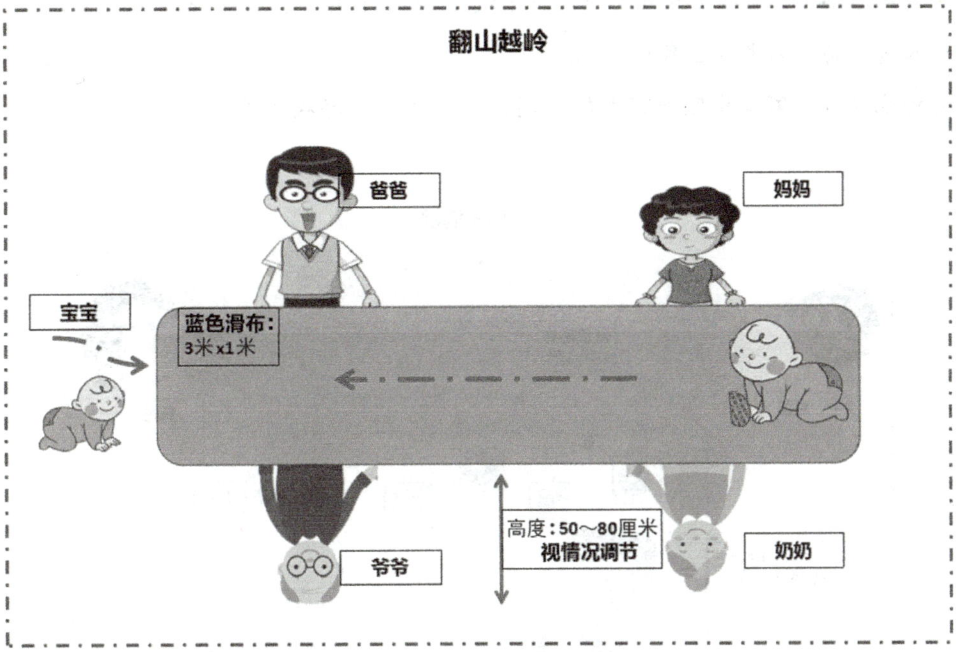

活动玩法：

4名家长各抓住滑布一角使其绷紧，幼儿从滑布一端下方钻到另一端，再从另一端爬上滑布返回起点。

注意事项：

家长要注意绷紧滑布。

活动延伸：

根据幼儿的能力，将从布上爬过升级为跑过去。邻里、亲朋之间可以几个家庭幼儿共同游戏，增加幼儿之间的交往。

案例4：猴子摘桃子

适合年龄段：2～4岁

活动目标：

1. 锻炼幼儿的走、跑、跳等能力，发展灵敏性、平衡能力和协调能力，促进骨骼发育。

2. 增进家庭成员之间的感情。

活动准备：

1. 经验准备：幼儿有较好的走、跑、跳等能力。

2. 物质准备：3米×1米蓝色滑布（1块）；桃子卡片（若干）；篓子（1个）。

3. 人员准备：家长（2名）、幼儿。

4. 场地准备：家庭中空地较大的空间，比如客厅、游戏间等。

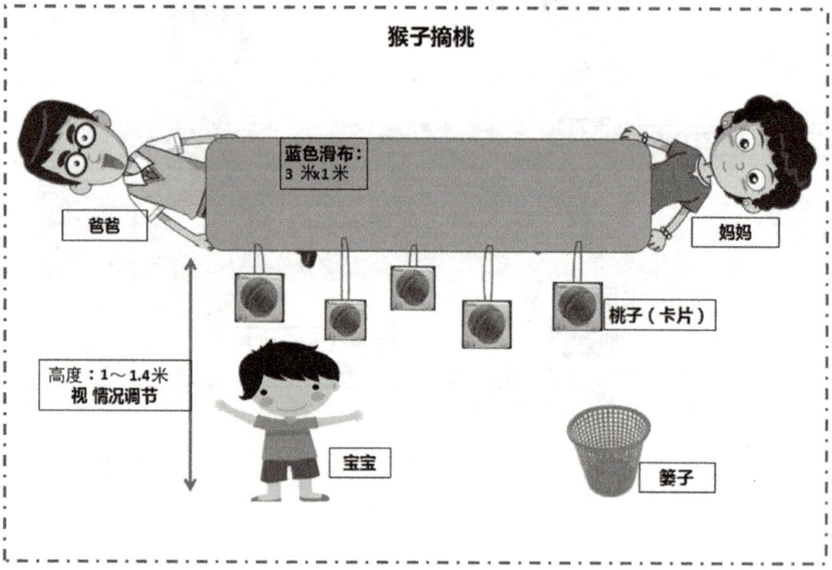

活动玩法：

将桃子卡片粘贴在滑布一面，2名家长拉住滑布两端，粘有桃子卡片的一面朝下，幼儿扮演“小猴子”，在布下摘桃子，放进篓子里。

注意事项：

家长要控制桃子在孩子跳一跳能够得着的高度，不宜过矮和过高，可适当增加难度，帮助幼儿练习向上跳跃。

活动延伸：

家长可以对幼儿提出要求，比如：摘桃子时必须用左手、必须单脚跳高或双脚跳高等。

（如皋市高新区实验幼儿园　朱靓婷）

第三节　园所室内幼儿体育运动的组织与指导

一、园所室内幼儿体育运动的概念与特点

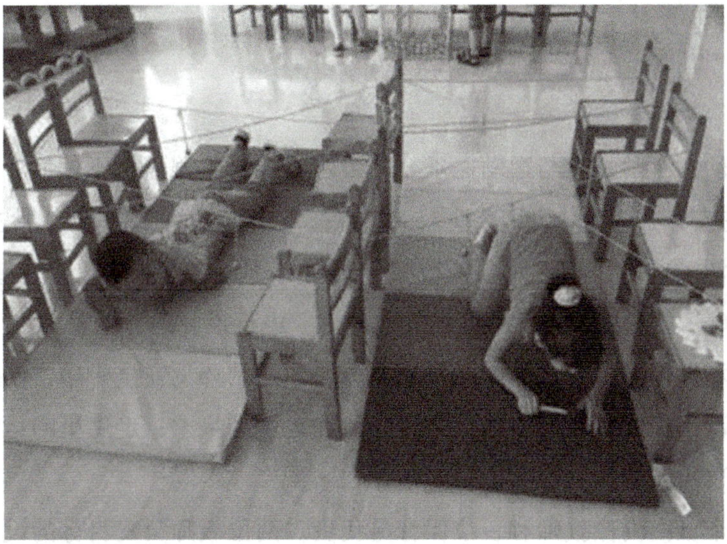

园所室内幼儿体育运动是指幼儿在园所的游泳池、活动室、感统训练室、教室、洗漱室、休息室、走廊、楼梯、过道转角、门厅等地进行的体育活动。活动形式可以是个人、结伴与集体。可根据现有的器材、场地特征来做不同的体育活动。如在教室区可开展利用桌椅进行钻、爬、翻、走、跳、投等体育活动；在走廊区可开展钻、爬、走、跑、滚等体育活动；在楼梯区可开展爬坡、投掷、下滑、跳跃等体育活动。还可以利用过道墙壁进行攀岩、悬垂、投准等活动。

二、园所室内幼儿体育运动的组织与指导要点

（一）前期准备

1. 经验准备

掌握幼儿对活动材料、活动内容的认知水平，掌握幼儿当前基本身体姿势、基本动作发展情况、已有的运动能力与运动经验、健康的行为与体育品德。对照《指南》目标，适度提高要求，对幼儿多鼓励、多互动，根据幼儿需求进行有效介入，适时适度提供指导与帮助。

2. 物质准备

（1）运动服饰的准备：活动前教师与幼儿穿着适合运动的服装与鞋子，衣服选择棉质运动服，无多余饰物，比如无链子、绳子、金属物等；鞋子选择运动鞋，最好无鞋带。

（2）运动场地、材料的准备：在每次活动前需合理规划，统一布局活动区域，尽量做到区域功能全面、综合利用，器材材料一物多玩。

（二）实施过程

1. 活动前的组织与指导

（1）依据幼儿年龄特点与运动需求合理设定目标，不偏高也不偏低。如 3 ～ 4 岁幼儿悬垂 10 秒左右，4 ～ 5 岁幼儿悬垂 15 秒左右，5 ～ 6 岁幼儿悬垂 20 秒左右。

（2）进行活动内容设定，兼顾区域综合运用与幼儿全身活动。如教室区安排钻爬、跳等活动，走廊、楼梯区安排教室区的补充内容，进行投、跑、悬垂等。

（3）进行场地的布置与人员的职责安排，保证运动环境安全干净，确保人员职责明确。如跳的活动不应安排在硬质地上进行，可在地上铺垫子；走廊里的运动，应用海绵垫挡住走廊两边的墙壁。

园所中每个班由两位教师和一位保育员负责。两位教师负责目标的设定、场地与器材的准备、组织幼儿有序进行体育活动等。保育员负责幼儿的生活，准备、检查场地与器材的安全等。人员职责如表 6－2 所示。

表 6－2　园所室内幼儿体育运动中人员职责

人员	职责
保育员	1. 准备好幼儿在活动中需要喝的水、擦汗的毛巾。 2. 提前 10 分钟准备好园所室内幼儿活动的运动器材，检查活动场地与运动器材的安全。

续表

人员	职责
	3. 检查好幼儿服装、鞋子，看看是否整理好，是否安全；安排好生病的幼儿休息，要求生病的幼儿暂停活动。 4. 提醒与帮助幼儿在活动前解决好大小便、喝水等生理需求。
教师	1. 一位教师在队伍前，另一位教师在队伍后，来组织幼儿集合，清点人数与分组。 2. 在活动区，两位教师在队伍的一前一后向幼儿集体介绍活动的场地、器材、玩法以及活动中应遵守的规则和要注意安全。 3. 两位教师在队伍的一前一后组织幼儿集体参观活动区墙壁张贴的关于场地、器材、玩法以及活动中应遵守的规则和要注意安全的示意图。 4. 墙面上张贴关于运动、安全、规则的正确与错误的图标，活动前让幼儿阅读图标，并让其选择正确的图标，告知其错误做法的危害，帮助幼儿学会正确的运动方法，学会自我保护，培养规则意识。 5. 两位教师共同组织活动，分工负责活动区域，做到观察指导无死角。根据幼儿年龄特点，掌握运动时间与活动量。关照好体弱幼儿、肥胖幼儿的活动量与活动密度，保持合理的运动量。

2. 活动过程中的组织与指导

（1）指导的位置。

在活动中，教师的科学站位是幼儿安全的有效保证。在区域活动前后，教师要引导幼儿自主投放与整理器材，教师要参与搬运器材、布置场地，并提出规则要求，这些时候没有固定站位。在幼儿进行具有挑战性与完成难度较大的活动时，教师要定点站位，对正在练习的幼儿提供保护，并对其予以指导；在幼儿进行已基本掌握的活动时，教师既要定点站位，又要来回走动以观察指导，要使自己负责范围内的幼儿都在自己的视野范围里，关注全体运动。

（2）指导的时机。

对于3～4岁的幼儿，教师可以在他们玩的过程中，边参与活动边及时指导。4～6岁的幼儿自主活动较多，出现急需解决的问题，则需教师及时指导。幼儿在活动中遇到了投不准、跳不过去等困难时，教师应细心观察，不要急于指导，可尽量让幼儿反复尝试，自己调整。当幼儿确实调整不好自己的动作时，教师再准确地给予指导。

（3）指导的方法。

教师指导幼儿体育活动时常用语言法和保护帮助法，采用赞赏的口吻对待幼儿，不可吓唬责骂幼儿，在幼儿需加油时对其予以鼓励。同时，在幼儿不能完成动作或既害怕又想完成动作时对其进行保护与帮助，如年龄小的幼儿向上走斜坡时，教师可以在斜坡旁伸出一只手搭着幼儿的一只手，帮助幼儿向前走。

3. 活动后的组织与指导

首先，师幼互评活动感受，幼儿在教师的引导下放松身心。其次，组织幼儿收拾整理、送还器材并有序回座位。最后，教师整理记录与评价。教师应记录幼儿出勤率，未出勤的标明原因，记录幼儿参与情况、运动能力水平、安全意识、规则意识、团队精神等，评价幼儿运动完成等级，为后面的活动做好指导准备。

（三）注意事项

1. 预设备案计划，全面规划与合理布局

园所室内幼儿体育运动多数是为了弥补户外运动不足而进行的，有的教师没有做预案，临时安排了室内活动，导致活动目标与计划不明确、活动材料准备不充分、活动内容缺乏、组织松散、幼儿运动不足、运动价值偏颇等问题。因此，需在开学初做好本学年的四季园所室内体育运动预案。因园所室内体育活动空间有限，更需注意多元资源的整合，备好充足的材料，充分挖掘园所现有的场地，有效利用各个空间。

2. 关注全体幼儿，满足不同体育运动需求

日常体育运动时，存在着因幼儿人数多而教师忽略对具有身体与心理疾病的幼儿给予指导与帮助的情况，导致幼儿失去动作发展与技能学习的机会，影响了身体素质的提高程度。《纲要》中指出，对体弱或有残疾的幼儿应予以特殊照顾。因此，教师不仅要组织与指导健康幼儿的运动，同时还要特别关注体弱与残疾的幼儿的运动，如自闭症幼儿可以通过与教师、同伴的互动运动，改善自闭状态。有研究表明，运动是治疗自闭症的有效手段。多动症、感统失调的幼儿若进行感统训练室的特殊动作的练习，不仅会改善感统失调的现象，还能提高幼儿的认知、记忆、协调能力等。

3. 做好观察，进行有效介入

园所室内空间小，单个区域人数少，教师关注容易到位，若教师给予指导与帮助的时机不对，则会破坏游戏运动的规则，此时教师的介入变成无效介入，影响游戏运动的进程。《指南》给予了我们三条有效介入的检验标准：你的介入是否尊重幼儿的游戏意愿；你的介入是否帮助幼儿获得新的经验，提升游戏水平；幼儿对你的介入是否积极响应。在游戏中，教师根据这三条标准寻找介入的恰当时机。

4. 建立规则制度，确保有序进行

园所室内场地毕竟有限，空间相对狭窄，幼儿易拥挤摔倒，因此对人数要有限制，需要排队或提前预约场地。因此，教师在组织活动前应明确组织区域常规、轮换时间，在组织过程中要强调活动的有序性，强调游戏规则与注意事项。如在投掷区进行小球投准时，应按前后顺序依次练习，要等前面的幼儿投好球并捡回球之后，后面的幼儿方可投准，以防止意外事故的发生。

5. 安装通风系统，减少病菌的滋生

园所室内本身比较封闭，如果关窗开空调，会使得空气不流通、不新鲜，滋生病毒与细菌，从而影响幼儿的健康，失去了健康教育的意义。因此，组织活动过程中要做好室内环境的通风透气，按要求开通风系统，帮助排除二氧化碳，加快空气流通，保证室内空气的新鲜。

视野拓展

幼儿不宜太早进行的 10 种运动

不宜一：拔河

拔河可能让幼儿“伤心”“伤筋”。从生理学角度来讲，幼儿心脏正在发育中，自主神经调节心脏的功能尚不完善，当肢体负荷量增加时，主要是依靠提高心率来增加供血量。拔河需屏气用力，有时一次憋气长达十几秒钟，当由憋气突然变成开口呼气时，静脉血流也会突然涌向心房，会损伤幼儿柔软单薄的心房壁。有医学工作者曾对 250 名 5～6 岁的幼儿在拔河比赛中的心率进行测量，发现他们的心率均高，赛后 1 小时有 30% 的幼儿心率未能恢复正常。

除了对心脏造成影响外，拔河还可能伤到幼儿的筋骨。幼儿时期身体的肌肉主要为纵向生长，固定关节的力量很弱，骨骼弹性大而硬度小，拔河时易引起关节脱臼和软组织损伤，抑制骨骼的生长，严重的还会引起肢体变形，影响幼儿体形健美。另外，拔河是一项对抗性较强的运动，幼儿争强好胜，集体荣誉感强，比赛中往往难以自控、忽略保护自己，易发生损伤。

不宜二：力量锻炼

幼儿生长发育时都是先长身高，后长体重，而且他们的肌肉力量弱，易疲劳。也就是说，他们的身体发育以骨骼生长为主，还没有进入肌肉生长的高峰期。如果这个时候让幼儿过早进行肌肉负重的力量锻炼，一是会让幼儿局部肌肉过分强壮，影响身体各部分匀称发育；二是会使肌肉过早受刺激而变发达，给心脏等器官造成较重的负担；三是可能使局部肌肉僵硬，失去正常弹性。所以，父母不要让幼儿从事引体向上、俯卧撑、仰卧起坐等力量练习，应根据《指南》和《纲要》的要求，适时适度地练习。

不宜三：长跑、负重跑

长跑对人体各关节的冲击力度较大。幼儿经常长跑锻炼，对关节处的骨骺发育不利，尤其是在坚硬的马路上进行冬季长跑时，对关节冲击力更大，骨骺容易出现炎症，从而影响幼儿长个子。长跑也是一项心脏负荷运动，幼儿过早进行长跑，会使心肌壁厚度增加，限制心腔扩张，影响心肺功能发育。另外，幼儿时期体内水分占的比重相对较大，蛋白质及无机物的含量少，肌肉力量薄弱，若参加能量消耗大的长跑运动，会使体内营养物质入不敷出，妨碍正常的生长发育。

另外，捆绑着沙袋进行负重跑，幼儿的跑姿容易变形，错误动作容易导致运动损伤。

不宜四：掰手腕

幼儿四肢各关节的关节囊比较松弛，坚固性较差，掰手腕容易发生扭伤。另外，如同拔河一样，屏气是掰手腕时的必然现象，这样会使胸腔内压力急剧上升，静脉血向心脏回流受阻，而后，静脉内滞留的大量血液会猛烈地冲入心房，对心壁产生过强的刺激。如果长时间用一臂练习掰手腕，可能造成两侧肢体发育不均衡。

不宜五：极限运动

专家认为，幼儿的体育锻炼，一要遵循幼儿自身生长发育的规律，二要考虑幼儿身体的解剖生理特点。幼儿处于生长发育期，器官各方面还没有成熟，自然很难承受极具挑战性的极限运动，而且很容易造成损伤，比如超过幼儿自身承受能力几倍的大运动量，就有可能导致幼儿肌肉长期处于极度疲劳状态，造成肌肉疲劳损伤，容易留下运动损伤后遗症。另外，正处于生长发育的幼儿，关节中的软骨还没有完全长成，长时间过度磨损膝盖软骨，日后容易形成关节炎。研究表明，幼儿时期的膝盖损伤会导致成年后患关节炎的可能性增加三四倍。

不宜六：兔子跳

在做兔子跳运动时，人体重心所承受的重量相当于自身体重的3倍，每跳一次膝盖骨所承受的冲击力相当于自身体重的3倍，这对骨化过程尚未完成的幼儿来讲，很容易造成膝关节韧带和半月板的损伤。

不宜七：倒立

尽管幼儿的眼压调节功能较强，但如果经常进行倒立或每次倒立时间过长，会损害眼睛对眼压的调节功能。

不宜八：碰碰车

10 岁以下幼儿不宜玩碰碰车。幼儿的肌肉、韧带、骨质和结缔组织等均未发育成熟，非常脆弱，受到强烈震动时容易造成扭伤和碰伤。

不宜九：滑板车

8 岁以下幼儿不宜玩滑板车。幼儿正处于身体发育的关键时期，如果长期玩滑板车，会出现腿部肌肉过分发达，影响身体的全面发展，甚至影响身高发育。此外，玩滑板车时腰部、膝盖、脚踝需要用力支撑身体，这些部位非常容易受伤，所以一定要做好防护，最好有父母陪护，并且找平坦宽敞的非交通区域玩耍。

不宜十：小区健身器材

公共健身器材对安全要求很高。例如，目前最普及的“太空漫步器”，按照其两脚间规格，明显只适合成人使用，而有关警示上只对运动的形式、健康禁忌做了规定，对于使用者年龄并没有特别限制，致使很多幼儿也把这些器材当成了玩具。目前幼儿使用健身器材不当引起伤害的情况不断增多，甚至出现了重伤、残疾的现象。目前，绝大多数居民小区里的健身器材原则上是给中老年人配备的，适合幼儿的健身器材很少。

一些专家建议，针对幼儿身体发育特点，父母可以让幼儿进行跳绳、弹跳、跳皮筋、拍小皮球、踢小足球、打小篮球、游泳等体育运动，这些项目既有助于幼儿长高，又不会伤害身体。另外，对于尚未发育成熟的幼儿，一次运动时间最好不要超过一个小时，间隔十几分钟，休息一会儿后再运动。一天的运动量不能过大，以运动后幼儿不感到疲劳为宜。

资料来源：http://www.06edu.net/article-6604-1.html.

案例

案例 1：园所教室区域幼儿体育运动——小小勇士

适合年龄段：4 ～ 5 岁

活动目标：

1. 尝试利用桌椅等物品进行多种形式的钻爬、跨等动作练习。
2. 养成不怕困难的品质，体验成功的快乐。

活动准备：

1. 经验准备：幼儿有匍匐爬的经验。

2. 物质准备：桌子、椅子、垫子、平衡木若干。

3. 场地准备：教室内。

活动玩法：

1. 桌子一张张靠紧，小勇士双手抓桌子的两边，身体紧贴桌面往前匍匐爬，爬过“草地”(桌上)。

2. 小勇士双腿屈膝钻过“山洞”(桌下)。

3. 椅子背靠背放置，小勇士跨过“泥坑”(椅面)。

4. 多个平衡木相连接，小勇士走过“小桥”(平衡木)。

5. 取适量地垫，地垫上画单脚和双脚两种图案，小勇士跳过“水塘”(地垫)。

注意事项：

游戏中教师注意观察幼儿动作掌握情况，及时纠正不正确的动作，对能完成挑战的幼儿给予适时的鼓励和肯定。

(如皋市高新区实验幼儿园　胡小康)

案例 2：园所走廊区域幼儿体育活动——穿越侏罗纪

适合年龄段：5～6 岁

活动目标：

1. 在游戏中锻炼走、爬、跳等能力，发展动作的灵活性、协调性。

2. 积极参与体育活动，体验与同伴合作的乐趣。

活动准备：

1. 经验准备：有助跑跨跳的经验；能区分左右。

2. 物质准备：左右手、左右脚图示；竹竿（3 根）；皮筋（6 根）；线圈（15 个）；恐龙食物（自制纸球若干）。

3. 场地准备：走廊内。

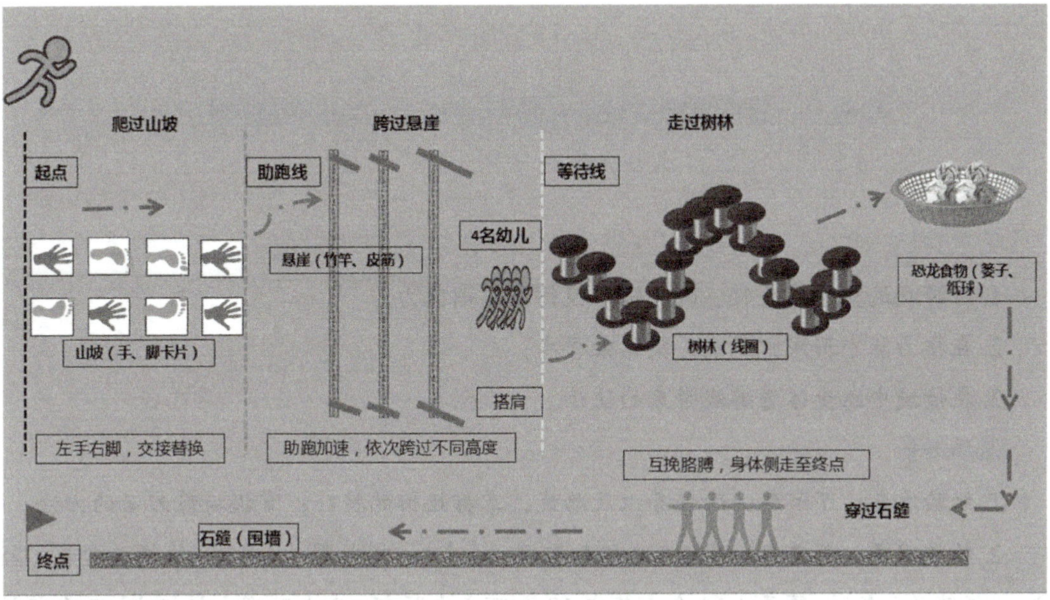

活动玩法：

小恐龙为了生活需要寻找更多的食物，于是一只只小恐龙出发寻找粮食。

1. 爬过山坡：左手右脚，交接替换。

具体玩法：小恐龙根据地面上左手、右手、左脚、右脚的图示，做出相应的动作，手脚并用依次通过。

2. 跨过悬崖：助跑加速，依次跨过不同高度。

具体玩法：用竹竿绷着皮筋，并把皮筋调整为三个不同的高度。小恐龙运用助跑跳的方式，依次跨过三个不同高度的悬崖，身体不能碰到皮筋。通过悬崖后，小恐龙在等待线等待其他小恐龙。

3. 走过树林：四人合作，搭肩通过 S 弯道。

具体玩法：用线圈摆成 S 弯道，四只小恐龙为一组，手放前一个小恐龙的肩上，合作从 S 弯道上穿过，线圈不能从弯道上掉落。通过树林后，小恐龙从篮子里取一个食物。

4. 穿过石缝：互挽胳膊，身体侧走至终点。

具体玩法：四只小恐龙为一组，互相挽着胳膊，做“小螃蟹”沿墙侧走至终点处。

注意事项：

1. 游戏过程中，及时关注需要帮助的幼儿，并保证幼儿的安全。

2. 游戏可反复进行，提醒幼儿遵守游戏规则。

（如皋市高新区实验幼儿园　胡鑫）

案例 3：园所楼梯区域幼儿体育活动——大王叫我来巡山

适合年龄段：5～6 岁

活动目标：

1. 在游戏过程中发展爬、跳、跨、投掷及协调能力；

2. 在接力赛中形成归属感、集体荣誉感；

3. 在情境中感受体育游戏带来的快乐。

活动准备：

1. 经验准备：了解巡山的任务以及路线；掌握投掷的技巧；掌握骑剪刀车的方法。

2. 物质准备：长 2 米、宽 1.5 米的钻爬网（4 个）；呼啦圈（8 个）；矮绿植盆栽（28 盆）；纸球（6 个）；筐子（14 个，其中 10 个可束在腰部，2 个贴有小妖标志，2 个装纸球）；剪刀车（2 辆）；长 3 米、宽 1.5 米的垫子（1 块）。

3. 场地准备：两侧楼梯与通道。

活动玩法：

活动前，所有幼儿自由平均分成红、绿两队，每次游戏每队 5 人参赛，一共 5 关。游戏为接力赛。每关 1 名队员（自主分配），每关均有机会抓获小妖，在规定时间内（10 分钟）累计抓获小妖最多的一队获胜，可被大王打赏。

1. 热身运动：摩拳擦掌，蓄势待发——头部运动、扩胸运动、振臂运动、体转运动、前压腿运动、侧压腿运动、膝关节运动、手腕踝关节运动。

在音乐《大王叫我来巡山》中展开热身运动。第一个 8 拍：低头、还原、抬头、还原、左屈、还原、右屈、还原；第二个 8 拍：双手握拳胸前平屈，向外扩 2 次，手臂伸直、掌心向上，向外扩 2 次，再重复前面的运动一遍；第三个 8 拍：左臂上举、右臂下

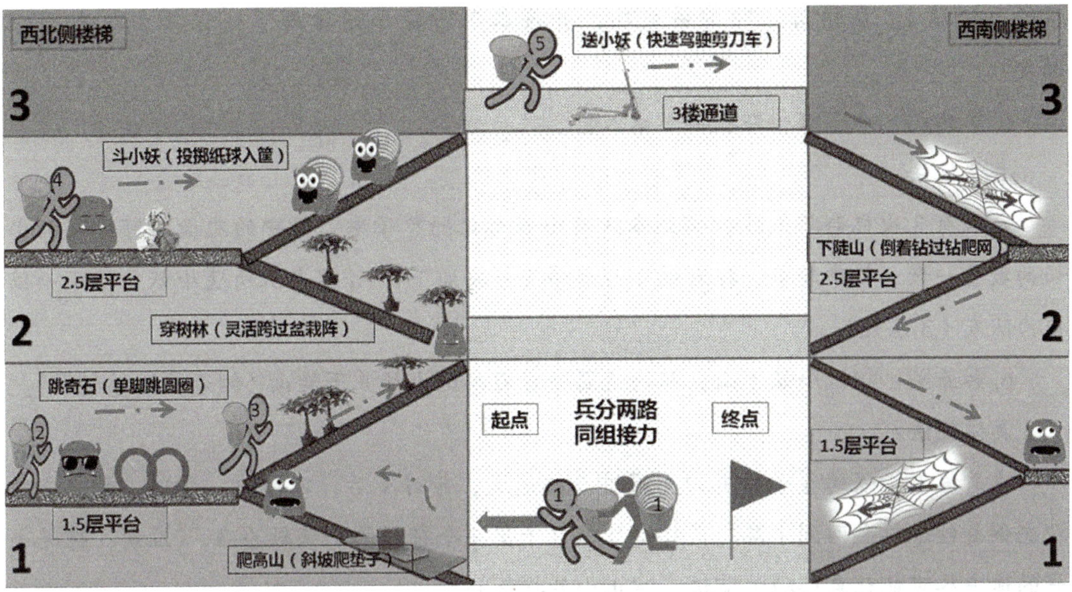

举，向后振2次，轮换为右臂上举、左臂下举，向后振2次，再重复前面的动作一遍；第四个8拍：双腿开立不动，双手胸前平屈左转，再双手胸前平屈右转，再重复前面的动作一遍。第五个8拍：前4拍左腿前弓步压，后4拍右腿前弓步压；第六个8拍：前4拍左腿侧压，后4拍右腿侧压；第七个8拍：前4拍双手扶双膝向右转圆圈，后4拍双手扶双膝向左转圆圈；第八个8拍：五指交叉，手腕转圆圈，前4拍左腿屈膝，前脚掌着地，向左转圆圈，后4拍右腿屈膝，前脚掌着地，向右转圆圈。要求：一拍一动。

2. 第一关：爬高山，即背着筐子从垫子上爬楼梯。

具体玩法：

幼儿奇思妙想，各显神通，运用不同的方式，背着筐子从垫子上爬至1.5层即闯关成功，并将本队所获小妖传给下一位接力队友（1.5层处）。

3. 第二关：跳奇石，即单脚跳圆圈。

具体玩法：

在1.5层拐角处随意摆放6个呼啦圈，幼儿背着装有小妖的筐子跳完所有呼啦圈，到达阶梯处即闯关成功，并将本队所获小妖传给下一位接力队友（1.5层处）。

4. 第三关：穿树林，即灵活跨过用盆栽摆成的路障。

具体玩法：

用盆栽摆在楼梯上做路障（有1个楼梯跨度的、2个楼梯跨度的），幼儿需跨过路障，到达2.5层拐角处即闯关成功，并将本队所获小妖传给下一位接力队友（2.5层处）。

5. 第四关：斗小妖，即投掷纸球入筐。

具体玩法：

每队有3次机会将纸球投掷到本队有小妖标记的筐子中，投中的次数与可抓获的小妖的数量一致，投中越多，抓获的小妖越多（一决高下），并将本队所获小妖传给下一位接力队友（3层处）。

6. 第五关：押送小妖下山，即快速驾驶剪刀车送小妖并下陡山（倒着钻过钻爬网）。

具体玩法：

束着装有小妖的筐子骑剪刀车通过三楼通道，停好车后，以最快、最稳、最安全的状态倒着钻过钻爬网到1层。最终结果以筐子里安全押送的小妖数为准。（注意：押送小妖的途中尽可能让自己稳步前进，防止小妖掉落）

7. 结束部分：大王打赏，即统计、对比结果，宣布获胜队伍。

师幼一起统计、对比结果，大王对获胜队伍进行打赏。

注意事项：

1. 活动前检查楼梯的台阶是否有破损，防止幼儿上下楼梯时滑倒。上下楼梯捡拾纸球时不奔跑、不冲撞，看清每一层台阶。

2. 此游戏需要6位教师在两侧楼梯的1层处、1.5层处、2.5层处、3层通道处全程陪伴，以确保幼儿安全。

（如皋市高新区实验幼儿园　马琴琴）

第四节　社会机构室内幼儿体育运动

一、社会机构室内幼儿体育运动的概念

社会机构室内幼儿体育运动是指幼儿在室内幼儿综合运动游乐场或各种单项运动的运动馆进行的活动，如大型游乐场、早教中心的小型游乐场、婴儿游泳室、幼儿体适能馆、幼儿啦啦操馆、幼儿跆拳道馆、幼儿武术馆、幼儿攀岩馆、幼儿游泳馆、感统训练室等。它是家庭与园所运动形式的补充，是幼儿利用自己的闲暇时间进行的运动，重在培养幼儿运动的兴趣，开发智力，发展幼儿的运动能力。

二、社会机构室内幼儿体育运动的组织与指导

社会机构室内幼儿体育运动分为两类：一类是集体教学类，其组织与指导和园所的集体体育游戏教学相似；另一类是自主游玩类，其组织与指导与园所和家庭的体育运动相似。具体内容详见各章节，本节不再做具体阐述。

案例

社会机构室内游戏四则——动物联欢会

适合年龄段：3～4岁

活动目标：

1. 练习走、跑、跳、爬、平衡等基本动作，发展协调能力以及灵敏性，发展各项运动能力。

2. 激发幼儿对体育活动的兴趣。

3. 引导幼儿形成勇敢、不怕困难的意志品质。

活动准备：

1. 经验准备：幼儿能较好地进行走、爬、跑、跳等。

2. 物质准备：小积木数块；画出普通小路（水平形平行线和波浪形平行线）以及带格的小路；障碍物：废纸卷、沙袋、海绵块、小长方木块或小木棍（障碍物的数量要与幼儿人数相应）；与人数相符的相应体育器材；跳绳若干；桃子模具若干；独木桥器材若干。

3. 场地准备：详见各游戏。

活动玩法：

可采用亲子式或自由组队式，具体玩法详见各游戏。

案例 1：小熊走小路

场地准备：

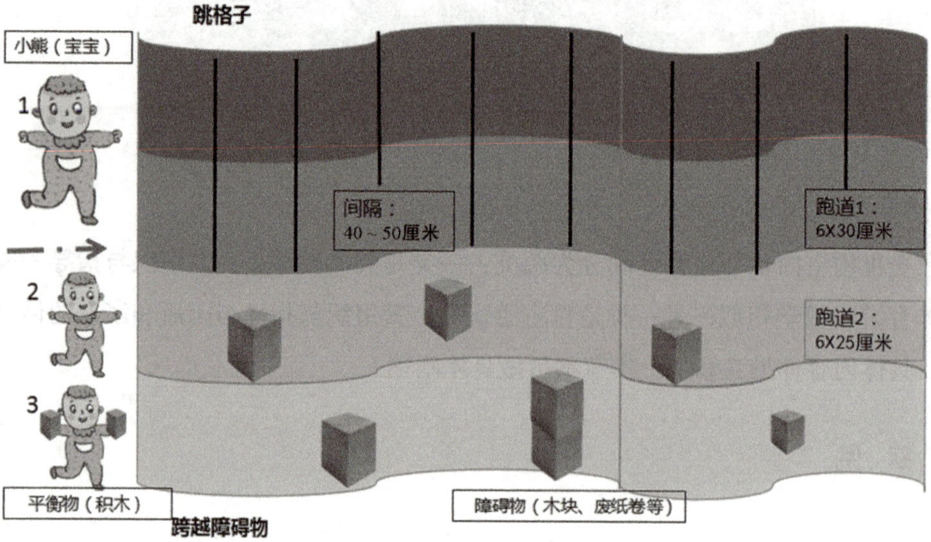

活动玩法：

1. 幼儿在 30 厘米宽的平行线间走水平形平行线、波浪形平行线。

2. 在平行线中间画出小格子，要求幼儿一步一格不踩线走，引导幼儿大步走。

3. 在 25 厘米宽的平行线间放置高 5～10 厘米的障碍物（废纸卷、沙袋、海绵块等），遇到障碍物时引导幼儿一脚抬高，另一脚保持短暂的平衡。

4. 在 25 厘米宽的平行线上听指令走，听到“停”的指令就立即停下，听到“走”的指令再迈步走，还可以“快走”“慢走”。

5. 在 25 厘米宽的平行线间，双臂侧平举并托沙袋、球等物体，或进行双臂侧平举以保持平衡。

建议：

可编成小故事带幼儿做游戏，如“熊妈妈带小熊”。

案例 2：龟兔赛跑

场地准备：

活动玩法：

1. 首先分成两组练习，一组幼儿扮小乌龟，学小乌龟爬，要求双手双脚撑着地，手脚协调进行；另一组幼儿扮小兔，双脚向前跳，跳时腿先弯曲，脚用力蹬地向前上方跳。

2. 两组比赛，从起点开始，拿到食物后返回，可轮换角色反复进行。

建议：

重点练习爬的动作。

案例 3：小伞兵

场地准备：

活动玩法：

1. 幼儿做伞兵，教师告诉幼儿，执行任务或者飞机遇到意外时，幼儿就会从飞机上跳下去。

2. 伞兵登上飞机，带领伞兵飞行，当教师说“跳伞”时，所有的伞兵跑到器材旁，登上器材往下跳。

建设：

提醒幼儿站在器材中间，不要靠后或靠前。能力弱的幼儿选择矮一点的器材。

案例 4：小猴摘桃

场地准备：

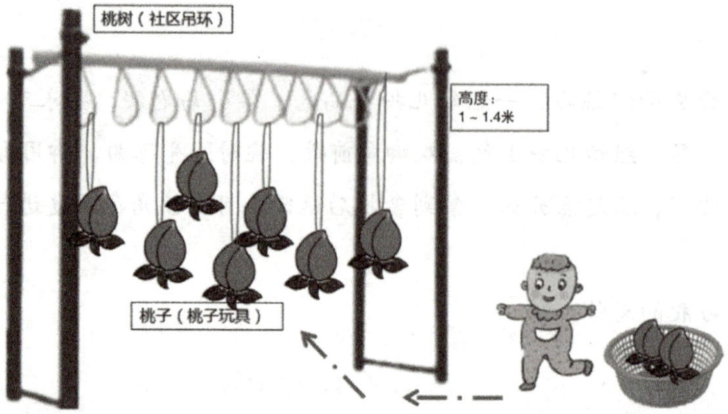

活动玩法：

桃子挂在吊环上，高低不一，幼儿从起点奔跑到吊环下，跳跃着摘桃子，摘完跑回原地放到筐子里，来回重复，直至桃子摘完。

（如皋市高新区实验幼儿园　张思凡）

本章小结

本章主要介绍了幼儿室内体育运动的概念与价值、特点与类型，不同类型幼儿室内体育运动的设计、组织与指导的相关理论与方法等，为学习者了解幼儿室内体育运动的重要性与特殊性，掌握不同年龄段幼儿室内体育运动的设计、组织与实施的方法等提供了帮助。

同步练习

一、简答题

1. 幼儿在家庭室内可以利用哪些资源进行体育运动？请分别举例说明。

2. 组织与实施幼儿园所室内体育运动的前期准备是什么？

3. 幼儿园所室内体育运动的常见问题有哪些？如何处理？

二、实训题

1. 根据家庭室内的空间和家具等器材，设计一个 3 ～ 4 岁幼儿室内体育运动方案，小组内分享设计、组织与指导思路。

2. 根据幼儿园所室内的场地和器材，设计一个 5 ～ 6 岁幼儿室内体育运动方案，小组实践并展示。

第七章　幼儿户外运动的组织与指导

学习目标

1. 理解幼儿户外运动的概念与价值、特点与类型；
2. 掌握不同类型幼儿户外运动的相关理论、组织实施流程、组织与指导要点及注意事项；
3. 能尝试设计并组织与指导不同年龄班的幼儿户外运动。

学习重难点

1. 不同类型幼儿户外运动方案的设计；
2. 不同类型幼儿户外运动的组织与指导。

学习方法

1. 建议在理解的基础上进行相关知识的深入学习和思考；
2. 建议充分利用网络资源，收集相关案例和素材，并运用所学知识进行分析；
3. 建议亲自实践，通过撰写幼儿户外运动案例、组织幼儿户外运动等形式巩固所学知识。

教学建议

1. 本章内容实践性较强，建议为学生创造实践机会，引导学生在实践中感受与幼儿一起开展户外运动的乐趣，掌握幼儿户外运动组织与指导的要点；
2. 可采用集体教学与实践相结合的方式帮助学生理解并内化学习内容。

第一节　幼儿户外运动概述

一、幼儿户外运动的概念与价值

（一）幼儿户外运动的概念

幼儿户外运动是指教师在幼儿阶段组织实施的户外类课程以及幼儿家庭自发的户外活动，是一项以满足幼儿对户外活动的兴趣的运动。它旨在通过丰富的户外活动环境，在大自然中给予幼儿充分的自主权，让幼儿按照自己的方式去探索、学习、发展。户外运动从广义的字面上可以单纯理解成一切在“室外”开展的人类活动。国家体育总局登山运动管理中心对户外运动的定义解释为，户外运动是一组以自然环境为场地（非专用场地）的带有探险或体验探险性质的体育运动项目群，包括登山、攀岩、悬崖速降、在野外露营、野炊、定向运动、溪流、探险等项目。

对于幼儿而言，户外运动有着特定的范畴。幼儿户外运动更为提倡的是走进大自然，亲近大自然，让幼儿与阳光和新鲜空气为伴，以个体或群体的方式，动用全身感官共同参与的活动。例如，参与徒步、露营、定向越野等，既符合幼儿好动、好奇的天性，又增加了他们与大自然的亲近感。

（二）幼儿户外运动的价值

户外运动的有效开展对幼儿的成长具有积极的作用。因为幼儿正处在生长发育的时期，他们的机体对外界环境的适应能力差，身体各器官系统发育尚未成熟、完善，容易因各种自然因素的变化影响健康，所以，选择适合于幼儿生理特点的户外运动，可以提高幼儿机体的环境适应能力、抗病能力，从而在增强幼儿体质、促进幼儿身心健康发展等方面有着重要的意义。

1. 户外运动有利于幼儿亲近大自然

户外活动是以阳光和新鲜空气为伴，以个体或群体的方式，动用全身感官共同参与的活动。例如，与小朋友一起徒步、露营、定向越野等，都是在自然环境中进行的，这为幼儿提供了与自然环境亲密接触的机会，增加了他们与大自然的亲近感。同时，幼儿在户外活动中所受到的制约大大减少，他们在更多的情况下是活动的主动参与者，因此能充分发挥他们的想象力、动手能力和创造力。

2. 户外运动有利于增强幼儿免疫力

人的健康标志之一就是能适应外界环境的变化。研究表明，经常从事户外运动的幼儿，身体结实，不怕风寒，一年四季很少生病。在决定机体对外界环境的适应能力的因素中，皮肤具有重要作用，因为皮肤具有无数感受外来刺激的神经末梢，它对外界环境的不断变化和刺激最先发生反应，具体表现在对体温的调节上。幼儿多进行户外活动，利用日光等自然条件的刺激来提高身体对体温调节的能力，以增进体格的健康。经常进行户外运动的幼儿都具有较强的免疫力。

3. 户外运动有利于幼儿提高认知功能

德国学前教育界认为户外运动对幼儿大有好处，因为户外运动需要幼儿进行爬、跳、跑等的行为。幼儿天生就喜欢运动，通过户外运动，他们会逐渐认识外界环境。幼儿可以认识到事情都是有前因后果的，并以不同的途径理解事物的内部联系。随着活动范围的扩大，幼儿的自信心也可以不断加强。

4. 户外运动有利于加速幼儿的社会化发展

幼儿往往会从游戏中积累经验并迁移到将来的日常生活中去。户外运动往往是需要与小朋友组成团队一起展开的，即使是简单的户外活动，也有不少规则。例如，几个幼儿在一起定向越野，就有分工、合作与配合的问题。可以说，户外活动为幼儿解决日常生活问题、积累为人处世规范提供了广阔的空间。参加户外运动，带领幼儿运动、体验、观察、触摸、探寻、感知世界万物，这是孩提时代最重要的事情。

二、幼儿户外运动的特点与类型

（一）幼儿户外运动的特点

1. 自然性

幼儿户外运动是在自然环境中进行的，有着回归自然、返璞归真的特征。这对于生活在城市中的现代人具有独特的吸引力，能给幼儿以更自然、更人性化的享受，能促进幼儿与自然和谐发展，培养幼儿保护生态环境的意识。

2. 挑战性

户外运动无一例外地具有不同程度的挑战性和探险性，同时还常具有结果的不可预期性。体验探险可以激发幼儿的进取心和求知欲，在兴奋和刺激中激发潜能，在实践和磨炼中完善人格，提升自己应对挑战、克服困难的信心和勇气。户外运动有一定挑战性，但是结果要有预期且可以控制，安全第一。

3. 团队性

户外运动经常是集体活动，需要幼儿共同来解决问题。所以幼儿户外运动尤其强调团队精神，要求幼儿在户外活动中能够形成团队，相互协作、互相帮助，共同取得成功或胜利。在户外运动中幼儿所得到的真情实感和团结友爱将是刻骨铭心、终生难忘的。

4. 体验性

户外运动是体验教育的重要组成部分。体验作为最真实的一种主观反应，是幼儿对事物认知的必经过程。要不断丰富教育环境，注重幼儿的主观体验和情感认知。户外运动就是为幼儿提供多样的教育环境，并实现“以身体之、以情验之、以心悟之”的效果，加深幼儿的社会认知，培养幼儿的社会情感，促进幼儿形成健康的社会行为。

(二) 幼儿户外运动的类型

幼儿户外运动是幼儿日常生活中一个非常重要的环节。幼儿户外运动是幼儿达到健康目标的重要途径之一，同时，它对幼儿心理健康也有积极作用。它不仅可以增强幼儿自信，提高其对同伴、集体和社会的适应力，使其有团结合作的精神、豁达合群的性格和愉快乐观的情绪，而且能培养勇敢坚强等意志品质，更是促进幼儿心理发展的有效途径。

依据参与形式的不同，我们将幼儿户外运动分为幼儿定向运动、幼儿远足运动、幼儿营地运动和幼儿社会角色体验活动四种类型。

第二节　幼儿定向运动的组织与指导

一、幼儿定向运动的概念与特点

定向运动是一种时尚新型的运动项目，有别于一般的运动。幼儿定向运动是以发展幼儿的体能和智能为重要目标，以幼儿参与为主体，在地图的帮助下完成一定任务的运动形式。它在探索和实践中初步形成了不同年龄段幼儿定向运动的课程内容，探索出符合幼儿年龄特点的实景选择和地图设置，从而发展幼儿多方面的能力。同时，教师通过科学设置定向运动的路程、时间等，不仅可以提高幼儿中长距离走、跑能力以及耐力等身体素质，而且可以在一定程度上解决幼儿园运动场地不足的问题。

二、幼儿定向运动的组织与指导要点

（一）前期准备

前期准备主要是进行幼儿定向运动的设计，主要包括安排不同年龄阶段幼儿定向运动的内容，设置路程、时间、点标数量和点标间距，选择活动地点，确定活动路线和实景点标，制作适合幼儿使用的地图。

1. 内容安排

内容安排需建立在了解不同年龄段幼儿的经验和能力的基础上。首先，可在幼儿感兴趣的事或喜欢的故事中选择适合的内容，创设具体的情境，激发幼儿的兴趣，吸引其投入活动。例如，小班幼儿非常喜欢动画片中的朵拉，经常模仿朵拉开展“探险”活动，我们可以生成小班定向运动“爱探险的朵拉”。其次，可根据小、中、大班主题活动的进程，关注幼儿的兴趣点，安排与主题内容相关的定向运动。例如，围绕小班主题活动“小司机”可以设计“汽车去哪里”的定向运动，围绕中班主题活动“在秋天里”可以设计“虫虫总动员”的定向运动，围绕大班主题活动“我是中国人”可以设计“走遍中国”的定向运动。

2. 路程、时间、点标数量和间距的设置

根据《指南》提出的幼儿身体移动能力的发展目标，结合前期幼儿定向运动开展的经验，我们可以量化幼儿定向运动的路程、时间、点标数量和间距，通过逐步增加路程、时间和点标数量，由易到难地满足不同年龄阶段幼儿的需求，让每位教师都能科学合理地组织幼儿定向运动。其中，路程是指幼儿从起点出发完成任务后返回起点的总路程；点标间距是单趟路程除以点标数得到的。如中班定向运动路程是 1 000 米，那么单程是 500 米，点标数是 7 个，点标间距在 70 米左右。

3. 活动地点选择

在开展定向运动的过程中，活动地点的选择显得非常重要，它关系到幼儿能否成功地完成此次定向运动任务。所以一般要根据幼儿的年龄特点，遵循从熟悉到不熟悉、从室内到室外、从近到远的原则选择幼儿定向运动的活动地点。比如以幼儿所在的城市公

园为活动景点，以幼儿为主体，根据不同年龄段的幼儿设置不同的背景。

4. 活动路线和实景点标确定

在选择了活动地点之后，可以根据设置的路程、时间、点标数量和间距进行实地考察，选择合适路段，确定实景点标位置，并实地拍摄实景点标，为后期制作地图提供素材。小班定向运动的路线一般是比较简单清楚的直线，随着幼儿运动和认知能力的提高，中班可选择有岔路的路线，大班则可选择“井”字路线或有丁字路口的路线。如果是园外定向运动，要注意选择宽敞平整的地方和人流量少的时段。

在实景点标的选择上，要充分考虑不同年龄幼儿的认知特点，做到难易适度。小班幼儿对色彩鲜艳、生动形象的物品比较感兴趣，中班幼儿已能辨别物体的简单特征，大班幼儿已能初步理解事物之间的关系。因此，为小班幼儿设置的是他们熟悉的、颜色鲜艳的、有明显特征的实景点标，如公园的标志性建筑或景点等；为中班幼儿设置的是几个具有相似特征的实景点标，如以路边的一个废物箱为实景点标，幼儿通过观察该废物箱周围环境与其他废物箱周围环境的不同来进行判断；为大班幼儿设置的是具有相似特征但背景不同的实景点标，如两个实景点标处都是相同的椅子，但一个的远景是小桥，一个的远景是高楼。此外，在活动开展前，可以根据具体的活动内容，在每个实景点标处放置一些富有趣味性的物品，吸引幼儿去寻找，如拼图、玩具汽车、仿真虫子、陀螺、橡皮筋、弹珠等。这些物品通常放在实景点标处不太隐蔽的地方，以方便幼儿寻找，防止幼儿把大量时间花费在寻找物品上，偏离活动的主要目标。

5. 地图制作

通过前期实地考察，在确定了定向运动的路线和实景点标后，就可以制作地图了。幼儿定向运动地图主要由符号、路线、点标图片、点标处藏匿物品的图片等构成。教师既可以根据场地的形状绘制地图，也可以把原场地的真实地图加以缩小处理，选取其中主要的路线和地形，添加需要的符号，再按顺序把拍摄的实景点标图片放在地图恰当的位置上，有时根据需要在每个点标图片旁贴上藏匿的物品图片。在地图上呈现藏匿的物品图片主要是为了避免幼儿无目的地寻找，同时有助于幼儿和教师最后验证结果。

为了使地图更适合不同年龄幼儿的认知水平和运动发展特点，可以通过改变地图上路线的呈现方式和符号来调整难易程度。如小班地图可以用若干箭头表明前进的方向，添加实景点标图片和藏匿物品的图片，并以数字表明寻找的点标顺序；中班地图呈现的可以是与实景相符的简单路线，用三角形和双圆形来代表起点和终点；大班地图可以出现与实景相符的较为复杂的路线，颜色的深浅与地面的高低对应，还可以增设斜坡、阶梯、山顶、山腰、山脚等图例说明符号，使地图的绘制更科学、更贴近生活。

（二）实施过程

1. 做好活动中的安全保障工作

幼儿定向运动在设计类型上可以分个人定向运动、双人定向运动和亲子定向运动。在亲子定向运动中，每个幼儿都必须由家长陪同，以确保其安全。在非亲子定向运动中，可以安排实习教师、其他教师或者家长志愿者站在离点标有一定距离的地方，既保证幼儿安全，又不干扰幼儿寻找，还能更好地看管点标处的物品。此外，还可以根据场地情况判断是否需要配备人员跟随幼儿。一般来说，点标之间距离较远、有障碍物，站点人员不能完全看到幼儿的情况下，教师可以跟随幼儿，以保证其安全。还要根据不同的季节做好保育工作。例如，天气寒冷时带领幼儿在活动前充分热身，夏天为幼儿准备驱蚊水、风油精、毛巾、矿泉水等，平时备创可贴等。

2. 选择不同的活动组织形式

因为不同年龄阶段幼儿合作水平不同，所以可以让小班幼儿独自活动，让中、大班幼儿结伴活动。由于幼儿在定向运动中的速度、耐力、空间感知能力各有差异，可以采取幼儿互补结伴的策略，有意识地让性格互补或能力水平差异较大的两个幼儿组成一组，如运动能力弱的和运动能力强的一组、粗心的和细心的一组等，通过幼幼互动，推动每个幼儿的发展。可以每隔两分钟或在已看不见前面出发的幼儿时，再让后面的两个幼儿出发，以防止幼儿跟随他人，盲目行动。为了最终验证活动的效果，必须准确记录各组幼儿的出发时间和到达时间。

（三）注意事项

1. 引导推进

在幼儿定向运动中，需要通过现场观察，及时发现幼儿的需要并加以引导推进。例如，有的幼儿脱离地图毫无头绪地乱转，有的知道要阅读地图但缺乏相关的阅读技能，有的阅读地图不仔细等。当出现这些问题时，需要有针对性地通过有层次的提问、旁敲侧击、手势指引等方法及时引导幼儿思考，让幼儿学习把地图与实际场景对应，以帮助幼儿找到正确的前进方向。

2. 延时等待

当幼儿在定向运动中遇到困难或发生错误时，如找不到点标、找错点标、遗漏点标时，教师不应马上介入，而是要仔细观察、耐心等待，让幼儿有充足的时间去发现问题、解决问题。幼儿自己纠错，印象会更深刻，可减少同样错误的发生。当然，等待不是长时间无目的的等待，教师要根据幼儿在定向运动中的经验和能力把握介入的时机。

3. 讨论交流

讨论交流包括幼儿运动前的介绍和运动后的分享交流。活动前，可以向幼儿介绍地图上的各种符号、路线、点标图片以及管理物品、获取点标处物品的规则，让幼儿有目的、有规则地活动。活动结束后，可以在活动现场组织幼儿分享交流。这既可使幼儿互相学习，也可使幼儿发现问题、解决问题。通过回顾活动过程，可以把幼儿在活动中碰到的困惑或没有完成任务的原因提出来引导幼儿讨论，也可把活动中幼儿有序寻找物品、两人分工合作等好方法进行分享交流，最后给予归纳总结，让幼儿获得一定的启发，帮助幼儿不断积累定向运动的经验。

幼儿定向运动从设计到实施是一个不断完善的过程，每个环节都会影响活动最终的实施效果。在以后的实践中，还要不断地从幼儿角度考虑问题，使幼儿的定向运动更加科学、合理。

视野拓展

定向运动

定向运动就是利用地图和指南针依次到访地图上所指示的各个点标，以最短时间到达所有点标者为胜。定向运动通常在森林、郊外和城市公园里进行，也可在大学校园里进行。定向运动起源于瑞典，最初是一项军事体育活动。“定向”这两个字在 1886 年首次使用，意思是在地图和指南针的帮助下，越过不被人所知的地带。真正的定向比赛于 1895 年在瑞典、斯德哥尔摩、挪威和奥斯陆的军营区举行，它标志着定向运动作为一种体育比赛项目的诞生。

案例

当定向运动遇上动物园

定向运动遇到动物园主题教学将碰撞出怎样的火花？某幼儿园的老师将两者完美地

结合在一起。接下来让我们一起来了解一下都发生了哪些事情。

中午孩子们还在午睡，老师们却在为下午孩子的户外游戏忙碌地准备着。精心绘制的幼儿园地图、动物标识，还有带着花式打孔机的动物们，被分布在幼儿园的游泳池、跑道上、树上、石头旁、轮胎旁等。

老师首先将小朋友进行了分组，两个小朋友一组，一人拿地图，一人拿动物标识的图纸。两个小朋友合作，按照地图标识的数字依次寻找动物，找到之后用打孔机在动物标识的图纸上的相应位置打孔。

两个小朋友首先在游泳池找到了第一个动物——河马。他们高兴地大喊：“河马！河马！”小朋友都寻声前去。在老师的帮助下，他们在河马图纸的相应位置上打下了一个蚊子图案的孔，然后拿着地图去寻找下一个动物。其他孩子也陆续完成了第一个打孔任务。很快地，他们就找到了第二个动物——企鹅，在企鹅图纸相对应的位置打上了一只小鱼的孔。有些孩子手的力量小，无法完成打孔的工作，他们会用不同的方法去尝试，比如换个地方或寻求其他小朋友的帮助。

一会儿工夫，孩子们已经在木板墙旁边找到了最后一个老虎图纸。

孩子们完成任务之后，回到起点，老师为孩子们准备了小礼物。孩子们心满意足地拿着自己的战利品，除此之外，孩子们还收获了更多，比如与他人合作完成一件事情，对数字顺序的理解，对方位的感知，对动物园更深刻的了解，对运动的喜爱等。

资料来源：http://blog.sina.com.cn/s/blog_7a2d6b750102w2bz.html.

第三节　幼儿远足运动的组织与指导

一、幼儿远足运动的概念与特点

（一）幼儿远足运动的概念

远足运动是通过连续行走一定距离的路程，来促进幼儿身心健康发展的一项运动，对幼儿健康、社会、科学、语言等各方面发展都有促进作用。一般而言，远足距离以小班 1 000 米左右、中班 1 500 米左右、大班 1 500 米以上为宜。通过远足活动，幼儿可以欣赏和了解到周围环境及不同季节大自然的变化，提高对外界环境的了解和适应能力，感受大自然的美，萌发爱自然和爱周围生活环境的情感。

（二）幼儿远足运动的特点

1. 运动性

幼儿远足运动与其他运动项目一样，也是一种体育锻炼活动，是以各种形式的人体活动为主的一项运动，所以其具有运动性。远足运动的关键在于个人或者团队的识别地图、使用地图、方向辨别和奔跑的能力等。可以说，这是一项集体力、技术、智力和决断力为一体的运动。

2. 趣味性

远足运动包含着各种各样的游戏，如点标的寻找、运动线路的选择等。远足运动的环境与比赛的方式等，更能发挥比赛或活动的趣味性，且比单纯的步行或赛跑更能提高参赛者的兴趣，加之比赛是在校园、公园或野外进行，因而使整个运动具有很强的趣味性。

3. 知识性

远足运动是一项非常好的幼儿运动。就知识性而言，要有地理学、测绘学等相关知识以及运用这些知识的能力，特别是幼儿识别地图、识别标志、方向辨别等的能力。它丰富了幼儿的地理知识，提升了他们户外活动能力。

4. 自主性

远足运动中，线路有多种选择，幼儿会走不同的路线。因为一切活动绝不能也无法由他人替代，需独自完成任务，所以远足运动可以更好地调动幼儿的主观能动性和自主性。

二、幼儿远足运动的组织与指导要点

（一）前期准备

1. 制订远足运动计划

幼儿园开展远足运动，一般可采用幼儿园和班级分层制订计划的方式，幼儿园综合考虑指导思想、活动价值、活动要求、预设地点和安全事项等方面因素，制订每学期幼儿整体远足计划，帮助教师明晰远足的目的和价值，明确各年龄班远足活动的要求和实施及建议。当幼儿园的远足活动实施计划制订后，还可以以家长会或者告知书的形式向家长征求意见，了解家长对远足活动的看法和建议，以完善远足活动方案。一旦远足活动得到了家长的认可和支持，也就意味着它得到家长的积极配合，那么即使在远足过程中发生了一些小问题，如有些幼儿擦破了皮、被蚊虫叮咬等，家长也可以理解接受。

2. 明确教师和幼儿充分准备的内容

（1）物质准备。

例如，活动前提醒幼儿喝水、大小便，检查幼儿的着装情况、活动所需物品的携带情况和工作人员的配备情况等。检查并及时调整和消除不利于幼儿参加远足活动的因素，如为个别幼儿更换不合脚的鞋子、脱去穿得过多的衣服等。明确活动中需要携带的物品，如矿泉水、擦汗的毛巾、防止走失的标志牌、夏天预防中暑和被蚊虫叮咬的药品、用于激励幼儿提高参与活动兴趣的奖品、回程时乘车需要的车费、开展主题活动时需要的教学具等。

（2）经验准备。

主要引导幼儿了解远足运动的地点、任务；了解远足运动沿途和目的地的自然与人文景观及相关典故等；了解一些简单的外出安全常识和自救常识等。教师要让幼儿做好心理准备，告诉幼儿需要做出的努力，并预设各种突发性的问题以及发生问题后的最佳解决方案。

（3）特定准备。

不同类型或者主题的远足活动还会有一些特定的准备。

1）"定向寻宝"远足。教师需要提供地图、指南针，还需要提前在路途中设置一些目标点，让幼儿以小组或家庭为单位根据地图寻找目标点。这种智力与耐力相结合的远足活动，既有趣也有挑战，不仅能提高幼儿的观察能力、判断分析能力、空间方位感知力与团结协作能力，还能充分锻炼幼儿的耐力和意志力。

2）负重远足。活动前，幼儿园需要根据幼儿的体重，科学核定幼儿行进负重的重量。负重远足不仅能提高幼儿的兴趣，还能加大幼儿运动强度，锻炼其意志力和耐力。一般幼儿的负重约为体重的 10%，小班幼儿一般负重 1 ～ 1.5 千克，中、大班幼儿一般负重 1.5 ～ 2 千克。

3）"大带小"远足。此种形式的远足以混龄形式开展，活动中年龄大的幼儿和年龄小的幼儿一起行进，幼儿之间互相关心、互相帮助。教师在前期准备中要帮助幼儿做好分组，以便到达活动场地后，开展"大带小"混龄游戏。

4）亲子远足。幼儿园可邀请家长参与远足，提供亲子互动机会，让家长和教师、家长彼此之间加深感情。在远足运动中融入亲子游戏、家长助教、阅读活动等，充分利用社区、家庭、幼儿园多方教育资源，实现三位一体的教育。教师需提前预约场地、联系家长、设计亲子运动方案等。

（二）实施过程

1. 远足活动过程中的组织与指导

要求两位教师在队伍一前一后关注和引导幼儿，随行医生或管理人员、志愿者家长等走在队伍中间。教师引导幼儿沿途欣赏和了解具有代表性的自然和人文景观；提醒幼儿热情有礼貌地打招呼；观察幼儿的身体情况和情绪状态（特别是体弱儿），及时调整活动的节奏和速度，中途适当休息和适时饮水；随时清点幼儿人数，提醒幼儿注意安全。

2. 远足运动后交流分享

教师通过组织幼儿采用谈话、绘画、做小绘本等方式，让幼儿们交流、分享远足运动的内容、过程、感受与收获；师幼共同小结远足活动情况。远足是一项因地制宜的教育活动，幼儿园需要结合园所情况，不断探索适宜、有效的组织与实施策略，以保证远足运动的质量，实现远足运动的价值和意义。

（三）注意事项

安全工作是远足运动的重中之重，防患于未然是做好安全工作的最好保证。为此，我们要做到以下几个方面。

1. 加强教师的安全意识

教师是活动的主要组织者，所以安全工作的首要任务是加强教师的安全意识和增加教师户外带队的经验。为此，每次远足前园领导都要对教师加强“幼儿园远足活动常规要求”的教育，提醒教师远足出发前、路途中、活动中、回程前一定要清点幼儿人数，以防幼儿走失；每班配备足够的随行人员，路途中保证队伍的前、中、后都有工作人员照应；幼儿过马路时，教师横拉安全警示带站在十字路口，阻挡横穿的车辆；医务人员携带药箱全程跟随队伍并对幼儿进行观察，如发生意外事故则及时处理；按照“幼儿园远足活动安全应急指引”，成立安全保健领导小组，在远足运动过程中一旦出现安全事故则立即采取相关应急措施，将危害降低到最低程度。

2. 加强幼儿的安全意识

走出幼儿园，面对广阔的大自然，幼儿常常会有一种无拘无束的感觉，甚至有时会因对一些偶发事件感到惊奇而激动不已，这常常是不安全因素产生的重要源头。为此，幼儿园需要加大对幼儿的安全教育的比重，将安全教育工作渗透到平时每日活动的各个环节，组织幼儿讨论一系列安全问题，如走路时怎样才能不掉队、怎样才不会撞上别人和车辆、怎样过马路、遇到陌生人怎么办等，切实提高幼儿的自我保护能力，并在活动前强化其安全意识和规则意识。

案例

“大带小”远足运动——走进春天

设计意图：

根据幼儿发展的需要，开展“跨班互动，促进幼儿社会性发展”的研究。跨班互动形式多样，如各区域活动、户外体育活动、有计划的主题活动等，幼儿在自主选择活动内容和伙伴的过程中，可以表现出稳定的活动兴趣、平和而自然的交往方式，且可以使得活动效率明显提升，自主活动特点得到显著增强，这些体验对幼儿今后的成长无疑是非常有益的。因此，我们在更多领域和范围内尝试跨班互动，以促进幼儿社会性、认知等多方面能力的更好发展，周末“大带小”的远足活动应运而生。在包括活动准备、活动组织、活动后的成果展示等在内的各个环节，我们都邀请家长一同参加。

活动目标：

1. 学习帮助他人，与他人分享经验，并对他人表示感谢，增强与不同年龄幼儿交往的体验，以便更好地理解他人，强化与他人合作的意识。

2. 进一步了解季节的变化，感受春天的美。

3. 锻炼体能和自控能力。

活动准备：

1. 知识经验准备：

（1）教师对远足的线路和目的地进行详细的考察。

（2）大班幼儿有写生的经验，小班幼儿对植物、建筑、人物有观察和表现的经验。

（3）大班和小班已经互动近一个学期，大部分幼儿彼此已经比较熟悉。

2. 物质准备：

（1）录像机、照相机、录音机、便携式扩音机、玩具筐、沙包。

（2）每个家长准备坐垫（1 个）、水瓶（1 个）、绘画纸（若干张）、画笔（若干支）。

活动过程：

1. 活动开始：

教师：“今天，我们幼儿园大班的哥哥姐姐和小班的弟弟妹妹一起去南通博物苑游玩，你们高兴吗？现在老师请每个大班的小朋友与一位小班的小朋友拉起小手，小朋友要仔细看看拉的是谁，一定要记清楚哦。”

幼儿自愿结对。

教师："现在老师提一个要求，看谁记得最清楚：我们走在马路上时，好朋友的小手不能分开，看哪对好朋友小手拉得最紧。孩子们准备好了吗？出发！"

在路上的几个重要场所，如菜市场、邮局、社区体育活动场，教师让幼儿暂停，与幼儿做简单交流。

2. 跳集体舞：

行走20分钟左右，到达南通博物苑西草坪。

教师："孩子们，这里真宽敞，我们能在这里做什么呢？"

集体跳邀请舞《找朋友》3～4遍，家长、幼儿、教师共同参与。之后请幼儿休息一下，喝点水。

3. 玩游戏：

教师："我们来问问大班的哥哥姐姐，你们玩过'钻山洞'的游戏吗？"

教师："老师和家长搭一个山洞，大班小朋友玩一遍，小班的小朋友认真看。"

教师："小班的小朋友看清楚了吗？要钻过山洞，身体要怎么样？"

提示幼儿钻的要领——弯腰、低头、屈腿。大班的幼儿带着小班的幼儿一起钻一次。提示大班的幼儿做榜样，动作要规范。

教师："大班的小朋友能不能也搭一个山洞，让弟弟妹妹钻一钻？"

大班幼儿搭山洞，小班幼儿钻，共玩2遍。中间提示大班幼儿手要举高，坚持住。

教师："哥哥姐姐搭山洞，胳膊一定都酸了，我们快谢谢他们吧。"

4. 欣赏美景：

教师："王老师发现前面有更美丽的景色，我们去看一看。"

提示幼儿拉好小手，到博物苑门前广场欣赏美景。

5. 幼儿自由组合绘画创作：

教师："这里真美丽，看看都有什么？这么美丽的景色，我们用什么办法把它记录下来？"引出绘画活动。

教师："等会儿画的时候，大家可以自由组合。"

教师提示幼儿："爸爸妈妈给小朋友带着坐垫，让我们谢谢他们。""这几位叔叔真辛苦，帮助我们拿了这么长时间的扩音机和录音机，使小朋友能听清老师讲的话，跳舞时有音乐伴奏，让我们一起大声说：'谢谢叔叔，你们辛苦了！'"

6. 结束活动：

教师："请小朋友把自己的作品给身边的小朋友、叔叔、阿姨看一看，然后收好。"

提示幼儿保存好绘画作品，回到幼儿园，我们要办“春天在身边”绘画展。

活动延伸：

1. 班级组织主题谈话活动“说说我的好朋友”，巩固幼儿对活动、对伙伴的感知和体验。

2. 幼儿园举办“春天在身边，朋友在身边”绘画展。

3. 幼儿园举办“春天在身边，朋友在身边”家长摄影展。

（南通市市级机关第一幼儿园）

第四节　幼儿营地运动的组织与指导

一、幼儿营地运动的概念与特点

营地教育是“一种在户外以团队生活为形式，并拥有创造性、娱乐性和教育意义的持续体验。通过培训以及自然环境的熏陶，帮助每位营员达到生理、心理、社交能力以及心灵方面的成长”。幼儿营地教育侧重于让幼儿在体验中达成一定目标，通过富有创造性的营会活动，让幼儿“有目的地玩”，并“深度探索自己”。营地活动在帮助幼儿建立自信心、培养独立品格和领导力、提高社交能力等方面影响显著。

视野拓展

营地教育与幼儿运动的关联

营地教育历史悠久，目前它作为学校和家庭教育的有效补充和组成部分，受到世界许多教育发达国家的重视。但国内营地教育发展较晚，进入这个领域的群体主要集中在户外体育、旅游、教育、拓展、体验式培训等。幼儿营地教育近几年发展比较迅速，但是良莠不齐，特别受营地自身资源的限制，有些营地在主题设计的适切性上存在着不足。所以作为幼儿园，应该选择与《指南》相匹配的课程设计（或者营地主题），以更好地辅助幼儿园教学，使进行营地活动时目标明确。或者和营地进行沟通与协调，根据幼儿园的实际需要来进行活动设计；活动设计要区别于幼儿园的教学模式，要更加注重体验与参与；活动要更加关注探究性学习的方法，让幼儿在体验中发现问题，并寻找解决问题的方法。

皮亚杰认知发展理论认为3～6岁的幼儿处在“前运算阶段”。到前运算阶段，幼儿对物体永久性的意识巩固了，动作大量内化。随着语言的快速发展及初步完善，幼儿频繁地借助表象符号（语言符号与象征符号）来代替外界事物，重视外部活动，幼儿开始从具体动作中摆脱出来，凭借象征格式在头脑里进行“表象性思维”。所以，这个阶段是帮助幼儿重返户外自然，释放天性，激发幼儿的自驱动能，发现自己的真正价值的关键时期。

二、幼儿营地运动的组织与指导要点

（一）前期准备

1. 核实相关机构资质

幼儿园在组织营地活动前，一定要对所看好的营地机构进行了解，看该机构是否具备资质，比如是否有正规的营业执照，机构本身是否属于教育行业，机构是否有专业的研学导师或是教练员。若有可能，来自到办公地址去了解一番最好。组织活动报名之前一定要让对方出其具有法律效力的相关合同书，并且在合同上要明确一些幼儿在营地活动期间的重要事项，如活动地区、费用所含项目、食宿标准和责任关系等。如果幼儿在营地运动期间没有得到相应的服务，家长可以依法维护幼儿的权益。

2. 完善的营地活动内容体系

幼儿园组织营地活动的目的更多是以幼儿为对象的特殊的教育实践活动，并非是旅行团的观光旅游，尽管这两者之间有一定的联系，但营地活动更应该注重教育，不是单纯的游玩。定点的营地以及较为完备的、系统的营地活动内容体系，使得学校对幼儿营地活动这样的主题教育活动、实践活动能有全面的把握，从策划到操作都有充分的质量保证。

3. 了解行程

选择营地活动的地点以后，要事先了解当地的气候、生活习惯、饮食习惯等信息，适当地准备生活必需品。还要注意营地活动内容是否适合幼儿，并对可能花在路程上的时间、当地的食宿情况、安全情况等内容进行了解。

（二）实施过程

1. 到营地前的工作提示

幼儿园要通知家长、幼儿赴营地训练期间需要携带的用品，比如背包、换洗的衣服、毛巾，亲子类的营地活动还需要家长准备一些物品等。出发前要清点好人数，并提醒幼儿和家长有关安全知识。

2. 到营地后的工作提示

（1）由营地人员和幼儿园教师（或者家长志愿者）进行对接，清点人数，安排住所。

1）公布各人的住宿房间号码，请幼儿和家长记好。

2）建立临时组织，明确管理人员（幼儿园教师或家长志愿者），提出营地活动具体要求。

（2）按照既定的营地活动课程展开活动，活动中听从营地教师的安排，幼儿园教师和家长志愿者做好辅助工作。一般情况，10 个幼儿就应该有 1 个带队教师，甚至应该有更多的带队教师。

3. 营地活动结束的工作提示

营地活动结束后，引导幼儿收齐个人物品，教师或家长帮助检查，防止丢失物品。

（三）注意事项

“一次特别的营地活动有可能会改变孩子的一生”，营地教育形式多样、内容广泛、具有体验性与实践性，真正实现“寓教于乐”，对培养幼儿的综合素质大有益处。在具体实施的过程中，还需要关注以下几点：

1. 活动内容的适切性

只有根据幼儿的年龄特点和发展水平，确定符合幼儿发展需求的活动目标，才能有目的、有计划地引导幼儿主动参与活动，积极参与体验。

2. 传承优秀民族民间文化

现在的营地建设比较现代化，主题比较时尚，很少有以优秀民族民间文化为主题的营地教育。其实民间游戏种类繁多、生动有趣，特别是一些体育游戏，能够在很大程度上发展幼儿的动作，提高幼儿的运动能力。随着时代的发展，可以收集、改编和创作民间游戏，使之更符合现在幼儿的特点。如“跳房子”用呼啦圈代替用粉笔画的房子。“拉大锯”可以用绳子和空饮料瓶做成漂亮的大锯……

案例

春季主题营地教育活动

春天万物复苏，暖暖春意。人们脱掉厚重的冬衣，换上轻便的春装，去田野嗅嗅大自然的味道，听听鸟儿啾鸣，看着滴落在桃花花瓣上的雨滴，还有什么比这更美妙的吗？

一、进军桃花山顶

引言：嗅着满是桃花微香的清新空气，听着山间小虫在春日里的窸窣，我们在青山绿谷中不断攀高。

主要活动概述：亲子登山活动

活动时间：上午 2 ～ 2.5 小时 / 下午 2 ～ 2.5 小时

活动形式：亲子互动，家庭登山

课程特色：努力与挑战结合、自然与环保结合

培养目标：运动技能、协调能力、独立冒险精神、对户外运动的兴趣

二、开山植树节

引言：春天花开，阳光正好，全家总动员来到营地，作为丛林守卫者开山植树造林，召唤蓝天白云，随风摇动的小树在感谢孩子们的温柔以待。

主要活动概述：开山仪式 + 山间寻宝 + 植树、挂树牌

活动时间：上午 2 ～ 2.5 小时 / 下午 2 ～ 2.5 小时

活动形式：亲子互动，讲解 + 实践

课程特色：科学与趣味结合、讲解与实践结合、自然与环保结合

培养目标：树木分类能力、动手实践能力、环保意识的培养

三、探望星空

引言：从故事到科学，再到美丽的遐想，这就是星空带给我们的乐趣，永无止境……

主要活动概述：山间观星 + 初春自然探秘

活动时间：下午（晚间）2 ～ 2.5 小时 / 上午 2 ～ 2.5 小时

活动形式：亲子互动，讲解 + 参与观察

课程特色：科学与趣味结合、讲解与体验参与结合、自然与科学结合

培养目标：科学素养、宇宙观、观察能力、尊重事实、基于现象做出推测的能力

四、森林骑行

引言：孩子们置身早春的大自然中，跟着专业教练学习平衡车、山地车骑行技能。

主要活动概述：平衡车、山地车技能学习 + 儿童急救知识技能培训

活动时间：上午 2 ～ 2.5 小时 / 下午 2 ～ 2.5 小时

活动形式：亲子互动，讲解 + 实践

课程特色：讲解与实践结合、问题与解决办法结合

培养目标：运动技能、协调能力、独立冒险精神、对户外运动的兴趣、处理意外事故的能力

五、定向越野

引言：孩子们学会在大自然中如何确定自己的位置，如何借助设备找到正确的线路，找到地标，绘制线路图。

主要活动概述：定向越野 + 自然笔记

活动时间：上午 2 ～ 2.5 小时 / 下午 2 ～ 2.5 小时

活动形式：亲子互动，讲解 + 体验

课程特色：讲解与实践结合

培养目标：热爱户外大自然、锻炼身体、动植物昆虫认知

以上是以“春天”为主题的营地教育活动，可以单日，也可以多日合并。各个营地可以根据幼儿园的课程需要，集合营地场地的特点、现有资源等因素来设计活动内容、主题分类等。

（安吉天荒坪镇第二幼儿园）

第五节　幼儿社会角色体验活动的组织与指导

一、幼儿社会角色体验活动的概念与特点

（一）幼儿社会角色体验活动的概念

“体验”作为一种真实的主观反应，是幼儿认知事物的重要手段。《指南》指出：“创设丰富的教育环境，合理安排一日生活，最大限度地支持和满足幼儿通过直接感知、实际操作和亲身体验获取经验的需要。”社会教育是一种以发展幼儿社会性发展为目的的教育，可以增强幼儿的社会认知、社会情感，并激发幼儿的社会学习潜能，从而促进幼儿社会性品行得到良好的发展。

体验式学习是一种“以身体之、以情验之、以心悟之”的教学方法；而社会教育是一种促进幼儿社会化、培养幼儿社会性的教育，两者之间存在着诸多的契合之处，为幼儿组织体验式社会教育活动意义深远。

（二）幼儿社会角色体验活动的特点

1. 社会角色体验活动基于幼儿生活

幼儿对社会现实生活的印象是角色游戏的源泉，角色游戏是幼儿对现实生活的一种积极主动的再现活动，游戏主题、角色、情节、材料的使用均与幼儿的社会生活经验有

关。如当幼儿了解了交通规则后则会玩交通警察的游戏，坐公交车遇到售票员态度不好，在游戏中幼儿也会对乘客很凶。还有，教师的孩子喜欢“当老师”，医生的孩子喜欢“当医生”等。这些都证明了幼儿在角色游戏中所反映的是他们的社会生活经验。幼儿生活经验越丰富，角色游戏的水平也就越高。

2. 社会角色体验活动需要丰富想象

角色游戏的过程是创造性想象的过程。在角色游戏中，创造性想象主要表现在三个方面：

（1）对游戏角色的假想（以人代人）。

如扮演妈妈、老师、司机、经理等幼儿生活中熟悉的人物。幼儿运用各种材料，通过语言、表情、动作等表现自己对这些角色的认识与体验。

（2）对游戏材料的假想（以物代物）。

在角色游戏中，幼儿常常以一种物品代替另一种，还能一物多用。如用纸条当“面条”，用小积塑片当“饭”，用冰棒棍当“筷子”等。同样一种物品在不同游戏中可以充当不同的东西，如积塑条可以是老爷爷的“拐杖”，可以是火车的“铁轨”，可以是护士的“注射器”，还可以是警察叔叔的“警棍”等。

（3）对游戏情景的假想（情景转换）。

幼儿常常通过一个或几个动作和想象，将游戏情景进行浓缩或转换，如玩娃娃家，“妈妈”一摸“孩子”额头：“呀！小孩发烧了，送医院吧。”于是抱着“孩子”在院子里走一圈回来了，说：“打针了，孩子病好了。”

3. 社会角色体验活动功能潜移默化

幼儿社会态度、社会情感和社会行为的培养，往往内化于幼儿内心，不容易立即显露或被发现，具有较强的潜在性。幼儿社会角色体验活动需要教师创设基于真实生活的教学情境，通过与教师、同伴交往互动，观察、模仿榜样示范，通过实践体验、氛围熏陶和情感激发感染等多种方式，让幼儿亲身体验角色的经验，并与幼儿个体发生意义联结，只有涉及大量的情境性和操作性的知识经验，才能为幼儿所认识、理解和接受，真正内化于心。

二、幼儿社会角色体验活动的组织与指导要点

（一）前期准备

1. 经验准备

（1）教师的准备。

教师自身知识的储备能否满足幼儿的需要，是幼儿社会角色体验活动中一个不容忽

视的环节。教师不仅要补充自己的知识量，而且要在不断学习中形成自己的储备，完善自己的知识结构。教师要学会了解幼儿、分析幼儿，从幼儿已有的知识和经验出发，挖掘活动的深度和难度，并将思维的条理性、逻辑性转换成清晰、有条理的语言表达。

（2）幼儿的准备。

知识与经验是幼儿进行幼儿社会角色体验活动的基础，幼儿必须对将要体验的角色的相关内容有一定的了解，才能做进一步深入的参与、体验。因此幼儿园教师在平时就可以通过各科教育、日常观察、生活活动、劳动、娱乐活动等多种形式拓宽幼儿知识面。同时还要善于利用园外教育资源的优势，定期组织幼儿外出参观、郊游，邀请社区有关人士来介绍不同职业的工作特点，加深幼儿对周围环境和现实生活的印象。

2. 物质准备

体验总是在一定的情境中产生的，因此，幼儿体验式社会教育活动，也必然发生在情境之中。教师需要创设必要的角色体验场所（情境），提供充足的游戏材料和玩具，吸引幼儿进行游戏，体验角色。为游戏准备材料时，要了解幼儿的生活经验和游戏的意愿，以发挥引发角色体验的作用。

（二）实施过程

1. 引导幼儿对角色身份进行认知

在角色扮演时，幼儿充当着不同的角色，而不同的角色有着不同的身份，不同的身份就有不同的表现，如不同的语言、动作、形象等，这些不同的角色就是幼儿对未来社会角色身份的初步体验。比如：理发员与顾客的身份差异、医生与病人的身份差异、乘务员与乘客的身份差异，等等。这些不同身份的角色所承担的不同的社会责任，幼儿也在游戏中有了初步的体验，对他们将来可能充当的社会角色有了最初的感受。正因为如此，在角色扮演中，幼儿的各种表现应引起教师的充分注意，以避免一些不良因素影响幼儿，使幼儿的认识、感受出现偏差，如商店的售货员态度蛮横、医院的医生敷衍病人，等等。因此，角色游戏中的体验虽是幼儿对未来社会角色的初步体验，却有可能直接影响着幼儿未来人生的质量。

2. 鼓励幼儿利用角色身份正确交往

让幼儿学会交往并善于交往是幼儿教育的一个重要组成部分，而角色游戏正是培养幼儿养成正确的交往行为的一种游戏活动。因此，游戏角色间的交往应传递给幼儿文明、和谐的交往方式。在幼儿之间的自然交往中，他们会以自己的思维、言行进行交往。而在角色游戏中，则要让幼儿去模仿成人的身份，进行成人间的交往，这对幼儿来说是困难的，但也是需要的，更是非常重要的。初次模仿成人的交往，比如医生与病人交往时，医生应怎样说，持什么样的态度，有什么样的表情，两者配合会出现什么样的结果，等等，会给幼儿留下极深的印象。幼儿在游戏中学习着在不同场合、不同地点与不同人物的交往，体验着交往的感受。同样这最初的体验也需要教师的正确引导，以避免不良的交往方式影响幼儿的正常交往。

总之，幼儿在游戏中模仿成人的言行举止，体验着成人的感受。这最初的体验，将对幼儿承担未来社会的真正角色有着深刻的意义。正确、规范的体验，能给他们以美好的启迪，在他们幼小的心灵里播撒下健康的种子，帮助他们在漫长的人生道路上走出坚实的步伐。反之，将会影响幼儿的人生质量。因此，笔者认为，教师应重视角色游戏中幼儿的最初体验，让他们在游戏中体验未来社会、人生的美好，并带着对未来美好的憧憬走向生活！

（三）注意事项

1. 注重体验情境的创设，明确社会角色

体验总是在一定的情境中产生的，因此，幼儿体验式社会教育活动也必然发生在情境之中。通过情境创设，可以促进幼儿产生体验，并开始体验式学习过程。为此，幼儿教师作为体验式社会教育活动的组织者，应当为幼儿创设恰当的活动情境，从而实现社会性教育目的。户外社会角色体验最大的优势就是能提供比较成熟的社会情境，比如儿童邮局、儿童消防站、儿童机场等，可以为幼儿创设现实社会中的特定情境，并让幼儿在情境之中扮演特定的社会角色，从而使幼儿在这一社会情境之中表现出与这一角色一致的社会行为，并在这个过程中感知社会角色之间的关系，从而得到社会性教育。

2. 重视体验式游戏的组织，指导获得社会经验

角色体验游戏符合幼儿的身心发展特点，是幼儿喜闻乐见的一种学习方式，是比较常见的一种活动形式。就角色体验游戏的本质而言，它本身就是一种社会性活动。因此，在教师组织角色体验式幼儿社会教育活动时，以体验游戏的形式展开，无疑是一种可行的方法。幼儿可以在游戏和交往之中，得到更多的社会经验。除了在户外体验中心进行角色体验之外，在幼儿园也可以设计一些体验游戏来帮助幼儿获得社会经验。例如，有教师专门设计了“呼啦圈怎么玩”的游戏，让幼儿在游戏之中获得社会合作方面的经验。在这个过程中，幼儿会在游戏的体验之中，自然地发现取得游戏胜利的关键就在于“合作协商”，即“请求”和“邀请”。合作行为是一种具有代表性的亲社会行为，这对于幼儿而言，就是一种很宝贵的社会性经验。

角色体验是幼儿较喜欢的一种活动，同时也是较难玩“好”的一种活动。之所以难玩“好”，是因为：幼儿缺乏生活经验，难以掌握所扮演的社会角色，如售货员、医生、邮递员等的行为、语言乃至职责。正因如此，教师应该重视角色游戏的指导，为幼儿将来充当真正的社会角色打下基础。

案例

宝贝一家亲

幼儿最先熟识和接触的是自己的爸爸、妈妈，对角色身份的体验也就是从爸爸、妈妈开始的。幼儿体会不同身份的角色，最早多是从“娃娃家”开始，“娃娃家”游戏堪称是学前教育中角色游戏中的“经典”。幼儿在游戏中充当爸爸、妈妈的角色，很自然地去模仿爸爸、妈妈的言谈举止，学习他们的日常行为，将自己理解的爸爸、妈妈形象表现出来。这就是幼儿对角色身份的初步体验，而这样的初步体验对幼儿的影响是非常大的。

游戏背景：

角色游戏是小年龄幼儿表现生活的游戏，在游戏中可以产生许多的互动。今天的角色游戏开始了，琪琪和楠楠来到了“娃娃家”，戴上了“妈妈”和“哥哥”的牌子。“妈妈”抱起了娃娃，整理小床；“哥哥”则在一边看着，一会儿帮忙，一会儿进入厨房。两人开心地玩起了“过家家”游戏。

游戏行为实录：

“我是妈妈，你是哥哥，妈妈给宝宝穿衣服，你自己到厨房里去烧饭，好吗?”“妈妈”琪琪与“哥哥”楠楠商量道。“我不会呀，烧饭应该是妈妈的事呀!”“哥哥”楠楠显然很不愿意。“妈妈”说：“我们是一家人呀！我现在没空啊，我要给宝宝穿衣服，她要上学了呀!”“那等爸爸回来烧嘛!”扮演“爸爸”的幼儿正好去吃饼干了。我上去参与他们的游戏：“我来做客啦！好饿呀!”“妈妈”和“哥哥”刚开始愣在那里，后来“哥哥”反应快，请我坐下。“妈妈”这时也停止整理，来到厨房胡乱地抓起一个水果和一个蔬菜就放在小碟子里给我，示意让我吃，还提醒我说：“这些是假的，不能放在嘴里吃的，要假装吃。”我笑着做了一个假装吃的动作：“啊呜，啊呜。”我请“妈妈”和“哥哥”也坐下，大家一起笑着“吃”东西。

游戏行为反思：

3～4岁的幼儿爱模仿的特点十分突出，模仿是这一时期幼儿主要的学习方式，通过模仿掌握别人的经验，习得良好的行为习惯。例如：模仿爸爸、妈妈照顾宝宝的样子、烧饭的动作等。一般幼儿认为烧饭是妈妈的事情，所以当“妈妈”提出让“哥哥”烧饭时，“哥哥”百般不情愿。这样就容易在游戏中产生冲突，使游戏僵持。教师适时进入，可以帮助幼儿缓解矛盾，以客人的身份丰富游戏情节。

指导与调整：

这个阶段的幼儿年龄小，虽然容易将假想和实际相混淆，把一些“娃娃家”的造型逼真的玩具当作真的食物放入口中。但随着生活经验的逐步丰富，一些幼儿也意识到这是游戏，是假的食物（游戏中“妈妈”提醒我不能吃，是假的）。在游戏评价中，教师可以提醒幼儿：不能把玩具放入口中，既不安全又不卫生。

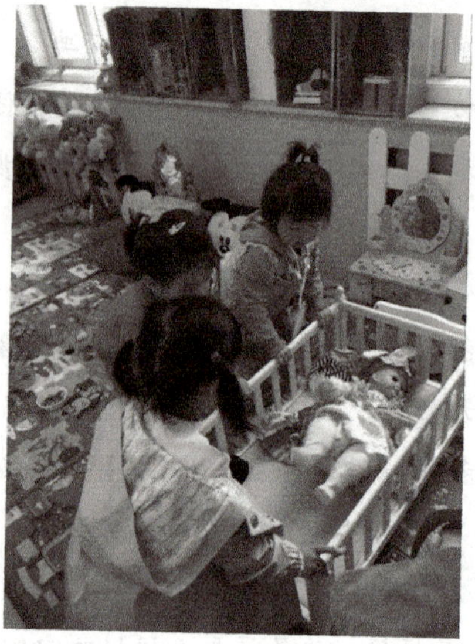

本章小结

本章主要介绍了幼儿户外运动的概念与价值、特点与类型，不同形式幼儿户外运动的特点、组织与实施的流程、组织与指导的要点及注意事项等，为学习者正确认识丰富多彩的幼儿户外运动对培养幼儿学习的方式和态度，培养他们对待生活的方式、态度和实践能力的重要价值，了解并掌握不同形式幼儿户外运动的设计、组织与指导的方法以及注意事项等提供了帮助。

课后练习

一、简答题

1. 幼儿户外运动的价值是什么？

2. 幼儿户外运动的特点是什么？

3. 不同形式的幼儿户外运动的基本组织流程是什么？

4. 不同形式的幼儿户外运动的组织与指导要点是什么？

二、实训题

1. 小组讨论，设计至少一种形式的幼儿户外运动方案。

2. 观察一个幼儿集体远足活动的案例，分析幼儿在活动中的表现与教师组织流程，发现其中的问题与优点，撰写活动评价。

第八章　幼儿运动会的组织与指导

学习目标

1. 理解幼儿运动会的概念与价值、类型与特点；
2. 掌握不同类型幼儿运动会的相关理论、组织实施流程、组织与指导要点及注意事项；
3. 能尝试设计并组织不同类型的幼儿运动会。

学习重难点

不同类型幼儿运动会的组织流程、组织与指导的基本方法及要求。

学习方法

1. 建议充分利用网络资源，收集相关案例和素材，并运用所学知识进行分析；
2. 尝试亲自实践，通过设计不同类型幼儿运动会方案以理解和运用所学知识。

教学建议

1. 本章内容实践性较强，建议为学生创造实践机会，引导学生在实践中感受参与幼儿运动会的乐趣，掌握幼儿运动会组织与指导的要点；
2. 可采用集体教学与实践相结合的方式帮助学生理解并内化学习内容。

第一节　幼儿运动会概述

一、幼儿运动会的概念与价值

（一）幼儿运动会的概念

幼儿运动会是幼儿运动的竞赛会，是指幼儿在日常体育教学活动之外的各种体育比赛活动。运动会设有开幕式、表演项目、竞赛项目、颁奖仪式等环节，可以激发幼儿参与体育活动的兴趣，增强竞争意识，并获得成功体验的集体活动。

幼儿园运动会让幼儿在一点一滴的学习中感受运动带来的知识、体验与乐趣，在运动会中感受参与的快乐、团队的合作精神。幼儿运动会让大家关注儿童的身心健康以及浓浓的亲情，这些共同构成了幼儿园运动会的魅力与活力，使幼儿园体育教学走出课堂，进入家庭，进入社区，有效促进幼儿的身心健康发展。

（二）幼儿运动会的价值

1. 提高身体素质，培养运动兴趣

幼儿园体育的最终目标是实现幼儿的健康发展，让每一个幼儿根据自身的基础和条件，通过有效的学习和锻炼，成为身体和心理都健康发展的人。为此，在各年龄段有目的地开展运动会，把全园运动会和班级运动会相结合，以“我爱运动”为主题开展教育教学活动，创设相应的环境，可以更好地激发幼儿对体育活动的兴趣。

2. 参与团体活动，培养规则意识

通过对运动内容、方式的改变，让每个幼儿都有机会体验到成功；通过情节化、游戏化、生活化等多种形式的运动让每个幼儿都体验到在运动中学习、挑战、交流和创造的乐趣，形成比赛时的规则意识。

3. 敢于克服困难，培养团队意识

在符合幼儿的身心发展规律的前提下，要明确幼儿动作发展的要求，编制能够体现幼儿学习能力的技巧性动作。幼儿在参与过程中，克服困难，完成比赛，并在团队协作中取得满足感，体验获胜的喜悦。通过集体表演性活动为全体幼儿提供表达自我、展现活力及呈现动作技巧的机会。

4. 引导家园共育，多方共同参与

幼儿园运动会争取家长的支持和参与，为家长了解幼儿搭建了一个很好的平台，让家庭成员和幼儿有更多的协作和沟通机会，进一步增进亲子关系，密切家园联系。通过这样的活动，促使幼儿更自信、更健康、更具活力和更富有创造性。

二、幼儿运动会的特点与类型

（一）幼儿运动会的特点

幼儿运动会需要制定合理的方案，根据幼儿的身心特点安排运动项目，内容选择要全面，让幼儿在运动中充分体验运动的乐趣，体验在公平竞争中获得成功的喜悦。幼儿运动会具备以下特点：

1. 科学性

幼儿期是人类生长发育的关键时期，幼儿的各个器官都尚未发育完善，幼儿时期的身体各项机能的发育会很大程度影响后续人体的各项体能机制。因而，要加强幼儿科学的体育锻炼，运动过程中的运动负荷遵循由弱、较强、强、较强、弱的规律，逐渐增加运动强度，同时关注幼儿的身体发展和调整负荷强度。

2. 游戏性

游戏是幼儿活动设计的载体，根据幼儿认知水平和身体活动能力，设计不同类型的游戏活动，比如：简单的动作重复活动、通过假想创设情景活动、简单的规则游戏活动等。

游戏的发展遵循一定的规律，游戏过程中通过言语沟通、情节交流等互动关系组群游戏活动，同时游戏具有共同目的、明确分工和彼此协调合作，它是幼儿活动和情感愉悦的精神寄托；是促进幼儿认知发展和社会性发展的重要渠道；是幼儿之间社会交往的最好园地；是幼儿实现自我价值的最佳载体。

3. 规则性

规则可以让幼儿学会等待、学会倾听、学会分享、学会友好相处。对幼儿进行规则教育，是幼儿掌握社会规范，从自然人转向社会人的前提。幼儿学会遵从社会共同的价值体系和集体规范，形成自我意识，养成规则意识和对世界的秩序感，认识自己与他人、环境和社会的关系，并以社会行动准则来规范自己的行为，逐步将社会规范内化为个人行为准则。

幼儿运动会是在既定比赛规则的前提下完成的，随着年龄的增长，幼儿的任何活动都将遵循一定的规则。根据不同的年龄层次幼儿的身心发展规律，制定相应的比赛规则，提高比赛的公平性，体现比赛的竞争性，让幼儿在参与过程中体验成功感和获得感。

4. 亲子性

亲子运动会是亲子活动的最好形式，现代社会家长忙于工作，与幼儿的互动时间少，幼儿亲子活动提供了一个家校互动的平台。在设计亲子游戏时，教师要充分了解幼儿的年龄特点，把幼儿的活动量控制在合理的水平，以保证游戏能够顺利进行。

（二）幼儿运动会的类型

依据幼儿运动会的参与对象、内容安排以及开展的普遍性与适用性，将其分为亲子运动会、幼儿健康体能运动会、幼儿民俗趣味运动会、幼儿综合性运动会等几种类型。以下章节将分别进行具体阐述。

第二节　亲子运动会的组织与指导

一、亲子运动会的概念与特点

（一）亲子运动会的概念

亲子运动会是父母与幼儿共同参与的活动，是家园共育工作的重要形式和内容。亲子活动有利于增进家长和幼儿之间的情感交流；有利于幼儿身心的健康成长；有利于激发幼儿的内在潜能；有利于拉近幼儿与家长、家长与家长、家长与教师之间的距离，从而转变家长的教育观念，让家园共育更加紧密。

（二）亲子运动会的特点

1. 亲子性

亲子运动会的特点主要体现在亲子性，强调父母与幼儿共同参与运动，体验活动中的乐趣，增进父母与幼儿间的感情。亲子活动是幼儿活动中必不可少的部分，幼儿与成人的依恋是自然且十分重要的，在浓浓的亲情中成长的幼儿更健康、活泼、聪明。

2. 趣味性

亲子运动会的特点还体现在活动的趣味性。亲子活动让父母和幼儿共同参与有趣的运动，在运动中锻炼身体，幼儿在活动中感受父母对待运动的态度，父母在活动中感知幼儿的成长。

3. 情感性

每个幼儿都希望得到家人的关注，希望有人看着他，希望自己是家人视线的焦点。亲子活动不仅有益于家长与幼儿之间的情感交流，使亲子关系更为紧密，提升幼儿的快乐指数，还能促进幼儿各方面能力的发展。

二、亲子运动会的组织与指导要点

（一）前期准备

1. 经验准备

主要是指幼儿对于亲子运动的认知，比如在“揪尾巴”这个活动中，幼儿必须要知道如何保护好自己的“尾巴”，并在父母的帮助下保护好自己的“小尾巴”。还有就是家长对运动会流程、运动项目内容与规则、需要配合的事宜的认知。

2. 物质准备

主要包括运动会方案与秩序册的制定，运动会时间、地点、内容、器材、音乐、奖品与工作人员等的安排布置。此外，还有突发状况的预设与应对准备方案，确保安全第一。

（二）实施过程

1. 开幕式

亲子运动会开幕式主要体现幼儿特色，主题欢快，体现亲子的特点。可设置开场舞、亲子表演，展现幼儿精神面貌与幼儿园特色。一般开幕式包括以下几部分：

（1）各班幼儿与家长在引领员的带领下，排队有序入场。进场队形与服饰道具等体现创意、活泼与亲子性（如统一穿老虎造型服装），经过主席台前口号响亮，有饱满的热情和精神状态，可安排动作展示等。

（2）旗手携国旗入场，举行升旗仪式，全场人员行注目礼，进行爱国主义教育。之后，园长致开幕词（可安排各类表演）。

（3）家长代表发言、裁判员宣誓、小运动员代表带领全园小运动员宣誓。

（4）园长宣布运动会开始。

2. 组织竞赛

按照各项目分组有序进行比赛。首先，引导员组织带领小运动员及家长到达各项目比赛场地。然后，裁判员现场讲解比赛规则，比赛分组有序进行的同时裁判员各司其职，进行成绩名次判定。比赛过程中，安保组负责巡视全场，关注比赛的秩序和安全要点，确保运动会有序进行；竞赛组负责汇总各项目成绩，公布公告；宣传组负责播放音乐，鼓励加油，并抓拍精彩瞬间，展现活动特色，体现小运动员的运动风貌；场地器材组负责收还器材、清理场地；医疗卫生组负责为小运动员的健康保驾护航。

3. 闭幕式

首先，主持人宣布比赛结果；其次，领导致辞并组织颁奖（一般设置最佳父子拍档、最佳母女拍档等）；最后，主持人宣布运动会闭幕。

（三）注意事项

1. 运动项目的选择兼顾幼儿与家长的运动特长

亲子运动会是全员参与的盛会，幼儿和家长根据自己的喜好和特长，选择自己喜欢或者擅长的运动项目，积极参与。因此，在竞赛内容安排上，要选择符合幼儿身心发展规律，特别是符合幼儿身体发展要求的动作，尽可能地体现幼儿学习并已掌握的操作性动作技巧。另外，要做到兼顾项目的多样性，让所有幼儿参与其中，体验运动的乐趣。

2. 活动流程的组织安排做到周全细致

（1）活动前，各班召开家长动员会，向家长告知运动会流程、运动项目内容、规则和需要家长配合的事宜等（可以制作运动会秩序册，以纸质版或电子版的形式发给家长），请每个家庭与幼儿一起选择项目，让每一位家长和幼儿都参与到活动中来。

此外，活动前需做好活动所需的场地、器材的配备与检查工作，做好工作人员的职责分工，并做好应对突发状况的准备。场地足够大的园所，可进行全园亲子运动会；场地小的园所，可分时间段进行单一年级的亲子运动会。如工作人员不足，可提前联系家长，请家长担任志愿者参与运动会相关工作；如所需器材比较生活化，可以请家长帮忙提供。

（2）活动中，通过情节化、游戏化、生活化等丰富多彩的运动项目与形式的安排，让每个幼儿都能参与其中，体验比赛的乐趣。同时，加强安全工作，安排专人维护运动场的秩序，并引导幼儿对竞赛规则、竞赛成绩有正确的认知。

（3）活动后，首先，安排专人负责清理场地、收还器材等，引导幼儿对文明参赛、爱护环境的认知教育。其次，进行总结反思。可以再次召开家长会，或通过微信群等联系方式，教师与家长一起总结反思亲子运动会的收获与改进措施，家校联动，为幼儿创造一个良好的亲子互动环境，促进幼儿的全面发展。

3. 正确认识比赛目的，重在参与体验

在亲子运动会中，有的家长过于注重比赛结果，可能会做出一些不诚信或违背体育精神的行为。幼儿的人生观、价值观的建立，受到学校、家庭和社会三方的影响。因此，教师有责任提醒家长遵从诚信比赛、公平竞争的原则，树立“友谊第一、比赛第二”的竞赛精神，注重过程体验，为幼儿树立良好的竞赛榜样。让幼儿在活动中体验团队协作精神，体验运动的乐趣，体验通过自己的努力获得成功感和荣誉感，让幼儿在不断体验进步或成功的过程中增强自尊心、自信心，形成积极向上、乐观开朗的生活态度。

案例

幼儿园亲子运动会

一、指导思想

《纲要》中指出：“幼儿与成人、同伴之间的共同生活、交往、探索、游戏等，是其社会学习的重要途径。”亲子活动是以幼儿和家长的互动游戏为核心的，因此，我园准备开展亲子运动会，让家长一起参与幼儿的活动，通过观察和亲身体验，使家长更加重视与幼儿之间的互动联系。

二、活动主题

“我运动，我快乐，大手牵小手，一起来加油！”

三、活动形式

亲子运动会，全体师幼及家长参加

四、活动时间

××××年×月×日

五、活动地点

操场

六、活动参与对象

幼儿园领导、教师；幼儿、家长

七、活动设计意图（目标）

1. 通过开展年级亲子运动会，增加幼儿之间、家长之间、幼儿与教师、家长与教师之间交流、沟通的机会，进一步增进彼此间的情感交流。

2. 通过运动会过程中的体育活动的参与，培养幼儿的运动兴趣、发展幼儿的动作技能，促进幼儿身体素质的发展。

3. 通过比赛环节，帮助幼儿培养竞争意识，培养幼儿通过努力克服困难的精神，了解团结的重要性，形成荣誉感。

八、活动前期准备

1. 经验准备：由各班教师通知各位幼儿及家长关于亲子运动会的项目设定与时间安排等，请每个家庭与幼儿一起做好项目选择。

2. 物质准备：提前安排工作人员的分工（如园所人员不足，可安排家长志愿者参与），做到各司其职；提前布置亲子运动会的活动场地，准备在比赛环节中用到的游戏器材与音乐，做好安全检查工作；准备好颁发的奖品。

九、活动方式

由家长带领幼儿自由选择比赛项目，根据每一个比赛的游戏规则进行比赛，每一种游戏记录成绩最好的前三名。在亲子运动会结束时，由园领导颁奖。

十、活动流程

（一）开幕式

1. 各班班主任带领幼儿以及幼儿家长，按照顺序进入开幕式地点（幼儿园操场）；

2. 进行升国旗仪式；

3. 主持人进行发言，各班幼儿进行节目表演；

4. 主持人邀请幼儿家长代表进行发言；

5. 园长讲话，强调注意事项，并宣布亲子运动会正式开始。

（二）活动项目

小班亲子运动项目

1. 亲子小游戏：

（1）项目名称：运纸球。

（2）游戏材料：废旧纸张、胶布。

（3）游戏玩法：家长和幼儿站在起点处，游戏开始，家长将废旧纸张揉成一个球形（不可以小于一般气球的大小），幼儿手拿纸球跑，中途不可掉落，先到终点者即为胜利。

2. 亲子比赛游戏：

（1）项目名称：揪尾巴。

（2）游戏目的：锻炼幼儿的观察力和身体灵活性，增强幼儿与父母之间的配合能力。

（3）参加方式：以家庭为小组，每轮四组家庭。

（4）游戏材料：废旧报纸若干张。

（5）游戏玩法：由幼儿妈妈将旧报纸撕成长条，并系在幼儿腰间当“尾巴”，妈妈站在终点等待幼儿；游戏开始，爸爸背起幼儿跑向终点，在途中，幼儿不仅要去尽力扯掉其他幼儿身上的“尾巴”，还要保护好自己的“尾巴”；到达终点时，妈妈需要抱起幼儿，最先被妈妈抱起的幼儿即为胜利者。

（6）游戏规则：冲向终点的过程中，幼儿的“尾巴”必须要完好无损才算胜利，而且中途不能停顿休息；妈妈必须从爸爸身上抱起幼儿，才能算游戏结束。

中班亲子运动项目

1. 亲子小游戏：

（1）项目名称：小小接力赛。

（2）游戏材料：废旧纸张、剪刀、胶布。

（3）游戏玩法：家长先用废旧纸张卷成小棒，并用胶布粘牢固；家长站在终点，幼儿站在起点，幼儿拿着接力棒从起点出发跑向家长，家长接过小棒后从终点跑向起点，先跑到幼儿的起点位置的家长即为胜利者。

2. 亲子比赛游戏：

（1）项目名称：刺激传球。

（2）游戏目的：通过在胯下传球的比赛，来锻炼幼儿的身体协调性，培养幼儿的合作精神。

（3）参加方式：以每个家庭为一个小组，每次游戏由三个家庭参加。

（4）游戏材料：废旧报纸、塑料瓶、胶布。

（5）游戏玩法：由家长利用废旧报纸做成圆球，并把塑料瓶由起点至终点摆成四条直线；三个家庭分别站在塑料瓶摆成的直线中间，幼儿、爸爸、妈妈分别站在一条线上，前后距离调整好，各自弯腰准备；游戏开始，站在起点的人把球从胯下传给后一个人，等球传到终点那个人手上时，再反方向传回，最先传到起点人手上的家庭即为胜利者。

（6）游戏规则：传递球时必须从胯下传递，如果中途球失手落地，由失球者拾起，再回到原位重新传递。

大班亲子运动项目

1. 亲子小游戏：

（1）项目名称：双人跳绳。

（2）游戏材料：绳子。

（3）游戏玩法：每个家庭领一根绳子，幼儿与爸爸或者妈妈面对面站立，听到口令后开始跳绳，30 秒后停止，跳的多者即为胜利。

2. 亲子比赛游戏：

（1）项目名称：大脚小脚绑一起。

（2）游戏目的：让幼儿学会相互配合，用三条腿走路，培养幼儿的合作能力，进一步促进亲子间的感情。

（3）参加方式：以每个家庭为一组，每轮比赛由三个家庭参加。

（4）游戏材料：小绳子。

（5）游戏玩法：妈妈用一根小绳子将爸爸和幼儿相邻的一条腿绑在一起；爸爸双手背后，听到口令后，幼儿和爸爸一起从起点跑向终点，到达终点后再原路跑回起点；到达起点后，由妈妈解开绳子，最先解开绳子的家庭即为获胜者。

（6）游戏规则：妈妈必须把幼儿和爸爸相邻的腿绑紧；爸爸必须双手背后，不可以搀扶幼儿；在跑的过程中，如爸爸和幼儿其中一个摔倒即要重新返回起点开始。

（三）家长工作要点

1. 各班班主任提前召开亲子运动会动员大会，向家长介绍具体活动流程，家长应仔细记录，熟悉整个过程。

2. 家长应鼓励幼儿积极参与亲子运动会中的各项游戏比赛，给幼儿树立自信心，同时也给幼儿树立好榜样。

3. 家长给幼儿传递“友谊第一，比赛第二”的精神，提醒幼儿在游戏中不要闹情绪、不要发脾气，要让幼儿了解不管输赢，只要参与了就是好样的。

4. 家长在亲子运动会过程中应该看好幼儿，不要让幼儿自由乱跑，不大声喧哗，还应该告诉幼儿做到不随地乱丢垃圾，时刻保护环境。

5. 家长要时刻关注幼儿的表现，如果在游戏过程中发现幼儿的操作不对应进行引导。

6. 家长应该做到给自己和幼儿穿着运动服、运动鞋进场，不能够带领幼儿提前退场，不能妨碍其他人。

第三节　幼儿健康体能运动会的组织与指导

一、幼儿健康体能运动会的概念与特点

（一）幼儿健康体能运动会的概念

幼儿健康体能运动会是对各年龄段幼儿体能状况进行测试、统计、分析的运动会。体能测试应以《指南》《国家体能测试标准》为依据，以阳光体育运动为契机开展，把体能测试中的走、跑、跳等运动技能融入幼儿游戏中，让幼儿在活动中体验运动的乐趣，提高身体素质。

幼儿体能测试包括以下项目：10 米往返跑、双脚连续跳、立定跳远、网球掷远、走平衡木、坐位体前屈、攀爬、踢球、拍球等。

（二）幼儿健康体能运动会的特点

1. 健康性

幼儿健康体能运动在促进幼儿身心全面发展，增强和提高幼儿对自然环境的适应能力等方面有重要意义。在体能活动中能激发幼儿的兴趣和培养幼儿的意志力和创造力，使幼儿充分发挥其主观能动性，提高身体素质，提高活动能力；同时掌握基础的体育知识技能，培养良好的道德品质，促进幼儿身心的和谐发展。

2. 达标性

幼儿健康体能运动会是一个达标性的运动会，以此了解幼儿的身体活动能力和运动水平，可从速度、力量、耐力、柔韧、灵敏这五个方面进行检测和评价，教师根据结果可有针对性地对幼儿偏弱的能力进行锻炼，以促进幼儿的全面发展。

二、健康体能运动会的组织与指导

（一）前期准备

1. 经验准备

主要是指幼儿对于体能的认知。学期开始，教师可在每天的户外活动中安排体能达

标训练，让幼儿对达标测试形成基本概念。另外，可以请家长参与，请家长与幼儿一起加强对薄弱项目的练习。

2. 物质准备

主要包括运动会方案的制定，运动会时间、地点、内容、器材、音乐、奖品、工作人员等的安排布置。

（二）实施过程

1. 开幕式

健康体能运动会开幕式主要体现专业化这一特点，开幕式流程与亲子运动会相似。

2. 组织竞赛

首先，引导员带领小运动员到达测试场地，幼儿按照各项目分组有序进入竞赛场地；其次，家长志愿者或者裁判员现场讲解测试规则，组织体能测试，认真记录数据，鼓励幼儿尽自己最大的能力完成测试，裁判员记录成绩；最后，公布竞赛成绩，同时汇总数据，进行统计分析，制定个性化的运动方案，为后续帮助幼儿提高体能水平做准备。

比赛进行中，安全组对运动场地进行安全巡视，检查器材的安全性，关注比赛的秩序和幼儿的安全，确保运动会有序进行；竞赛组负责汇总成绩，张榜公布；宣传组抓拍幼儿运动精彩瞬间，进行活动宣传，展现活动特色，体现体育运动精神。

3. 闭幕式

主持人宣布比赛结果；园领导致辞并颁奖（一般设置“快跑达人”“跳远达人”“投掷达人”“平衡达人”等），进行合影留念；最后，主持人宣布运动会闭幕。

（三）注意事项

1. 准确记录运动成绩，制定个性化运动处方

健康体能运动会是一个达标性的运动会，通过体能测试，让教师和家长了解幼儿目前的体能状况，裁判员应准确记录幼儿的各项运动成绩，教师对测试结果进行统计分析，制定个性化的运动方案，给幼儿提供科学的训练方法，安排合适的训练内容，针对体能较弱的幼儿进行强化训练，使幼儿的体育锻炼更科学。除此之外，幼儿园可对幼儿体能定期进行跟踪测试，即每一年或者半年测试一次，把所得数据做成体能发展图表，分析幼儿的体能发展状况，为科学研究提供依据。

2. 家校联合，帮助幼儿提高体能水平

健康体能运动会的主要目的是了解幼儿体能水平，为后续体育活动安排提供参考。

活动前，幼儿园提前召开体能测试会议，召开家长会，介绍测试项目和时间，家长可利用空闲时间带领幼儿进行练习。在园期间，教师利用大课间和户外活动时间带领幼儿练习。裁判员组织体能测试，认真记录数据，汇总数据，进行统计分析，制定个性化的运动方案，给幼儿提供科学的训练方法，安排合适的训练内容，以提高幼儿体能水平。

案例

幼儿健康体能运动会

一、活动目标

1. 激发幼儿运动的兴趣，让幼儿在活动中体验运动的乐趣。

2. 各年龄段幼儿进行10米折返跑、立定跳远、网球掷远、双脚连续跳、坐位体前屈、走平衡木的体能测试。

3. 通过体能测试了解幼儿的体能状况，提供个人化运动处方的依据。可针对较弱的体能进行强化，从而增强体质，全面提高幼儿各项身体素质。

二、活动主题

我是运动小达人！

三、活动准备

1. 由各班教师前期带领本班幼儿有针对性地进行体能测试项目的练习。

2. 准备在比赛环节中用到的游戏材料。

3. 教师提前布置体能运动会的测试场地。

4. 准备好颁发的奖品，对表现突出的幼儿及家长给予鼓励。

四、活动流程

（一）开幕式

1. 各班教师带领幼儿以及幼儿家长，按照顺序进入开幕式地点。

2. 主持人宣布幼儿园健康体能运动会开幕。

3. 进行升国旗仪式，全场师生行注目礼。

4. 主持人发言，各班幼儿进行节目表演。

5. 主持人邀请幼儿家长代表发言，小运动员代表宣誓。

6. 园长讲话，强调注意事项。

（二）分时段开展幼儿体能测试

1. 10 米折返跑：幼儿 2 人一组，两腿前后分开，站立在起跑线后；当听到起跑信号后，立即起跑，直奔折返线，用手触摸到物体后返回，直奔起跑线。

2. 立定跳远：幼儿两脚自然分开，站立在起跳线后，然后摆动双臂，双脚蹬地尽力向前跳。

3. 网球掷远：幼儿站在投掷线后，两脚前后分开，单手（右手）持球；将球从肩上方投出，球出手时后脚可以向前迈出一步，但不能踩线或过线。

4. 双脚连续跳：幼儿两脚并拢站在起跳线后，听到“开始”的口令后，双脚起跳，连续跳过 10 个软方包停止。

5. 坐位体前屈：幼儿坐下，双脚并拢，膝关节伸直，上体向前屈，用双手中指指尖触及地面，直到不能屈为止。

6. 走平衡木：幼儿站在起点线后的平台上，面向平衡木，双臂侧平举，当听到“开始”的口令后，两脚交替向终点线前进。

7. 跳绳：在规定时间内连续跳绳（大班幼儿）。

8. 拍皮球：在规定时间内连续拍球（大、中、小班幼儿拍球；小小班幼儿滚球）。

（三）闭幕式

1. 主持人宣布健康体能运动会闭幕。

2. 园长致闭幕词。

3. 评选运动小达人，颁奖。

视野拓展

幼儿体能游戏课程安全守则

一、基本安全守则

1. 跑步的方向要一致（逆时针方向跑）。

2. 不可推、打、摸、抓、追等。

3. 依据音乐或哨子来行动（音乐或哨子停，人就停）。

4. 跌倒时要用双手撑地保护自己，并赶快爬起来。

5. 鞋子掉了，要到旁边穿上。

6. 游戏进行的方向是右去左回。

7. 注意体能课的服装（如女生不可穿裙子）。

8. 身体如有不适请告知老师。

二、徒手游戏安全守则

1. 注意周围环境的安全性，尽量以空旷无障碍且平坦的场地为活动场地，可避免擦、撞、碰等意外的发生。

2. 适当的衣着。

3. 理想的室内温度和湿度。

4. 活动内容的设计必须配合幼儿发育的步调，不宜太过剧烈，以防幼儿身心无法负荷。

5. 与幼儿游戏时，动作必须小而轻巧，口吻应自然温和。

6. 与幼儿游戏时，力道、角度与姿势很重要。

7. 游戏时间要适当。

8. 注意游戏后沐浴。

9. 适量补充水分。

10. 注意充分休息。

三、球类游戏安全守则

1. 事先了解活动性质、规则与内容。

2. 尽量避免在烈日下进行活动。

3. 慎选活动场所。

4. 运动时着轻便衣服。

5. 注意幼儿的平衡感。

6. 依幼儿身体状况调整活动内容。

7. 准备饮水。

8. 游戏运动后注意清洁。

四、垫上游戏安全守则

1. 先告知幼儿做简易热身操。

2. 衣着要轻便。

3. 注意四周是否有障碍物。

4. 年纪较小的幼儿需有大人在一旁协助与指导。

5. 幼儿在进行前滚翻时要特别注意颈部安全。

6. 避免幼儿头部着地。

7. 如幼儿有身体不适，应立即停止活动。

资料来源：http://happysweetpapa.nidbox.com/diary/read/94615.

第四节　幼儿民俗趣味运动会的组织与指导

一、幼儿民俗趣味运动会的概念与特点

（一）幼儿民俗趣味运动会的概念

幼儿民俗趣味运动会是发扬和推广民间体育游戏，将具有浓厚民俗特色的运动和游戏搬上运动会的赛场，弘扬民族文化，让幼儿感受民间游戏魅力的运动会。

（二）幼儿民俗趣味运动会的特点

1. 传统性

幼儿民俗趣味运动会主要体现民族传统文化和魅力，不同的民族有各自的特点和传统文化。通过组织运动会，幼儿能够了解民族传统服饰、传统游戏等传统文化，而且在多民族地区还可以加强民族沟通。比如，“军民大生产”活动让幼儿勤四体、知五谷，体验农耕过程中的各种艰辛，感受春耕、夏种、秋收、冬藏的快乐，同时培养幼儿爱劳动、珍惜粮食的好习惯。

2. 趣味性

幼儿民俗趣味运动会的主要特点还体现在趣味性，幼儿在运动中尝试民俗项目，体验运动的乐趣，使幼儿喜爱、了解民俗运动，并养成参加运动的习惯。比如：踩高跷、打地鼠、踢毽子、滚铁环、袋鼠跳、爬爬乐、两人三足等。这些游戏活动，集趣味性、参与性为一体，活动趣味横生，让幼儿领略到民间体育游戏的丰富多彩，感受中华民俗文化的魅力，弘扬中华民俗文化的精髓。

二、幼儿民俗趣味运动会的组织与指导要点

(一) 前期准备

1. 经验准备

主要是指幼儿对传统文化和民俗运动的认知，通过课堂观看诸如民族服饰、民俗运动、民族舞蹈等视频、图片等形式，让幼儿了解民俗文化，培养幼儿对祖国和家乡的情感，提高其对民俗文化传承和推广的积极性；也可适当安排简单的民俗活动、团体舞蹈，帮助幼儿在大脑中形成概念，有效促进活动的参与度。

2. 物质准备

选择宽敞的、安全的运动场地；运动会横幅、音响、入场音乐、照相机、摄像机、游戏项目材料、运动器材等。

(二) 实施过程

1. 开幕式

幼儿民俗趣味运动会开幕式主要体现民族、传统文化、幼儿运动的特点。各班幼儿在引领员的带领下，排队有序入场，可以穿着民族服装、手持民族饰品等，经过主席台前口号响亮，有饱满的热情和精神状态，体现民族特色和民俗风情。

旗手携国旗入场，举行升旗仪式，全场人员行注目礼，进行爱国主义教育。园长致开幕词，确定活动目标。小运动员代表带领全园小运动员宣誓。可设置开场舞、民族舞蹈表演，展现幼儿精神面貌及幼儿园特色。

2. 组织竞赛

根据既定的民俗运动项目，分组有序进行比赛。首先，裁判员或者家长志愿者进行现场检录，引导员组织带领小运动员到达比赛场地。其次，裁判员现场讲解比赛规则，小运动员进行比赛。最后，裁判员进行评分，给出比赛成绩和名次。

民俗运动项目使用的器材种类繁多，在比赛的过程中，安全员进行巡视，关注比赛的秩序、幼儿的安全和器材的使用情况，确保运动会有序进行。竞赛组负责汇总成绩，张榜公布。宣传组负责运动会的宣传报道，抓拍幼儿比赛的精彩瞬间，展现民俗运动特色，体现体育运动精神。

3. 结束部分

首先，主持人宣布比赛结果；其次，园领导致辞并颁奖（一般设置“最佳民俗运动员”等奖项）；最后，主持人宣布运动会闭幕。

（三）注意事项

1. 充分挖掘传统项目，展现民俗风情

民俗趣味运动会是一个充满趣味的民俗文化风情的运动会，通过向幼儿和家长传递热爱运动、追求健康的理念，激发幼儿参与民俗趣味运动会的兴趣，推动全民健身运动的开展。

在召开准备会时，提倡各班级积极创编和编排有关民俗文化的轻器械操；集思广益，搜集和挖掘民俗趣味运动项目；结合当地民俗与幼儿特点，制定和创编适合幼儿游戏的趣味项目。在广泛宣传民族特色、民俗风情的基础上，可尝试结合当地的文化特色，创建民俗特色幼儿园。

2. 合理创设运动场所，进行赛前体验

民俗趣味运动有地区和地域的差异，学校应在活动前召开家长动员会，介绍活动时间和流程，介绍民俗游戏比赛项目和比赛规则，请家长利用平时的时间和幼儿练习比赛项目。园所可预先准备运动场所和器材，给幼儿进行赛前体验，鼓励幼儿积极参与，遵守规则，勇于克服困难，积极体验运动的乐趣，感知民族传统文化的内涵，传承民俗文化。

案例

民俗趣味运动会——“军民大生产”

一、活动目标

1. 庆祝中华人民共和国成立 70 周年，从小培养幼儿的爱国情怀，让幼儿知恩感恩、热爱生活，懂得珍惜劳动成果。

2. 激发幼儿与家长的爱国情怀，让幼儿懂得自力更生、艰苦奋斗，自己动手、丰衣足食，从小树立正确的人生观、价值观。

3. 发展幼儿跑、跳、投、攀爬等基本运动能力，培养团队协作精神和不怕苦与累的坚强意志品质。

二、活动准备

1. 经验准备：教师、幼儿与家长有相关的认知储备。

2. 物质准备：各班工农兵服饰、各类游戏器材设施等。

3. 场地准备：操场或较大的运动场地。

三、活动流程

（一）开幕式

1. 仪仗队携国旗入场；

2. 班级方阵入场；

3. 园长讲话；

4. 全体广播体操；

5. 支持人宣布运动会开始。

（二）组织比赛

1. 幼儿游戏：

（1）五谷丰登。

物质准备：筐（7个）、麻袋（7个）、南瓜（14个）、红薯（若干）、土豆（若干）。

活动玩法：先用麻袋装10个红薯、3个土豆、1个南瓜，然后拖着麻袋沿线绕过障碍物，返回起点。

五谷丰登

（2）插秧。

物质准备：小椅子（8张）、即时贴（即封箱带，1条）、田地（1块）、秧苗（100棵）。

活动玩法：每轮7个幼儿参赛，每人领取10棵秧苗，然后穿过相应的“小桥”，走过田埂（一条线），把秧苗插到“田地”里，先插好秧苗的幼儿，即被评为“插秧小能手”，获得金牌一枚。

插秧

（3）翻滚吧，小南瓜。

物质准备：南瓜（若干）。

活动玩法：8 个幼儿为 1 组，从起点把南瓜用手滚到终点。

翻滚吧，小南瓜

（4）运粮大作战。

物质准备：白菜、竹筐、小车。

活动玩法：7 名幼儿在各自起点处将 1 颗白菜放入小车，快速推小车至终点，将白菜放入竹筐，然后再往返运白菜，最快运完白菜者为胜。

运粮大作战

2. 亲子游戏：

（1）春耕。

物质准备：犁。

活动玩法：亲子共同合作，分为 7 组。幼儿在前拉犁，家长在后掌控犁的方向。在自己的田地里向前耕种，绕过障碍物，再折返，最先到达的家庭获胜。

春耕

（2）播种。

物质准备：箩筐（28 个）、篮子（7 个）、山芋（28 个）。

活动玩法：1 名家长与 1 名幼儿为 1 组，7 组人共同游戏；幼儿站在一头，家长站在另外一头。哨声开始，幼儿背着篮子出发，篮子装 4 个山芋，直线行走，每走到 1 个箩筐，放 1 个山芋，走至家长处，把篮子交给家长。家长带着空篮子直线行走，走至箩筐处，捡起山芋，全部捡完回到终点。中途山芋掉在箩筐外，要捡进去，没捡进去需返回重捡。最快完成的组获胜。

播种

（3）除草。

物质准备：夹子、筐、草。

活动玩法：7 组家庭参加，幼儿身上背着装满草的筐，手拿夹子，家长背着幼儿抢别的幼儿筐里的草，用夹子夹草放入自己的筐中，规定时间内得到草最多的家庭为胜。

（4）大丰收。

物质准备：稻草。

活动玩法：以家庭为单位，分为 7 组。家长将稻草搓成一定长度的绳子，捆好稻穗之后交给幼儿；幼儿扛着捆好的稻穗跑向终点，最先到达者为胜。如途中稻穗散落，则需要回起点重新捆扎。

大丰收

（5）忆苦思甜。

物质准备：箩筐（7个）、扁担（7根）。

活动玩法：2个家庭为1组，7组共同游戏。2位家长用扁担抬1个幼儿到指定地点，然后折返，再抬另外1个幼儿回到终点。中途保证幼儿安全，速度快的一组为胜。

忆苦思甜

（三）闭幕式

1. 家长拔河比赛；
2. 园领导致辞；
3. 领“粮票”兑换食品。

（南通开发区康斯登幼儿园　丁春香）

第五节　幼儿综合性运动会的组织与指导

一、幼儿综合性运动会的概念与特点

（一）幼儿综合性运动会的概念

幼儿综合性运动会是一项由众多游戏运动项目综合而成并持续多日完成的运动会，可包括单人项目、双人项目、集体项目、亲子项目等，多以体育游戏的形式展现。

（二）幼儿综合性运动会的特点

1. 综合性

游戏是幼儿最接近自然的认知方式，也是促进幼儿身心发展、形成健全人格的最佳途径。幼儿综合性运动会秉持关注核心经验、培养学习品质、增强幼儿身体素质的理念，通过运动这一手段，培养幼儿的规则意识及团队协作精神，树立幼儿的自信心，增强幼儿的集体荣誉感。

2. 全面性

《纲要》指出，幼儿园应为幼儿一生的发展打好基础，为他们提供健康、丰富的生活和活动环境，满足他们多方面发展的需要，使他们在快乐童年生活中获得有益于身心发展的经验。综合性运动会从运动项目的选择、活动的形式以及运动量的安排等方面综合考虑运动会的举办效果，全方位地提升活动质量，寓教于乐，在运动中增长幼儿见识，丰富校园文化生活。

二、幼儿综合性运动会的组织与指导要点

（一）前期准备

1. 经验准备

主要是指幼儿对体育运动和体育游戏的认知。不同年龄段的幼儿，具备符合年龄层次的运动能力，具备一定的规则意识和积极向上的意志品质。幼儿园园长或教研组长担任运动会总指挥，编排好综合性运动会的实施细则，根据不同年龄段幼儿需具备的运动能力确定运动项目和具体游戏形式。综合性运动会持续时间长，运动项目全面，可在不同时间安排不同主题的竞赛，比如第一天安排以“跑”为主的竞赛，可安排多种形式的跑步活动；亦可分年龄段进行比赛，比如中班“滚轮胎跑”、小班“推球跑”等。

2. 物质准备

综合性运动会持续时间长，应预先安排宽敞的、安全的运动场地，运动器材，运动会横幅、宣传标语，音乐，音响设备，照相机，摄像机等。

（二）实施过程

1. 开幕式

各班幼儿在引领员的带领下，排队有序入场，经过主席台前口号响亮，有饱满的热情和精神状态。旗手携国旗入场，举行升旗仪式。全场人员行注目礼。园长致开幕词，确定活动目标。小运动员代表带领全园小运动员宣誓。

2. 组织竞赛

检录组检录结束后，由引领员带领幼儿到达比赛场地进行比赛。裁判员认真执裁，判定名次，记录成绩。比赛成绩交由成绩汇总组进行复核、汇总公布。幼儿园后勤工作人员也要参与到运动会中来，负责后勤物质保障、参赛队员保健、意外事故处理、场地清理、器材搬运等工作，确保运动会圆满进行。

3. 闭幕式

主持人宣布比赛结果；园领导致辞并颁奖（一般设置“全能运动员”“最佳耐力运动员”“最快速度运动员”等）；主持人宣布运动会闭幕。

（三）注意事项

1. 运动项目设定面向全体，竞赛内容全面

运动会项目设定时要考虑面向全体幼儿，不能只有个人项目，也不能都是集体项目，要兼顾个人与集体，既能够展示个人能力，又要显示集体力量。大型集体综合项目，可以让全班幼儿参加，以团体操和项目竞赛的形式按班级成绩排出名次。此外，竞赛内容要全面，在项目设计上要综合考虑幼儿的跑、跳、钻爬、平衡、投掷等多方面的运动技能，让幼儿运动技能得到全面的锻炼和提高，特别是中、小班的项目还要兼顾情境性和趣味性。

2. 根据幼儿年龄特点，安排合适的运动项目

综合性运动会的项目设定要适合参赛幼儿的年龄发展水平。全园大型综合性运动会要按照各年龄段幼儿分别设定比赛项目，并根据幼儿年龄特点有所侧重。例如，5～6岁幼儿的运动会项目，可以以轻器械操、接力赛、小组配合玩等项目为主，因为它们对幼儿的体能有一定的要求，个人项目设计技术性相对较强；4～5岁幼儿的运动会项目可以以徒手操、运动技能游戏为主，以使游戏和技能相结合；3～4岁幼儿的运动会项目可以以模仿操、亲子游戏为主，项目设计一定要有游戏性和情境性；0～3岁幼儿的

运动会项目可以将模仿爬行、推小球等穿插在亲子游戏中进行。不同年龄组可能有相同内容的比赛项目，要根据幼儿的年龄设定不同的比赛标准。

3. 动静交替，合理安排运动负荷

综合性运动会项目众多，顺序设定时要动静交替，个人与集体要有所区分。在设计运动项目的顺序上，要考虑幼儿运动量的大小，连续几项运动的安排不能都是运动量大的跑跳项目，也不能都是平衡、投掷等运动量相对较小的项目，应该穿插交替进行。这样，幼儿不会因为运动量过大而身体受到伤害，也不会因为运动量过小而没有达到锻炼身体的效果。例如，在接力比赛项目中，可以综合安排跑、钻、跳、平衡等多个环节，这样幼儿参与的兴趣会更高。

视野拓展

常见运动损伤的处理

一、擦伤

主要是指皮肤的表皮擦伤。如擦伤部位较浅，只需涂碘伏等消毒即可；如擦伤创面较脏或有渗血，应用生理盐水清创后再涂上碘伏。

二、肌肉拉伤

肌肉拉伤是指肌纤维撕裂而致的损伤，主要由运动过度或热身不足造成。一旦出现痛感应立即停止运动，并在痛处敷上冰块或冷毛巾，保持30分钟，以使小血管收缩，减少局部充血、肿胀。切忌搓揉及热敷。

三、脱臼

脱臼即关节脱位。一旦发生脱臼，应保持安静、不要活动，更不可揉搓脱臼部位。如肩部脱臼，可把伤者肘部弯成直角，再用三角巾把前臂和肘部托起，挂在颈上。如髋部脱臼，则应立即让伤者躺卧并将其送往医院。

案例

幼儿综合性运动会

一、活动目标

1. 培养幼儿对体育活动的爱好，让幼儿体验运动的快乐、竞争的乐趣、参与的愉悦。

2. 培养幼儿的规则意识及协作精神，激发幼儿的运动潜能，树立幼儿的自信心，增强幼儿的集体荣誉感，并使幼儿敢于克服困难，能体验胜利的愉悦。

二、活动原则

每个幼儿至少参与一个运动项目，运动项目的设置符合幼儿的年龄特点，富有趣味性、竞争性。

三、活动口号

“我运动，我健康，我快乐！”

四、活动项目

（一）中、大班组

1. 滚轮胎。

活动玩法：幼儿分为 4 组同时进行比赛，最先将轮胎滚过终线者为胜。如果轮胎在中途倒下，幼儿要扶起并继续将其滚到终点。

2. 骑自行车。

活动玩法：幼儿分为 6 组同时进行比赛，在比赛过程中车子不可以跑过线，车子到达终点踩线后返回起点，先到者为胜。

3. 跑步。

活动玩法：幼儿分为 4 组同时进行比赛，在比赛过程中幼儿不可跑过线，从起点跑向终点再返回，先到者为胜。

4. 运水。

活动玩法：3 名幼儿为 1 组，每个幼儿手中端 1 杯水，站在起点，哨声响后第 1 位幼儿端着手中的杯子跑到终点，把水倒入瓶子内，再跑回起点，换第 2 位幼儿端水跑步，依次进行。在规定的时间内，运的水多者为胜。

5. 拔河。

活动玩法：每 12 名幼儿为 1 组，比赛班级由抽签决定，三局两胜。

（二）小班组

1. 推球。

活动玩法：3 名幼儿为 1 组，4 组同时进行。哨声响起后，幼儿推着球快速跑向在终点处的幼儿，在终点处的幼儿推着球按原路返回，将球交给下一名幼儿，最先到达终点者为胜。

2. 小小保龄球。

活动玩法：幼儿分为 4 组同时进行，在规定的时间内，幼儿将海洋球丢进水桶内，丢进水桶中的球最多者为胜。

3. 夺红旗。

活动玩法：4 名幼儿同时进行，中间设有障碍物（椅子 3 ～ 5 把）。游戏开始，幼儿从起点绕过障碍物跑向终点，并取出红旗，最先到达并取得红旗的幼儿为胜。

4. 拾豆豆。

活动玩法：4 名幼儿同时进行，哨声响起，幼儿手提小篮，从起点出发，沿途捡起豆豆（以玩具替代），并跑向终点，最先到达者为胜（豆豆必须全部捡完）。

本章小结

本章主要介绍了幼儿运动会的概念与价值、特点与类型，不同类型幼儿运动会的组织实施流程、组织与指导要点以及注意事项等，为学习者了解幼儿运动会组织与指导的方法，科学合理地安排幼儿运动项目，保证幼儿运动会科学有效开展提供了帮助。

课后练习

一、简答题

1. 幼儿运动会的特点有哪些？
2. 幼儿亲子运动会的特点、组织与指导流程、注意事项有哪些？
3. 幼儿民俗趣味运动会的特点、组织与指导流程、注意事项有哪些？
4. 幼儿综合性运动会的特点、组织与指导流程、注意事项有哪些？

二、实训题

1. 根据幼儿运动会的组织流程，策划一份幼儿亲子运动会的方案。
2. 根据不同年龄的幼儿运动特点，制定一份 5 ～ 6 岁幼儿健康体能运动会计划书。

参考文献

[1] 许卓娅．学前儿童体育．南京：南京师范大学出版社，2003.

[2] 刘馨．学前儿童体育．北京：北京师范大学出版社，2012.

[3] 任绮，高立．学前儿童体育与健康．北京：清华大学出版社，2012.

[4] 张首文，白秋红．幼儿园体育活动设计与指导．北京：人民邮电出版社，2017.

[5] 范存仁，周志芳．从出生到六岁儿童智能发展规律的探讨．心理学报，1983（4）.

[6] 中国心理学会发展心理教育心理专业委员会．发展心理教育心理论文选．北京：人民教育出版社，1980.

[7] 杨延秋．幼儿基本体操教程．2 版．上海：复旦大学出版社，2017.

[8] 朱清，侯金萍．幼儿园优秀体育活动设计 99 例．北京：中国工业出版社，2015.

[9] 赵薇，朱晓燕．体操与集体舞．南京：南京师范大学出版社，2016.

[10] 张颖．畅玩运动——幼儿园运动特色的建构．上海：少年儿童出版社，2019.

[11] 中华人民共和国教育部．3 ～ 6 岁儿童学习与发展指南．北京：首都师范大学出版社，2012.

[12] 中华人民共和国教育部．幼儿园教育指导纲要（试行）．北京：北京师范大学出版社，2001.

[13] 李季湄，冯晓霞．《3 ～ 6 岁儿童学习与发展指南》解读．北京：人民教育出版社，2013.

[14] 沈建华，蔡皓．新编幼儿体育理论与方法．上海：上海科学普及出版社，2011.